Direito e Sociedade
Volume 3

Marcelo Neves como Intérprete do Constitucionalismo Brasileiro

João Paulo Allain Teixeira
Leonam Liziero
(organizadores)

Copyright © 2020 Editora Meraki Ltda

Todos os direitos reservados.

ISBN: 978-65-991584-8-3

Acompanhamento editorial Leonam Liziero

Diagramação Mateus Souza

Capa Leonam Liziero

Editora Meraki
Conselho Editorial
Alexandre Walmott Borges (UFU)
Alessandra Silveira (UMinho)
Ari Marcelo Solon (USP)
Dawid Bunikowski (UEF)
Diva Julia Safe Coelho (PNPD-CAPES/UFU)
Felipe Magalhães Bambirra (UniALFA)
Gonçal Mayos (UB)
José Carlos Remotti (UAB)
Osvaldo Alves de Castro Filho (UFMS)
Saulo Pinto Coelho (UFG)

T266   Teixeira, João Paulo Allain et al.
      Direito e Sociedade – Volume 3: Marcelo Neves como intérprete do constitucionalismo brasileiro/ João Paulo Allain Teixeira, Leonam Liziero (Org.). Andradina: Meraki, 2020.
      Bibliografia
      ISBN 978-65-991584-8-3
      1. Direito Constitucional 2. Marcelo Neves.
      1. Título
      CDU – 342   CDD – 342.02

"Os diplomas constitucionais que proclamam os direitos fundamentais (construídos com base na diferenciação funcional) e as instituições do Estado de bem-estar (orientadas para a inclusão) poderiam manter apenas uma normatividade jurídica muito ínfima no plano mundial e seriam antes postos na condição de desempenhar um papel hipertroficamente político-simbólico".

MARCELO NEVES

SUMÁRIO

Autores

Caroline Pimentel Perussi
Graduada em Direito pela Universidade Federal da Paraíba (UFPB). Pós-Graduada, a nível de Especialização, em Prática Judicante pela Universidade Estadual da Paraíba (UEPB). Mestre pela Universidade Federal da Paraíba (UFPB). Professora Efetiva do Instituto Federal de Educação, Ciência e Tecnologia da Paraíba (IFPB).

Danuza Farias
Mestranda em Ciências Jurídicas pela Universidade Federal da Paraíba – UFPB. Bolsista CNPq.

Fernando Rister de Sousa Lima
Pós-Doutorado pela Faculdade de Direito da USP, com período de pesquisa na Goethe Universität Frankfurt am Main e na Università degli Studi di Firenze com auxílio financeiro da Universidade Presbiteriana Mackenzie – UPM. Doutor em Direito pela PUC-SP, com estágio doutoral sanduíche na Università degli Studi di Macerata com bolsa da Capes. Mestre em Direito pela PUC-SP, com período como pesquisador visitante na Università degli Studi di Lecce com auxílio financeiro do Centro de Estudos sobre o Risco da Universidade de Estudos de Lecce. Professor Doutor da Faculdade de Direito da Universidade Presbiteriana Mackenzie – UPM. Editor-executivo da Revista Direito Mackenzie. Professor Permanente do Mestrado em Direito da Sociedade da Informação e da Escola de Direito das Faculdades Metropolitanas Unidas – FMU. Membro do Colégio Docente do Doutorado em Direito da Università degli Studi di Firenze – UNIFIL.

Filipe Mendes Cavalcanti Leite
Advogado e professor universitário. Mestre em Ciências Jurídicas pelo PPGCJ/UFPB. Doutorando pelo mesmo programa.

Jalton Macena de Araújo
Doutor em Ciências Jurídicas pela UFPB. Professor Permanente do Programa de Pós-Graduação em Ciências Jurídicas da UFPB. E-mail: jailtonma@gmail.com

João Bezerra Filho
Mestre em Direito pelo Centro Universitário de João Pessoa – Unipê. Mestrando em Direito Econômico pela Universidade Federal da Paraíba – UFPB. E-mail: joaobezfilho@hotmail.com

João Paulo Allain Teixeira
Doutor em Direito pela Universidade Federal de Pernambuco – UFPE (2005) Mestre em Direito pela Universidade Federal de Pernambuco – UFPE (2000). Master em Teorias Críticas do Direito pela Universidad Internacional de Andalucía, Espanha (1998). Professor Adjunto da Universidade Federal de Pernambuco. Professor do Programa de Pós-Graduação em Direito da Universidade Federal de Pernambuco – UFPE. Professor do curso de graduação em Direito e do Programa de Pós-Graduação em Direito da Universidade Católica de Pernambuco. Estágio de pesquisa Pós-Doutoral no CES - Centro de Estudos Sociais da Universidade de Coimbra, Portugal (2018). Líder do grupo de pesquisa Recife Estudos Constitucionais REC - CNPq. Bolsista de Produtividade em Pesquisa (CNPq)

José Elio Ventura da Silva
Doutorando em Direito pela Universidade Católica de Pernambuco - UNICAP, com bolsa pela Fundação de Amparo à Ciência e Tecnologia do Estado de Pernambuco - FACEPE. Mestre em Direito pela Universidade Católica de Pernambuco - UNICAP. Especialista em Direito. Graduado em Direito. Advogado. Professor do Curso de Direito do Centro Universitário do Rio São Francisco – UNIRIOS.

Leonam Liziero
Doutor em Teoria e Filosofia do Direito pela Universidade do Estado do Rio de Janeiro - UERJ, com Pós-Doutorado em Direito pela Universidade Federal do Rio de Janeiro - UFRJ. Atualmente realiza um segundo estágio pós-doutoral na Universidade Federal de Pernambuco – UFPE. Professor e advogado. Pesquisador com foco nas áreas de Federalismo e Teoria do Direito. E-mail: leonamliziero@gmail.com.

Marana Sotero de Sousa
Doutoranda em Ciências Jurídicas (com área de concentração em Direitos Humanos e Desenvolvimento) e Mestre em Ciências Jurídicas, ambos pelo Programa de Pós-Graduação em Ciências Jurídicas da Universidade Federal da Paraíba (PPGCJ/UFPB); Pesquisadora nas áreas do direito agrário, direito econômico e direito ambiental, com

temas relacionados ao direito à alimentação, segurança alimentar e agricultura familiar. Docente no Centro Universitário de Patos-PB (UNIFIP); Advogada inscrita na Ordem dos Advogados do Brasil, Seccional Paraíba (OAB/PB).

MARIA JOSÉ DO AMARAL
Advogada. Mestre em Direito Público (UFPE-FDR), Conselheira licenciada da OAB-PE- Subsecção de Jaboatão dos Guararapes/PE

MARIA EDUARDA BORBA DANTAS
Doutoranda e Mestre (2016) em Ciência Política na Universidade de Brasília, Brasil. Graduada em Direito (2013) na Universidade Federal de Pernambuco. Fellow (2017) do Startup Programme for PhD Students do Bielefeld Graduate School in History and Sociology, na Universidade de Bielefeld, Alemanha.

MATEUS PERIGRINO
Membro do GEDED-MACK Grupo de Direito Empresarial e Desenvolvimento e da CAAME - Clínica de Assessoria Acadêmica de Direito Empresarial da Universidade Presbiteriana Mackenzie.

MONIQUE XIMENES
Professora efetiva do IFPB/CACC. Doutoranda em Direitos Humanos e Desenvolvimento pelo Programa de Pós-Graduação em Ciências Jurídicas (PPGCJ) da UFPB. Mestra em Direitos Humanos pelo PPGCJ/UFPB.

PEDRO HENRIQUE RIBEIRO
"Profesor de media planta" e pesquisador na Escola de Direito e Ciências Sociais da Universidad de Monterrey (UDEM – México). Doutorando em direito (em curso) na J. W. Goethe Universität Frankfurt am Main, (DAAD). Mestre em direito e teoria do Estado–FDUSP (FAPESP). Bacharel em direito - PUCSP e em ciências sociais–FFLCH-USP. Tradutor de textos acadêmicos e jurídicos. contato: pedro.ribeiro@udem.edu / ribeiroph@gmail.com

VALFREDO MATEUS SANTANA
Mestre em Ciências Jurídicas pela UFPB.

Uma apresentação: breves linhas sobre o percurso de Marcelo Neves e sua contribuição para o pensamento jurídico contemporâneo

Marcelo da Costa Pinto Neves, pernambucano do Recife, é formado pela tradicional Faculdade de Direito do Recife (FDR/UFPE) onde também realizou o Mestrado em direito. Sob a orientação de Lourival Vilanova, concluiu o trabalho que resultou na sua "Teoria da Inconstitucionalidade das Leis" (1988). Ainda nos anos 80, através do sociólogo Cláudio Souto, conhece Niklas Luhmann e sua teoria social. Este encontro viria a ser decisivo na reflexão teórica de Neves daí por diante. O Doutorado na Alemanha resultou na publicação do *"Verfassung und Positivität des Rechts in der peripheren Moderne: Eine theoretische Betrachtung und eine Interpretation des Falls Brasilien"* (1992)[1].

A vasta e consistente obra de Marcelo Neves é um poderoso convite à reflexão sobre o direito na sociedade periférica, contemplando títulos significativamente conhecidos do meio acadêmico nacional e estrangeiro. São de sua lavra "A Constitucionalização Simbólica" (1994)[2], "Entre Têmis e Leviatã: uma relação difícil – O Estado Democrático de Direito a partir e além de Habermas e Luhmann" (2006)[3], "Transconstitucionalismo" (2009)[4] e "Entre Hidra e Hércules: princípios e regras como diferença paradoxal do sistema jurídico" (2013).

---

[1] O livro foi publicado em língua portuguesa com o título "Constituição e Direito na Modernidade Periférica: uma abordagem teórica e uma interpretação do caso brasileiro" (2018). A versão brasileira foi publicada com o posfácio "Consticionalismo periférico 26 anos depois", um balanço crítico da publicação original em alemão e uma proposta de diálogo com os seus intérpretes.

[2] Publicado na Alemanha sob o título *"Symbolische Konstitutionalisierung"* (1998)

[3] Também publicado na Alemanha sob o título *"Zwischen Themis und Leviathan: Eine Schwierige Beziehung? Eine Rekonstruktion des demokratischen Rechtsstaats in Auseinandersetzung mit Luhmann und Habermas"* (2000)

[4] Também publicado em língua inglesa como *"Transcontitutionalism"* (2013)

A produção bibliográfica é acompanhada de perto pela crescente interlocução internacional adquirida em vários períodos como professor visitante em universidades estrangeiras. Foi Visiting Fellow do Instituto de Federalismo da Universidade de Fribourg, Suíça (1998-2000), Bolsista-pesquisador da Fundação Alexander von Humboltd no Departamento de Ciências Sociais da Universidade de Frankfurt, Alemanha (2000) e Jean Monet Fellow no Departamento do Instituto Universitário Europeu, Florença, Itália (2001-2002). Professor visitante na Faculdade de Direito da Universidade de Flensburg, Alemanha (2002-2003), Visiting Senior Research Fellow da Fundação de Pesquisa Adam Smith da Universidade de Glasgow, Escócia (2014) e Senior Research Scholar na Escola de Direito da Universidade de Yale (2014-2016).

No Brasil, foi professor titular da Faculdade de Direito do Recife da UFPE, professor da PUC-SP, professor da FGV-SP e professor da Faculdade de Direito da USP. Foi também Procurador do Município do Recife, consultor jurídico e Conselheiro do CNJ. Atualmente é professor titular da Faculdade de Direito da UnB.

Apresentar uma obra em homenagem a Marcelo Neves é pessoalmente uma grande satisfação oferecendo uma oportunidade de revisitar o início da minha formação acadêmica. Durante a graduação na FDR (1990-1995), integrei o grupo de pesquisa de Marcelo Neves no período em que a "Constitucionalização Simbólica" estava sendo construída. O convívio semanal, os vários debates sobre direito e sociedade, a exploração das sutilezas da teoria luhmanniana dos sistemas e a compreensão da realidade brasileira a partir de Neves contribuíram decisivamente para a minha percepção dos limites e potencialidades da juridicidade no contexto das intensas assimetrias sociais que caracterizam a realidade brasileira. Para os leitores, Neves chama a atenção para a permanência de um esforço teórico voltado à crítica e à re-interpretação dos modelos explicativos formulados na "modernidade central".

A coleção "Marcelo Neves como Intérprete do Direito e da Sociedade" que agora apresentamos é editada em quatro volumes e reúne contribuições de pesquisadores bastante próximos de Marcelo Neves e de sua obra. Aqui encontraremos importantes contribuições para a reconstrução do percurso de Neves e a compreensão da dimensão dos impactos da sua produção para o pensamento jurídico e social contemporâneos.

Agradeço a Leonam Liziero pela parceria e pela oportunidade de envolver tanta gente boa em torno do projeto. Sem o seu esforço e empenho não teríamos conseguido viabilizar a publicação. Agradeço também a todos os parceiros, autores e co-autores que se dedicaram ao pensamento de Neves. Por fim, agradeço ao próprio Marcelo Neves pela rica produção e pela vida dedicada à academia em uma já imensa contribuição para as gerações futuras.

A todos, uma boa leitura.

João Paulo Allain Teixeira

Recife, maio de 2020

Parte I

O periférico constitucionalismo brasileiro: a inclusão em evidência

Modernidade Periférica (Uma contribuição de Marcelo Neves ao pensamento sistêmico)

FERNANDO RISTER DE SOUSA LIMA
MATEUS PERIGRINO

Introdução

Neste capítulo aponta-se uma das possíveis contribuições do jurista brasileiro Marcelo Neves – o homenageado do presente livro – para a Teoria dos Sistemas desenvolvida pelo alemão Niklas Luhmann. Para isso, a teoria dos sistemas luhmanniana será contextualizada brevemente no advento da modernidade, no qual o primado da diferenciação funcional permitiu o surgimento do direito enquanto subsistema social autônomo.

Na sequência, abordar-se-á a teoria desenvolvida por Marcelo Neves, possibilitando demarcar aproximações e diferenças entre as referidas abordagens sistêmicas, bem como apontar a contribuição do nosso homenageado ao pensamento sistêmico por meio do seu conceito de modernidade periférica.

Como é notório, Marcelo Neves teve Luhmann como coorientador em seu doutoramento na Universidade de Bremen na Alemanha, consagrando-se como grande estudioso na América do Sul da Teoria dos Sistemas, todavia, nunca deixou de ser crítico à sua implementação no Brasil em razão das diferenças sociais entre os países subdesenvolvidos e a Alemanha, matriz por excelência da Teoria dos Sistemas luhmanniana.

I A modernidade como primado da diferenciação funcional e o consequente surgimento dos sistemas sociais autônomos e autopoéticos – paradigmas da teoria dos sistemas

O início da modernidade, para Luhmann, é o ponto confluência para a hipercomplexidade, e, por conseguinte, para a hipercontigência, enquanto características essenciais do primado da diferenciação funcional dos sistemas sociais (LUHMANN, 1983, p. 45) (TEUBNER, 1989, p. 737).

Isso porque, a modernidade enquanto padrão de tomada de

decisão, de formação de visão de mundo - em contraposição, sobretudo, ao padrão heterorreferencial de sociedades pré-modernas, em particular as estratificadas -, fez com que determinadas *"esferas da vida"* como o direito, economia, artes, etc. forçosamente se vinculem à secularização, racionalização e autonomia(HABERMAS, 1997, p. 12).[1]

A especificidade da inflação da complexidade e contingência da modernidade, no entanto, traduz-se na pressão seletiva causada nos sistemas, forçando-os a reduzirem complexidade, através de um funcionamento operativamente fechado e cognitivamente aberto em relação ao seu respectivo ambiente, reduzindo complexidade ambiental e aumentando complexidade intrassistêmica, paradoxalmente. Tem-se, desse modo, a chamada diferenciação funcional dos sistemas, enquanto nota particular das sociedades modernas, em resultado do seu alto grau de complexidade e contingência (NEVES, 2012, p. 16-18).

Os sistemas sociais parciais (direito, econômica etc.) trabalham com uma interminável circularidade, que se autorreproduz pelos seus próprios elementos (TEUBNER, 1987, p. 2; LUHMANN, 2016, p. 181). Aqui, há uma evidente inspiração de Luhmann na teoria dos biólogos Maturana e Varela, acerca do conceito de autopoiese.

Para os citados biólogos, o conceito de autopoiese se relaciona a um processo de autoprodução dos sistemas biológicos, através dos seus próprios componentes, que das suas interações e transformações, há regeneração e constituição contínua de uma rede de processos típicos de um sistema homeostático e fechado (NEVES, 1994, p. 113). [2] [3]

---

[1] Não se defende a inexistência de complexidade e contingência em sociedades pré-modernas, pelo contrário (ARNAUD, 1999, p. 49 e ss). Para Luhmann, o controle dessas variáveis nesses tipos de sociedades eram comparativamente estáveis em relação às sociedades modernas (LEITE GUILHERME, 2013, p 46-47).

[2] Há a contraposição a um modelo biológico de evolução segundo o qual a variabilidade estaria condicionada a fatores exclusivamente ambientais (NEVES, 1994, p. 113).

[3] Como explica Celso Campilongo, de modo enfático: "Uma leitura apressada, errônea, e infelizmente, comum vê nessa clausura purismo, isolamento e estabilidade. Na verdade, a afirmação de que a sociedade é um sistema operativamente fechado nada tem a ver com essas idéias. Antes

A autopoiese luhmanniana necessita de uma relação sistema-ambiente enquanto uma forma de dois lados, enquanto condição de possibilidade para existência do próprio sistema e ambiente conjuntamente. [4]

O sistema do direito tem como elemento base-constitutivo a comunicação jurídica (LUHMANN, 2016, p. 73), que é a síntese da relação entre informação-mensagem-compreensão do seu próprio sistema (e não do seu ambiente) (NEVES, 1994, p. 118).

O aumento de complexidade e contingência típicas da modernidade leva à uma espécie de pressão do sistema social, reclamando o emprego de meios para redução de alternativas possíveis, através de uma diferenciação funcional interna, destacando subsistemas autônomos (direito, religião, economia, educação, etc), os quais vêem o próprio sistema social - a sociedade - como um ambiente, tornando-os, estes, uma forma de dois lados, com todas as implicações de dependência paradoxal para suas existências conjuntas.

É nesse contexto de redução de "complexidade ambiental" para uma "complexidade intrassistêmica" que se insere a formação, por exemplo, do direito enquanto subsistema social. Há, entretanto, toda uma preocupação de Luhmann para um endereçamento conceitual adequado com vistas de dar conta da especificidade de uma concepção autopoiética do direito enquanto subsistema

---

representa o oposto. O fechamento operativo é condição para a abertura cognitiva e estratégica da convivência com a instabilidade." (CAMPILONGO, 2011, p. 123). A recepção do conceito de autopoiese na sociologia da teoria dos sistemas de Luhmann, no entanto, rejeita a qualidade radical de fechamento da concepção biológica de autopoiese, na medida em que, por exemplo, nas próprias relações de observação interssistêmicas, é possível um observador de fora do sistema, identificável a partir do seu respectivo sistema diferenciado funcionalmente (observação de segunda ordem), o que não necessariamente compromete a fechamento operacional do sistema observado (ou observador) (LUHMANN, 2016, p. 58; TEUBNER, 1987, p. 3; NEVES, 1994, p. 114).

[4]Importante mencionar que Luhmann estipula uma espécie de tipologia dos sistemas, de tal modo que existem 3 tipos de sistemas: o vivo, o psíquico e o social, cada qual servindo de ambiente um para o outro, por serem sistemas autopoiéticos e logo, inconfundíveis entre si (GUILHERME LEITE; VILLAS BOAS FILHO, 2013, p. 54).

funcionalmente diferenciado na sociedade.

II Modernidade periférica: o obstáculo epistemológico de aplicação da teoria dos sistemas ao Brasil

As teorias sociológicas universalistas encontram dificuldades em descrever sociedades diversas das observadas (ou imaginadas) pelos seus autores. Inúmeras são as discussões acerca do horizonte empírico no qual o conceito de sociedade moderna e modernização se assentam, tal como diagnosticado por autores europeus como Luhmann. Claro, pois, que o eurocentrismo pretende impor a ideia de superioridade e universalismo, a fim de impor uma hegemonia intelectual em todo globo.

O subdesenvolvimento social impõe, no entanto, uma realidade muito diversa das encontradas nos centros europeus, cuja teorias acabam sendo construídas sem uma conexão direta com países como o Brasil, como destaca as observações de Pedro Henrique Ribeiro, para quem: *"O reconhecimento de "ideias fora do lugar" – "fora de centro, em relação ao seu uso europeu"*, e como algo constitutivo do *"caráter nacional"* brasileiro – recebeu diversas críticas por desconsiderar questões vinculadas à estrutura social da "sociedade brasileira". [5]

Marcelo Neves, nosso homenageado, fala de um "provincianismo empírico" (NEVES, 2001, p. 254-264) da concepção de Luhmann sobre modernidade e sociedade moderna, a qual houve a atenção do próprio Luhmann, provocando uma verdadeira mudança dos seus escritos tardios (RIBEIRO, 2016, p. 112 e ss).

O próprio comentário de Luhmann sobre a obra de Neves *A constituição e o direito na modernidade periférica*, ilustra a influência do jurista brasileiro sob a reconsideração de alguns conceitos da teoria luhmanniana dos sistemas, tal como se acompanha a seguir:

''A interpretação de Neves (...) remete a problemas para os quais nem a teoria marxista de classes, ou de proveniência pós-marxista de classes, nem a concepção usual de diferenciação funcional da sociedade abem dar uma resposta. (...). Espera-se que o livro de Marcelo Neves não seja lido apenas como

---

[5] Seja como for, a questão da especificidade do Brasil ou de outras regiões como a América Latina continua (ainda) a pautar discussões sociológicas contemporâneas, por vezes em contextos inesperados, como ocorre recentemente com a teoria luhmanniana" RIBEIRO, 2016, p. 105).

informação sobre as relações jurídicas um tanto exóticas em um país da modernidade periférica, mas também sirva de estímulo para se refletir em que tipo de sociedade vivemos hoje." (LUHMANN, 2018, XX-XXII).

O conceito de modernidade periférica, como explica Neves, têm o seu impulso inicial nas teorias do desenvolvimento, em especial na ''*teoria da modernização*" emergida no Pós-Segunda Guerra Mundial, nos Estados Unido, cujo intento era promover critérios e indicadores para a concretização da "modernidade" em países em subdesenvolvimento, com base nas experiências políticas, sociais e econômicas de países do centro do capitalismo. Era centrado um destaque de uma "mecânica geral de evolução, por meio do qual "guerra, colonialismo, imperialismo e política internacional eram quase totalmente ocultados" (NEVES, 2018, p. 99-100).

Para Neves, apesar do desgaste temporal dessa abordagem manifestamente ideológica, a diferença entre tradição-modernidade utilizada com fins meramente instrumentais não obstou algum potencial explicativo dessa diferença.

Dessa forma, surgiram na década de 1960 as teorias da dependência e do capitalismo periférico, na qual essa diferença, agora observada na terminologia centro-periferia, voltou-se à problemática do desenvolvimento econômico, tendo sido igualmente criticadas tanto do ponto de vista metodológico como de aplicação para políticas econômicas públicas (NEVES, 2018, p. 101-102).

Esse aspecto econômico da diferença centro-periferia, sobretudo a utilização deste, é sempre muito claramente enfatizado na obra de Marcelo Neves, tanto nas suas primeiras elaborações obras no Brasil, como em *Constituição Simbólica* (NEVES, 2018, p. 147 e ss), como nas resposta aos seus críticos, sobre um suposto caráter eurocêntrico da utilização dessa diferença.

Além disso, a utilização de Neves sobre essa diferença constitui aquilo que Max Weber tinha como um "típico ideal", ou seja, uma construção de uma verificabilidade impossível, um construto teórico cuja função se alinha à uma redução da complexidade do objeto análise (NEVES, 2018, p. 103. Para outras aplicações do conceito weberiano nas construções de Neves, cf. NEVES, 2019, p. 89-112).

Em termos de teoria dos sistemas, a diferença de centro-periferia - que é aludida por Luhmann, em perspectiva diversa (LUHMANN, 2018, p. 428 e ss) - adquire em Neves o significado de "posicionamento na sociedade mundial", notadamente como uma posição subordinada, da sociedade tida como periférica à sociedade tida como central.

Esse posicionamento, mais uma vez, está contextualizado nos fins econômicos que, para Neves, predominantemente condicionam a sociedade mundial. Como explica o próprio: ''*O caráter hierárquico da sociedade mundial, orientada primordialmente pela economia, relaciona-se com o fato de que a reprodução autopoiética dos sistemas jurídico e político regionais (nacionais) da periferia é bloqueada tanto por outros subsistemas funcionais (por exemplo, a economia com seus efeitos sobre a "sociedade parcial"), quanto pelos sistemas regionais jurídico-políticos do centro* (...) (NEVES, 2018, p. 104-106).

Marcelo Neves utiliza-se do conceito de modernidade periférica para afirmar da incapacidade de determinados subsistemas sociais de garantirem sua própria autonomia, ante à interferência de outros subsistemas por vezes integrantes da sociedade mundial (aqui, a central) diferente do seu (aqui, periférica).[6]

Diante da natural complexidade de estruturação da relação entre sistema e ambiente, na modernidade periférica o acirramento da flexibilidade entre estes, cumulada com a ausência de acoplamentos estruturais (sobre o conceito, com referência à relação entre direito e política cf. RISTER DE SOUSA LIMA, 2010.) com capacidade de permear adequadamente as comunicações ambientais e sistêmicas, invoca uma situação de flexibilidade relativamente desorganizada, precariamente determinável e uma abertura/contingência negativa para o futuro. As expectativas normativas são asseguradas com dificuldade, o que torna o futuro sempre imprevisível (NEVES, 2018, p. 107).

Dessa forma, em sociedades cujo processo de modernização classifica-se como periférico, não seria possível não esperar, no subsistema política, a não iminência de um golpe; como também não seria possível não esperar, no subsistema da economia, uma crise de escassez; como também não seria possível não esperar no subsistema saúde, uma pandemia incontrolável (sobre esse ponto em específico, cf. FINCO; MARTINI, 2020, p. 335-349), e assim se seguem em todos os outros subsistemas.

Todo esse estado, prossegue Neves com referência à teoria do

---

[6] Mas outra utilização do conceito é também explorada no âmbito regional da periferia da sociedade mundial, esse conceito explica a incapacidade de redução de hipercomplexidade.

capitalismo periférico, classifica-se como uma *''heterogeneidade estrutural''*, outrora referenciada como marginalidade. Em termos da teoria dos sistemas, essa marginalidade não poderia significar uma total exclusão dos sistemas, ante a particularidade do substrato empírico que constitui as experiências das sociedades periféricas.

A partir do cenário de modernidade periférica, Marcelo Neves é mais específico e remete ao conceito de *''subintegração e sobreintegração''* (NEVES, 2018, p. 109).

A subintegração é uma relação de inclusão-exclusão sistêmica na qual *''generalizam-se as relações concretas em que não têm acesso aos benefícios''* do sistema em questão, no entanto *''eles permanecem dependentes de suas prescrições impositivas''* (NEVES, 1994, p. 260-261). É o caso dos pagadores de tributos no Brasil que não têm acesso às efetivações do seu dinheiro pago, mas não podem deixar de pagar sob pena de execução tributária ou até mesmo responsabilização criminal, ou ainda o caso das minorias sociais que não têm seus direitos da personalidade respeitados socialmente, mas são vinculadas a agirem com respeito aos direitos de outros grupos, sob pena de responsabilização penal e civil.

Já a sobreintegração é uma relação acima da exclusão, na qual *''é separável da sobreintegração dos grupos privilegiados, que, principalmente com o apoio da burguesia estatal, desenvolvem suas ações bloqueantes da reprodução do Direito. É verdade que o sobrecidadãos utilizam regularmente o texto constitucional democrático o texto constitucional democrático - em princípio, desde que isso seja favorável aos seus interesses e/ou para a proteção social da ''ordem social''. Tendencialmente, porém, na medida em que a constituição impõe limites à ação política e econômica, é posta de lado. Ele não atua, pois, como horizonte de agir e vivenciar político-jurídico dos ''donos do poder'', mas sim, como uma oferta que, conforme a eventual constelação de interesses, será usada, desusada ou abusada por eles''* (NEVES, 1994, p. 261).

Os reflexos dessa situação manifestam-se no subsistema direito por meio da a assimetrização externa ao subsistema do direito no momento da legiferação e no momento da execução jurídica.

A assimetrização externa, no nível da legiferação, do subsistema do direito, ocorre quando outros subsistemas, como a política ou a economia - sobretudo aqueles que estão sobreincluidos - instrumentalizam o direito, aproveitando-se da sua característica de alterabilidade, que constitui sua versão na sociedade moderna, para favorecer-lhes (NEVES, 2018, p. 115-116).

A assimetrização externa, no nível da execução, do subsistema do direito, manifesta-se na discrepância entre legiferação e execução jurídica, chegando mesmo a atingir não somente normas primárias, mas também secundárias (NEVES, 2018, p. 116-117).

Dentre as especificidades relevantes para este trabalho, Marcelo Neves, em relação à segunda assimetrização pormenoriza um significado mais específico, a partir da diferenciação entre os conceitos "aplicação do direito" e "uso do direito". No decorrer do processo de diferenciação funcional do subsistema direito, a questão da execução jurídica necessitou de papéis e pessoas diferenciados funcionalmente para sua aplicação, algo que, evolutivamente, não se restringe à jurisdição em sentido estrito (aquela incumbida aos juízes). Há também um importante papel, por exemplo, do poder executivo nesse processo, através de das forças policiais ou até da estrutura ministerial a qual está o poder de executar certas políticas públicas previstas em legislação (NEVES, 2018, p. 118)

A grande problemática em torno desse nível de assimetrização, em países cujo processo de modernização caracteriza-se como periférico, é da possibilidade de, quando não for o caso de bloquear a execução jurídica no nível da sua aplicação, bloquear no nível da sua observação/consideração por parte dos papéis e pessoas diferenciados funcionalmente a cumprir com essa tarefa (NEVES, 2018, p. 119).

Grosso modo, essa é a interferência da modernidade periférica sobre o subsistema do direito, que quando observada pela óptica dos direitos humanos, fica evidente, diante da sua função na sociedade moderna funcionalmente diferenciada, que eles deixam de ser capazes de cumprir com sua dupla função de evitar a alopoiese dos sistemas e possibilitar a inclusão dos seres humanos nos diversos subsistemas sociais.

A institucionalização dos direitos humanos pelo direito positivo fica comprometida pela assimetrização externa, tanto no ponto de vista da legiferação, uma vez que, internacionalmente não são todos os países que aderem aos diferentes Tratados e Convenções, como do ponto do vista da execução, delegando a execução desses direitos humanos para o subsistema políticos ao invés do subsistema jurídico, tornando esses direitos como instrumento político de controle, sem uma efetiva realização, aprofundando seu caráter meramente simbólico dos direitos humanos, como anteriormente já foi destacado como sendo a posição de Marcelo Neves.

Conclusão

Em Luhmann há relação lógica entre o surgimento do subsistema direito e o advento da modernidade, a partir da qual este, num paradigma tipicamente funcionalista, adquire uma função específica na sociedade mundial, qual seja, a de generalizar expectativas normativas, por meio do seu processo de diferenciação funcional e funcionamento operativamente fechado e cognitivamente aberto, por meio do qual, através do programa condicional, o código lícito-ilícito permite a emanação da comunicação do subsistema direito.

Marcelo Neves, por sua vez, entende que o processo de modernização, tal como ocorrido na Europa, não se aplica aos locais situados na "periferia" da sociedade mundial, o que tem implicações diretas no processo de diferenciação funcional do subsistema direito, notadamente a interferência, por outros subsistemas como a economia e a política, no funcionamento do subsistema direito, comprometendo o seu processo autopoiético, passado este a constituir-se como alopoiético, em função da alta instabilidade que a contingência e complexidade se manifestam em países cujo processo de modernização caracteriza-se como periférico.

A crítica de Neves ao ideário da modernidade "universal" demonstrou como é preciso pensar sobre a aplicação de teorias europeias em cenários sociais diversos. Muda-se as características sociais, políticas e econômicas, muda-se tudo! Sem uma preocupação de readequação entre a teoria e a nova realidade social a sua aplicação transparece como "ideias fora do lugar".

Parabéns Professor Marcelo Neves pelo legado teórico. Receba este CAPÍTULO como pálida homenagem, mas repleta de SIMBOLISMO! Muito obrigado!

Referências bibliográficas

AMATO, Lucas Fucci. Constitucionalização Corporativa: direitos humanos fundamentais, economia e empresa. Curitiba: Juruá, 2014.

ARNAUD, André-Jean. O direito entre modernidade e globalização: lições da filosofia do direito e do Estado. Rio de Janeiro. Renovar, 1999.

CAMPILONGO, Celso Fernandes. Direito e diferenciação social. São Paulo: Saraiva, 2011.

CAMPILONGO, Celso. Política, sistema jurídico e decisão judicial. - 2. ed. - São Paulo: Saraiva, 2011b.

DE GIORGI, Raffaele - Direito, tempo e memória - Trad. de Guilherme Leite Gonçalves - São Paulo: Quartier Latin, 2006.

DE GIORGI, Raffaele. Periferias da modernidade. Revista Direito Mackenzie, São Paulo, v. 11, n. 2, p. 39-47, 2017.

DE GIORGI, Raffaele. Por uma ecologia dos direitos humanos. Revista Opinião Jurídica. A. 13. N. 20. Fortaleza: Unichristus, 2017b. p. 324-340.

DUTRA, Roberto. Diferenciação funcional e sociologia da modernidade brasileira. Revista de sociologia política DIREITO E SOCIEDADE. v. 15, 34 (2016), p. 77-109.

GONÇALVES, Guilherme Leite. Direito entre certeza e incerteza. Horizontes críticos para a teoria dos sistemas. São Paulo: Saraiva, 2013.

GONÇALVES, Guilherme Leite; Villas Bôas Filho, Orlando. Teoria dos sistemas sociais: direito e sociedade na obra de Niklas Luhmann. São Paulo: Saraiva, 2013.

HABERMAS, Jurgen. O discurso filosófico da modernidade: doze lições. São Paulo, Martins Fontes, 2000.

HABERMAS, Jurgen. Direito e democracia: entre facticidade e validade, volume I. Rio de Janeiro: Tempo Brasileiro, 1997.

LUHMANN, Niklas. O direito da sociedade. tradução Saulo Krieger: tradução das citações em latim Alexandre Agnolon. São Paulo: Martins Fontes, 2016.

LUHMANN, Niklas. Sociologia do direito. Rio de Janeiro: Edições Tempo Brasileiro, 1983. v. 1.

LUHMANN, Niklas. Sociologia do direito. Rio de Janeiro: Edições Tempo Brasileiro, 1983b. v. 2.

LUHMANN, Niklas. O paradoxo dos direitos humanos e três formas de seu desdobramento. Themis. Fortaleza, 3, n. 1, p. 153-161, 2000.

MATTEO FINCO; SANDRA REGINA MARTINI. Estrutura da sociedade e semântica da pandemia. In: Covid-19 e seus impactos no direito: mercado, estado, trabalho, família, contratos e cidadania/ coordenação Fernando Rister de Sousa Lima ... [et. al]. 1. ed. - São Paulo: Almedina Brasil, 2020.

NEVES, Marcelo. A Constitucionalização Simbólica. Editora Acadêmica, 1994.

NEVES, Marcelo. A Força Simbólica do Direitos Humanos. Revista

Eletrônica de Direito do Estado. Salvador, Instituto de Direito Público da Bahia, n° 4, outubro/novembro/dezembro, 2005. Disponível na Internet: <www.direitodoestado.com.br>. Acesso em 26.05.2020.

NEVES, Marcelo. Constituição e direito na modernidade periférica: uma abordagem teórica e uma interpretação do caso brasileiro - São Paulo: Editora WMF Martins Fontes, 2018.

NEVES, Marcelo. Entre Hidra e Hércules: princípios de regras constitucionais como diferença paradoxal do sistema jurídico. 3ª. ed. São Paulo: Editora WMF Martins Fontes, 2019.

NEVES, Marcelo. Entre subintegração e sobreintegração: a cidadania inexistente. Dados: revista das ciências sociais, vol. 37, n. 2, 1994b.

NEVES, Marcelo. Entre Têmis e Leviatã: uma relação difícil: o Estado Democrático de Direito a partir de Luhmann e Habermas. 3ª. ed. São Paulo: Editora WMF Martins Fontes, 2012.

NEVES, Marcelo. From autopoieses to alopoieses of Law. JOURNAL OF LAW AND SOCIETY VOLUME 28, NUMBER 2, JUNE 2001 ISSN: 0263-323X, pp. 242-64

VILLAS BÔAS FILHO, Orlando. Teoria dos sistemas e o direito brasileiro. São Paulo: Saraiva, 2009.

VERSCHRAEGEN, Gert. Human Rights and Modern Society: A Sociological Analysis from the Perspective of Systems Theory. JOURNAL OF LAW AND SOCIETY VOLUME 29, NUMBER 2, JUNE 2002. ISSN: 0263-323X, pp. 258–81.

RIBEIRO, Pedro Henrique. Luhmann "fora do lugar"?: como a "condição periférica" da América Latina impulsionou deslocamentos na teoria dos sistemas. Rev. bras. Ci. Soc. [online]. 2013, vol.28, n.83, pp.105-123. ISSN 0102-6909.

RISTER DE SOUSA LIMA, FERNANDO; FINCO, MATTEO. Teoria Sistêmica e Direitos Humanos: O Supremo Tribunal Federal e o direito à saúde. Revista Pensamento Jurídico - São Paulo - Vol. 13, n° 2, jul./dez. 2019.

RISTER DE SOUSA LIMA, FERNANDO. Constituição Federal: acoplamento estrutural entre os sistemas político e jurídico. Revista Direito Público, Brasília, v.7, n. 32. 2010.

TEUBNER, Gunther. The anonymous Matrix: Human Rights Violations by 'Private' Transnational Actors. Modern Law Review, London 69, p. 327-346, 2006.

TEUBNER, Gunther (ed.) Autopoietic Law: A New Approach to Law and Society. Berlin; New York: de Gryuter, 1987. EUI - Series A - 8.

TEUBNER, Gunther, How the Law Thinks: Toward a Constructivist Epistemology of Law (1989). SELF-ORGANIZATION: PORTRAIT OF A SCIENTIFIC REVOLUTION. SOCIOLOGY OF THE SCIENCES: A YEARBOOK, Wolfgang Krohn, Günter Küppers and Helga Nowotny, eds., Vol. XIV, Kluwer, Boston, pp. 87-113, 1990,; Law and Society Review, Vol. 23, No. 5, pp. 727-757, 1989. Available at SSRN: https://ssrn.com/abstract=896502

Cidadania e inclusão no constitucionalismo periférico: uma leitura a partir de Marcelo Neves

José Elio Ventura da Silva
João Paulo Allain Teixeira

A contribuição de Marcelo Neves para a interpretação do constitucionalismo periférico evidencia o modo peculiar como o direito se manifesta na sociedade global. Em seus trabalhos sobre o sistema jurídico na modernidade periférica, Marcelo Neves identifica como característica da periferia a ausência de autonomia funcional do sistema jurídico. Neves parte especificamente da experiência brasileira, trazendo ao debate as diferentes experiências constitucionais registradas no país realizando uma reflexão sobre o processo de diálogo entre sociologia jurídica e a teoria constitucional e introduzindo no debate os limites conceituais entre constituição e positividade do direito no âmbito da teoria sistêmica.

Considerando que a sociedade mundial traz consigo condições limitativas frente à capacidade funcional e legitimadora do Estado para todas as regiões, isso leva à condução de problemas de ordem político-jurídica, tendo em vista que o desenvolvimento na sociedade se efetiva de forma diferente, pois cada região tem suas singularidades.

É pertinente destacar que o argumento para o desenvolvimento seja na modernidade periférica, seja na modernidade central, não pode ignorar o desenvolvimento marcado pela desigualdade inter-regional, que deságua em consequências significativas para os sistemas sociais, dentre os quais o direito e a política por estarem inseridos no campo dos sistemas estatalmente organizados sofrem relevantes interferências. Com isso fica evidente a fragmentação da sociedade mundial, justificando-se a aplicação dos conceitos de centro e periferia de modo a contemplar diversos níveis.

A caracterização da modernidade periférica é assim definida a partir da identificação de dificuldades de afirmação da autonomia funcional do sistema jurídico particularmente no que se refere à operacionalização da sua distinção entre os sistemas sociais. Isso implica dizer, à luz do pensamento de Marcelo Neves, que os diversos sistemas sociais obstruem e/ou emperram a reprodução do sistema jurídico comprometendo a sua reprodução a partir dos seus próprios critérios operacionais internos.

Se para Niklas Luhmann a Modernidade é marcada pela diferenciação funcional dos sistemas sociais, Neves diversamente pontua que o advento da Modernidade não conseguiu promover de modo amplo o princípio da diferenciação funcional dos sistemas sociais e a experiência brasileira seria um bom exemplo.

Sob a perspectiva de Niklas Luhmann a Modernidade promoveu o aparecimento de uma variedade de sistemas sociais cuja identidade comunicativa seria afirmada pela existência de um código binário específico. A função do código binário é afirmada no processo de redução de complexidade social envolvendo a distinção sistema/meio-ambiente a partir da adoção de critérios internos de seleção. A distinção entre centro e periferia tem como referência os modelos de afirmação do código binário diante do entorno. Sob a modernidade central, o código binário apresenta consistência, favorecendo a autonomia sistêmica e promovendo a distinção entre sistema e entorno. Na modernidade periférica de modo diverso, a afirmação da autonomia sistêmica é permanentemente bloqueada por injunções não mediadas pelo código binário[1]. Na modernidade periférica, a diferenciação funcional do código binário do sistema jurídico licitude/ilicitude (recht/unrecht) não consegue se afirmar de modo consistente diante dos demais subsistemas, sofrendo permanentes bloqueios não mediados pelos critérios internos do sistema jurídico.

Nesta perspectiva, considera Neves que mesmo quando a política "não está vinculada à diferença lícito/ilícito como seu grande código [...]" (2006, p. 245), ainda assim, sofre limitações em suas possibilidades de autocriação, no que ele denomina por autopoiese, sendo, portanto, "[...] sistematicamente bloqueada por pressões imediatas advindas do ambiente social do Estado, distanciando-se do modelo procedimental previsto no texto da constituição". (2006, p. 245).

E relaciona com a noção oposta de alopoiese da política e do

---

[1] "(...) desde o seu surgimento vincula-se à falta de suficiente autonomia operacional dos sistemas jurídico e político, bloqueados externamente por injunções diretas de critérios dos demais sistemas sociais, principalmente do econômico." (2007, p.173)

direito, ou seja, da incapacidade de um sistema de se autocriar, ou da capacidade de criar algo que não é mais ele próprio. Tomando como objeto o caso brasileiro, Neves afirma a impossibilidade do paradigma sistêmico de dar conta dessa análise, devido ao "[...] problema da insuficiente construção de uma esfera pública pluralista." (2006, p. 245).

Entender a autonomia funcional dos sistemas sociais envolve assim a análise da dupla perspectiva abertura/fechamento dos sistemas sociais proporcionada pelo seu código binário interno. Esta circunstância envolve assim um paradoxo: os sistemas sociais são, do ponto de vista cognitivo, abertos; do ponto de vista operacional contudo, são fechados. É exatamente esta a circunstância paradoxal que promove a autonomia funcional dos sistemas sociais.

Marcelo Neves explica que o direito tanto é cúmplice quanto refém das relações sociais no âmbito da sociedade periférica. Com isso, acaba por comprometer a sua tarefa de regular as relações sociais de forma congruente, pois os sistemas sociais atuam no direito de forma destrutiva[2].

Nos países periféricos não houve efetivação da autonomia sistêmica de acordo com a diferenciação funcional e menos ainda a realização generalizada da cidadania com fulcro na inclusão social. No contexto mencionado, Neves define a modernidade periférica pautando-se na acepção do significado de sistema teórico, isso implica dizer que a ideia de sistêmico–teórico é concebida como uma modernidade negativa. Destaque-se, que, conforme a perspectiva de Neves, a expressão modernidade negativa nada tem a ver com princípio de valoração. Pensar sobre as formas de manifestação da modernidade negativa leva à compreensão dos obstáculos que envolvem a realização do Estado Democrático de Direito.

Nesse contexto, a emergência do binômio subintegrados/sobreintegrados traduz "um dos obstáculos que mais dificultam a realização do Estado Democrático de Direito na modernidade periférica, destacadamente no Brasil [...]" (2006, 249). Para Neves, a hierarquização social na modernidade periférica é

---

[2] "(...) se trata de insuficiente fechamento (normativo) por força das injunções de fatores sociais diversos. Além da sobreposição destrutiva do código hipertrófico ter/não ter e de particularismos relacionais difusos, a autonomia operacional do direito é atingida generalizadamente por intrusões do código político." (2006, p. 245).

permanentemente afirmada e reforçada através das estratégias de inclusão assimétrica ao sistema jurídico. Não se trata assim propriamente de uma mera "exclusão social", mas da afirmação de diferentes formas de inclusão e partilha igualitária de direitos e deveres.[3] Do lado dos sobreintegrados, acesso sem prestação; do lado dos subintegrados, prestação sem acesso aos benefícios produzidos pela sociedade.[4]

Nesse sentido, ao analisar a experiência brasileira, Neves conclui como sendo um caso típico de modernidade periférica e, disso, a compreensão da fragilidade das nossas instituições em garantir os avanços e a efetiva existência de uma consolidação democrática. Por isso, as barreiras para o "[...] surgimento de uma esfera pública fundada institucionalmente na universalização da cidadania. Isso implica obstáculos graves à realização do Estado Democrático de Direito." (2006, p. 244).

De acordo com Neves, a heterogeneidade estrutural, assim como a marginalização da massa, confronta com o modelo de transposição da forma constitucional do centro para a periferia, por serem realidades diversas, produzindo uma série de inconsistências.

Marcelo Neves aponta ainda que a desigualdade de direitos e deveres entre sobreintegrados e subintegrados evidencia os limites da teoria luhmanniana no referente à autonomia do direito diante da sociedade mundial, alertando para as disfunções no âmbito dos sistemas jurídicos no que diz respeito à resolução de altercações a partir dos mecanismos judiciais. Neves destaca que é da constância

---

[3] "(...) interessa sobretudo o problema da falta generalizada de inclusão no sistema jurídico, no sentido da ausência de direitos e deveres partilhados reciprocamente. Isso significa inexistência de cidadania como mecanismo de integração jurídico-política igualitária da população na sociedade." (2006, p. 249).

[4] "A subintegração é inseparável da sobreintegração. Esta se refere à prática de grupos privilegiados que, principalmente com o apoio da burocracia estatal, desenvolvem suas ações bloqueantes da reprodução do direito. Os sobreintegrados, em princípio, são titulares de direitos, competência, poderes e prerrogativas, mas não se subordinam regularmente à atividade punitiva do Estado no que se refere aos deveres e responsabilidades. Sua postura em relação à ordem jurídica é eminentemente instrumental: usam, desusam ou abusam-na conforme as constelações concretas e particularistas dos seus interesses. Nesse contexto, o direito não se apresenta como horizonte do agir e vivenciar político-jurídico do sobrecidadão, mas antes como meio de consecução de seus objetivos econômicos, políticos e relacionais." (NEVES, 2006, p. 250)

da exclusão dos subintegrados que afloram as benesses para o sobreintegrado, fazendo com que a política operacionalize o direito neste contexto.[5]

Com isso o Estado age de forma manipuladora no sentido de distribuir privilégios para os extratos superiores por um lado e, por outro, garante apenas "auxílios conjunturais" para as camadas inferiores da população. Esta circunstância, porém, tem como consequência a deficitária legitimação do sistema político que se consolida sem que seja questionado em sua legitimação democrática de fato. (NEVES, 2006: p. 671).

Neves esclarece ainda que a manutenção ou exclusão dos subintegrados pela operacionalização do direito, por vezes, torna-se tarefa impossibilitada, visto que o cumprimento da prestação pelo sistema social demanda ao direito requisitos inexistentes ou insuficientes em condições periféricas. As condicionantes democracia e economia, culminam na interferência da política e economia na institucionalização do direito, fazendo surgir a acentuada diferença sistêmica entre centro e periferia no cenário mundial. As marcas apontadas na sua obra desnudam os aspectos que contribuem para uma realidade capitalista *sui generis*, delineando a distinção entre centro e periferia.

A análise de Marcelo Neves conduz ao entendimento de que as desigualdades econômicas inerentes ao processo de globalização desaguam na falta de autonomia dos sistemas reverberando na ausência de linearidade quanto a processos democráticos. Essas condições contribuem decisivamente para uma democracia com amplas dificuldades de legitimação.

Sob a perspectiva do constitucionalismo, é próprio da

---

[5] "Vista de baixo, a particularização extralegal ou ilegal da administração pública brasileira depende da miséria de amplos setores da população, que não podem esperar como beneficiários "abstratos" e "impessoais" de decisões. Da perspectiva dos "sobreintegrados", a administração pública, por meio da distribuição de vantagens privilegiadas (cargos, subvenções etc), é empregada diretamente como compensação para fragilidade de reprodução depende da economia no país. Além disso, a manipulação da administração mediante a distribuição de privilégios para os membros dos estratos superiores e "auxílios" para os subintegrados atua como mecanismo de legitimação, uma vez que não se afirma a generalização do apoio político por meio da circulação de político, administração e público (legitimação democrática)." (NEVES, 2006: p. 671).

modernidade periférica o fenômeno da "constitucionalização simbólica". Nesta circunstância, os textos constitucionais cumprem uma função hipertroficamente simbólica em detrimento do seu caráter normativo. Nesta perspectiva, Neves parte da experiência constitucional brasileira identificando a pluralidade de experiências constitucionais. Assim, desde a primeira Constituição Brasileira (1824) até a mais recente (1988), o Brasil apresenta grande dificuldade em estabelecer parâmetros normativos que evidenciam a plena realização constitucional. Utilizando-se da classificação ontológica das constituições proposta por Karl Loewenstein, conclui que a experiência brasileira obedece a um "movimento pendular", oscilando entre experiências constitucionais semânticas (instrumentalistas) e experiências constitucionais nominalistas.

O fenômeno da constitucionalização simbólica é próprio das experiências nominalistas, quando, apesar das disposições constantes no texto constitucional, a realidade de sua aplicação aponta em sentido diverso. Para propor uma tipologia de normas constitucionais simbólicas, Neves utiliza a classificação proposta por Harald Kindermann para compreender os aspectos que definem a legislação simbólica. Kindermann apresenta assim a "legislação-álibi", a "legislação como confirmação de valores sociais" e a "fórmula de compromisso dilatório" como espécies que caracterizam a legislação simbólica (NEVES, 2007).

A constitucionalização simbólica é marcada por problemas quanto à auto-referência e à heteroreferência do sistema jurídico. Estas dificuldades revelam como consequência uma instabilidade permanente que pode levar à inconformidade das massas e ao risco autoritário (NEVES, 2007).

Nessa mesma linha, Neves destaca em "Entre Têmis e Leviatã" as mudanças que circundam o Estado Democrático de Direito na contemporaneidade. Diante da específica forma de concretização da cidadania e à ausência de proteção igualitária de direitos no âmbito dos sistemas sociais, resta desatendida a congruente generalização de expetativas normativas.

A partir do momento que o cidadão encontra-se reiteradamente impedido de gozar dos direitos postos constitucionalmente desencadeando marcas relevantes para a compreensão do déficit democrático na modernidade periférica. Pode-se, a partir dos argumentos de Neves considerar de que a condição de subintegrados e sobreintegrados é reflexo do atravancamento da operacionalização do sistema jurídico no Estado Democrático de Direito.

Ao analisar a questão da inclusão como forma de acesso aos sistemas sociais, Neves compreende a inexistência de uma das duas dimensões do conceito. Por isso, afirma não se tratar exatamente de "relações alopráticas da exclusão entre grupos humanos no espaço social [...]" (2006, p. 249). Mas, sim, de uma integração social subordinada ou sobreordenada. Compreendendo tal contexto forjado no interior do sistema social, Neves observa as dificuldades para a inclusão de determinados grupos sociais no sistema jurídico, devido ao não compartilhamento recíproco de direitos e deveres em relação a outros grupos.

Segundo Marcelo Neves, ao estudar o caso brasileiro, vê-se que, sistemicamente, ocorre uma instrumentalização do direito pelos meios dinheiro e poder, marcando, com isso, uma impossibilidade de efetivação do Estado de Direito, com sua necessária imparcialidade, o "[...] que se fundamentaria na presença de uma consciência moral universalista e numa racionalidade procedimental orientada dissensualmente." (200, p. 247)

Este cenário revela uma verdadeira crise no Estado Democrático de Direito já que, estando o legalismo e a impunidade trilhando caminhos cujas conexões são paradoxais, leva-se à mudança social no plano de estrutura, o que implica dizer que o autor trata da necessidade de inovação e disseminação do Estado Democrático de Direito, objetivando com esta investidura a consolidação da inclusão no âmbito dos sistemas funcionais.

É pertinente enfatizar que na sociedade brasileira enquanto realidade periférica, o modelo textual referente ao constitucionalismo democrático social acaba por potencializar a exclusão. Esta por sua vez passa a se posicionar enquanto mecanismo inviabilizador da universalização da cidadania, assim como dos princípios básicos da democracia, demandando a necessidade de pensar em modelos sociais capazes de diagnosticar esta realidade e favorecendo segurança e inclusão social.

A partir da percepção de que a modernidade periférica enfatiza um cenário de exclusão, Neves sinaliza para a urgência de se repensar a ideia de Estado Democrático de Direito com vista a atender às expectativas de uma sociedade que vivencia a exclusão social de forma avassaladora e corriqueira.

Neves destaca assim que o cenário político e jurídico da

modernidade periférica precisa ser repensado para que possa contribuir positivamente com uma parcela significativa da sociedade que vivencia a prevalência da exclusão sobre a inclusão cotidianamente. Nesta perspectiva, Neves deixa evidente que o cidadão precisa se sentir igualitariamente incluído gozando regularmente de seus direitos a partir da potencialização dos princípios que orientam a democracia.

Ainda sobre cidadania e democracia, Neves destaca que em países de modernidade periférica a não efetivação da autonomia sistêmica, conforme orienta o princípio de diferenciação funcional assim como a ausência de inclusão social, conduz à opressão no direito. Isso implica dizer que uma sociedade sistematicamente desestruturada, condição esta inerente à insuficiência da diferenciação funcional e incipiência de inclusão política e jurídica leva ao declínio da política democrática, uma vez que são inúmeros os mecanismos sociais que interferem diretamente na autonomia operativa desta.

Importa destacar, a partir de Marcelo Neves, que os obstáculos que circundam a consolidação do Estado Democrático de Direito na modernidade periférica estão intimamente ligados às opressões oriundas de um ambiente socialmente e sistematicamente desestruturado, bem como a generalização de subincluídos e sobreincluídos.

Referências

NEVES, Marcelo. *Entre Têmis e Leviatã*: uma relação difícil: o estado democrático de direito a partir e além de Luhmann e Habermas. São Paulo: Martins Fontes, 2006.

NEVES, Marcelo. *A constitucionalização simbólica*. São Paulo: Martins Fontes, 2007.

NEVES, Marcelo. Os Estados no centro e os Estados na periferia: Alguns problemas com a concepção de Estados da sociedade mundial em Niklas Luhmann. *Revista de Informação Legislativa*. Ano 52, número 206, abr./jun. 2015. Disponível em: https://www12.senado.leg.br/ril/edicoes/52/206/ril_v52_n20 6_p111.pdf. Acesso em: 20/06/2020.

A subintegração como forma de intolerância jurídica na doutrina de Marcelo Neves

MARIA JOSÉ DO AMARAL

De conformidade com NEVES (1996, p. 3) a interpretação legalista das normas jurídicas aplica-se, normalmente, àqueles que não se encontram em condições de exercer os seus direitos, a despeito desses direitos estarem constitucionalmente garantidos. Para o autor há nesse caso o fenômeno da —subintegração dos excluídos sociais ao sistema jurídico. No outro polo da relação haveria os —sobreintegrados ou os incluídos sociais e, para estes os privilégios, em consequências de suas —melhores relações‖ com os operadores do direito. Tal situação descamba para as situações de impunidade e permissividade, no que os valores jurídicos são substituídos pelos critérios do —poder‖ e do —ter[1].

Tal circunstância jurídica aplicada aos processos cíveis atinge reintegrações de posses, com despejos violentos e forçados a exemplo do que recentemente aconteceu na Comarca de Piracicaba-SP, processo tombado sob número 1001115-49.2020.8.26.0451, que tramitou na 4.ª Vara Cível daquela comarca, reconhecendo-se a eficácia da posse indireta a quem arrendava a terceiro um imóvel não utilizado pelos contratantes de tal arrendamento e onde mais de 50 (cinquenta) famílias estavam morando e dando eficácia à função constitucional da propriedade, isso em plena pandemia do COVID 19 e em contrariedade a todas as regras sanitárias vigentes. As normas constitucionais protetoras dos direitos humanos das minorias tornaram-se completamente dispensáveis, prevalecendo um suposto direito de posse extremamente discutível e que sequer mereceu uma audiência de justificação, que encontraria guarida na legislação processual, vigente, mesmo em épocas de trabalho à distância, para alguns.

Aqui se tem os sobreintegrados advogado e arrendatário do imóvel que serviria - em tese - como pasto para gado obtendo com

---

[1] NEVES, Marcelo da Costa Pinto. Intolerância jurídica‖. In: Jornal do Commercio. Recife:8/ago./1996, pp.3.

urgência liminar[2] para execução de despejo forçado sem maiores cautelas, tendo inclusive emprestado à causa o módico valor de R$ 10.000,00 (Dez mil reais). A defesa processual dos subintegrados ficou a cargo da Defensoria Pública do Estado de São Paulo, cujos esforços merecerem o repúdio do Promotor de Justiça, eis que o representante do Ministério Público daquele Estado – no feito exemplificado – cerrou fileiras ao lado do autor da ação, sequer considerando a pandemia do Covid19 e a emergência sanitária atuais. E a gente vai fazendo conta do dia que vai chegar...

Tal circunstância jurídica aplicada aos processos criminais implica desde o modo de qualificação pejorativa dos acusados (subintegrados) à valorização dos acusados (sobintegrados) e quando não raro há a ocultação da identidade dos mais favorecidos. Explicamos.

De acordo com Malaquias (2017, p. 2) – há enorme diferenças de abordagem entre – as significações imaginárias sociais (CASTORIADIS, 2001) do Grupo Globo sobre brasileiros criminosos ricos (e celebridades), processados e julgados, alguns exaustivamente divulgados como envolvidos em —escândalos‖ financeiros. Para este artigo, são focalizadas duas —celebridades‖: Roger Abdelmassih (RA) e Thor Batista (TB). Dessa forma, pretende-se identificar e analisar os sentidos e representações sobre essas —celebridades‖ e compará-las com os manifestantes Caio Silva (CS) e Fábio Raposo (FB), acusados da morte do cinegrafista da Band, Santiago Andrade. Por imaginário compreende-se o fluxo de imagens, formas, figuras (CASTORIADIS, 2001). Entende-se ainda como uma dimensão norteadora de práticas (conscientes e inconscientes), de valores estruturadores do mundo3.

Nesse contexto, o autor deixa assentada a diferença de tratamento midiático dada aos sobintegrados e aos subintegrados, ficando bem provado a interpretação legalista da lei para os segundos que comparados aos primeiros já são julgados e condenados desde

---

[2] Disponível em: < https://esaj.tjsp.jus.br/pastadigital/abrirPasta Processo Digital. do?nuProcesso=1001115-49.2020.8.26.045...> Consulta em 17-06-2020

[3] SANTOS. Evson Malaquias de Moraes; SANTO. Amanda Pereira. Imaginário social d'o globo acerca de celebridades criminosas e manifestantes da jornada de junho. Quem são os bandidos? In: *Revista Memorare*, Tubarão, SC, v. 4, n. 2 esp. dossiê I, p.63-94. maio/ago. 2017.

as imagens que são veiculadas na imprensa escrita e televisionada, oportunidade em que recebem estigmas desde o seu trajar e —em geral, essas imagens apresentam homens em situação de constrangimento, vestidos apenas de cueca ou sunga, que foram presos ou detidos por algum motivo referente a desordem, roubo, estupro ou outra manifestação desse gênero. O autor destaca que, semelhantemente ao anterior relatado, os cadáveres de negros aparecem —desnudos, vestidos apenas de sunga ou [cueca, enquanto] os cadáveres de indivíduos brancos aparecem vestidos. Repórteres reconhecem que há tratamento diferenciado: —os suspeitos de classe baixa encontram menos oportunidade de defesa nos jornais e chegam a ser obrigados a mostrar o rosto para os fotógrafos (RAMOS; PAIVA, 2007, p. 66).

Disto a um julgamento injusto estamos a muitos poucos passos. Como no exemplo dado quanto se abordou o despejo forçado na comarca de Piracicaba/SP. O autor recebe várias vezes tratado por "doutor", nos autos; os réus são tratados por seus prenomes. Há negativa de conferir a cidadania aos subintegrados, já no que concerne aos sobintegrados há exasperação de tratamento cortês.

Partindo desse pressuposto, de que há estigmatização dos negros no trato com inquéritos policiais e procedimentos judiciais, evidente que as vidas negras pouco ou quase nada valem. E nada valem pelo fato de serem precificadas sobressaindo-se a condição de subintegrado e em condição inferior aos sobintegrados. Comprovando essa estratificação econômica impende atentar para o estudo de ALVES (2020) quando demonstra cabalmente que há no Brasil —(i) Desigualdade de rendas — Torna-se induvidoso que "a principal fonte de evidência sobre desigualdade de renda é a pesquisa das famílias". Em nosso país, a questão imediata situa-se em desigualdades evidenciadas no mercado de trabalho. As discrepâncias salariais afetam as famílias negras, onde um trabalhador recebe em média, 46% menos que um branco, em mesma função, não obstante tenham ambos a mesma formação técnica e estejam em uma mesma determinada classe social. A propósito, em 2018, os negros já eram a maior parte da força de trabalho no Brasil — 54,9%

Noutro giro, observa-se que as ocupações laborais exercidas não são igualitárias, envolvendo-se as famílias negras em atividades profissionais menos rentáveis ou mais desfavorecidas. A consequência da desigualdade de rendas impõe um menor poder aquisitivo, obrigando-lhes remetidas às comunidades periféricas, com habitações precárias e sem as infraestruturas básicas. Diante dos salários tipicamente desqualificados, a economia de desigualdade, torna-se mais contundente4.

Nesse mesmo sentido, Falando sobre o lupen-proletariado e sobre pobreza, (KOWARICK 1979, p. 92) afirma que: "A condição de favelado representa uma vulnerabilidade que o atinge não apenas enquanto morador: atinge-o também no cerne dos direitos civis, pois mais fácil e frequentemente pode ser confundido com 'malandros' e ou 'maloqueiros' que constituem objeto especial da ação policial. E muitos são confundidos, o que faz com que, mesmo aqueles que não tenham passado pela experiência, interiorizem a iminência do perigo. Foco de batidas policiais, a favela é também estigmatizada pelos habitantes "bem comportados" como antro de desordem que destoa da paisagem dos bairros melhor providos, precisando ser removida para que a tranquilidade volte a reinar no quotidiano das famílias que se sentem contaminadas pelo perigo da proximidade dos barracos".

Diz ainda o autor que "Por todos esses fatores, a favela é percebida como um atestado de má conduta. Ao contrário do que muitos pensam, ela não concentra uma população com características do lupen. Lá existem mendigos e prostitutas ou delinquentes, mas como em qualquer outro bairro pobre da cidade, impera o trabalho assalariado ou autônomo que leva adiante a engrenagem produtiva."

No que diz respeito ao perfil dos sem teto constatou o Diário de Pernambuco em entrevista com Rodrigues (2002) que:

> 54,75% morava em casa de parentes, 29,3% de aluguel e 6,0% em casa própria (saída por perda do imóvel ou separação). No que diz respeito a ter ou não trabalho 48,95% procuram emprego, 22,3% não trabalham porque têm que cuidar da casa, 21,8% não trabalham por problemas de saúde ou são aposentados. A renda familiar de 75,25% dos ocupantes é de até um salário mínimo, 21,3% ganham de um até dois salários mínimos e 3,2% de dois a cinco salários

---

4 ALVES. Jones Figueirêdo. (2020) A humanidade não consegue respirar quando vidas negras não importam. Disponível em: < http://www.tjpe.jus.br/-/a-humanidade-nao-consegue-respirar-quando-vidas-negras-nao importam?inheritRedirect=true&redirect =%2F&fbclid =IwAR2aP9z8uIfiBsV r-iy05EdcVDnYmcEKU9QZDruKTey4 bsv8Dtx-x-cpQMHg. Consulta em 18-06-2020

mínimos. A escolaridade de 61,5% é o primeiro grau incompleto e 15% são analfabetos. A importância da ocupação para 27,3% representa a conquista de um direito político, 20,6% vê a ocupação como possibilidade de ter uma moradia e 19,2% entende que ocupar significa economia por não pagar mais aluguel[5].

Pelo que se conclui que o perfil dos sem-teto está mais próximo do perfil dos favelados do que do *lupen.*

Tem-se então que a desigualdade entre os sub e sobintegrados é uma questão de classe. Trilhando por esse caminho é interessante aludir a Karl Marx, Rosdolsky (2001) argumenta que:

> o terceiro tomo de *O capital* termina com a investigação dos rendimentos e das classes sociais. Porém já no plano de 1857 a análise do capital, da propriedade da terra e do trabalho assalariado deveria desembocar na consideração das "três grandes classes sociais" e do "intercâmbio entre elas", ou seja, deveria caminhar desde a investigação das relações de produção até as relações de distribuição

Nesse ser assim, para o autor há três grandes classes sociais fundamentais que são compostas por trabalhadores assalariados, capitalistas e proprietários fundiários. No Brasil, país da periferia do capitalismo a situação dos trabalhadores assalariados se agudiza seja pela paga precária, se podendo atribuir a uma considerável parcela desses trabalhadores o termo precariado. É justamente o precariado que vive nos morros, alagados e favelas.[6]

---

[5] RODRIGUES, Cibele Maria Lima. (2002) "Daqui não saio, daqui ninguém me tira": estudo de caso do MTST (Movimento dos Trabalhadores sem teto), para além da dicotomia e estratégia. Universidade Federal de Pernambuco. Programa de Pós-Graduação em Sociologia. Recife: mono. 145 pp.

[6] Nesse aspecto, KOWARICK (1979) afirma que: "A condição de favelado representa uma vulnerabilidade que o atinge não apenas enquanto morador: atinge-o também no cerne dos direitos civis, pois mais fácil e freqüentemente pode ser confundido com "malandros" e ou "maloqueiros" que constituem objeto especial da ação policial. E muitos são confundidos, o que faz com que, mesmo aqueles que não tenham passado pela experiência, interiorizem a iminência do perigo. Foco de batidas policiais, a favela é também estigmatizada pelos habitantes "bem comportados" como antro de desordem que destoa da paisagem dos bairros melhor providos, precisando ser removida para que a tranqüilidade

Essas pessoas demandam nos tribunais. Quando na seara do direito civil a porta de entrada se dá massivamente através dos Juizados Especiais, donde vão procurar solução dos chamados litígios de pequenas causas. Ostentam a condição de autores normalmente em face de concessionárias de luz elétrica e telefonia. Saem com reparações de no máximo R$. 2.000,00 (Dois mil reais). Na qualidade de réus são – inúmeras vezes – despejados sem dó e nem piedade. Veja-se que tais despejos são determinados por magistrados que fazem parte da média burguesia de capitalistas e proprietários de terras. Pela dificuldade de acesso aos bens de produção e cultura o precariado dificilmente terá alguém oriundo de suas fileiras na magistratura ou no ministério público. A dificuldade de aprovação em concursos públicos de ingresso para essas carreiras age como um filtro econômico.

Em tempos de pandemia segundo Figueirêdo (2020)

> No plano nacional, a decisão do ministro Edson Fachin (STF), de sexta-feira passada (5/6), na Arguição de Descumprimento de Preceito Fundamental nº 635, impondo restrições, durante a pandemia, às operações policiais em comunidades pobres (que colocam em risco as populações vulneráveis), apresenta-se paradigmática e delas subtrai a aparente chancela prévia de indenidade. Em 22 de maio passado, o menor negro João Pedro Mattos Pinto, morreu dentro de casa, durante operação policial, no Complexo do Salgueiro, em São Gonçalo (RJ). O ministro Edson Fachin enfatizou, na liminar: "(...) nada justifica que uma criança de 14 anos seja alvejada mais de 70 vezes. O fato é indicativo, por si só, que mantido o atual quadro normativo, nada será feito para diminuir a letalidade policial, um estado de coisas que em nada respeita Constituição." Determinou, então, que referidas operações sejam somente realizadas "em hipóteses absolutamente excepcionais", com justificativas escritas e comunicações ao Ministério Público

---

volte a reinar no quotidiano das famílias que se sentem contaminadas pelo perigo da proximidade dos barracos". Diz ainda o autor, que "Por todos esses fatores, a favela é percebida como um atestado de má conduta. Ao contrário do que muitos pensam, ela não concentra uma população com características do *lupen proletariado*. Lá existem mendigos e prostitutas ou delinqüentes, mas como em qualquer outro bairro pobre da cidade, impera o trabalho assalariado ou autônomo que leva adiante a engrenagem produtiva." *In:* KOWARICK, Lúcio. *A espoliação urbana.* 2ª. ed., Rio de Janeiro: Paz e Terra, 1979

[3]."[7]

Mesmo tal comunicação ao ministério público não é garantia de segurança jurídica de que esse precariado das favelas ou dos acampamentos rurais não sofram danos. Explica-se: No Estado de Pernambuco mesmo antes da mudança legislativa do artigo 178, III do Código de Processo Civil de 2015 vigia a Lei Estadual 11.365/96 que impõe o acompanhamento de representante ministerial e: "Estabelece a presença e o acompanhamento do Ministério Público estadual nas operações que envolvam a força policial no Estado de Pernambuco em medidas possessórias de caráter e efeitos coletivos e determina providências pertinentes.".[8]

Nem por isso despejos forçados e violentos deixaram de ser executados contra o povo, sendo certo que no despejo forçado da Ocupação Cacique Chicão, em 28-05-2015 houve até uma gestante que entrou em trabalho de parto na ocasião.[9] Por isso fica a pergunta: o precariado – subintegrado – conta para o Estado além dos votos que podem depositar nas urnas em períodos de eleições burguesas?

Para os sobintegrados não haveria interpretação legalista das normas jurídicas em seu desfavor. Tais personalidades seriam chamadas de doutores. Como no bojo da ação tombado sob número 1001115-49.2020.8.26.0451, que tramitou na 4.ª Vara Cível da Comarca de Piracicaba/SP. Para os sobintegrados, as situações de permissividade jurídica se iniciam com a construção de narrativas favoráveis desde a divulgação da notícia dos fatos típicos nas mídias. A impunidade é uma consequência lógica dessa construção de estórias. O instituto da fiança como garantia do processo penal alcança os incluídos quase sempre, ainda que para tanto seja necessário atribuir a tais incluídos tipos penais que comportem tal arbitramento. Tal situação jurídica foi possível de se atestar no caso do menino Miguel que despencou de um prédio de classe alta, quando à acusada foi de pronto beneficiária de fiança pela autoridade

---

[7] *Cf* [3] Web: https://www.conjur.com.br/dl/adpf-rio-fachin.pdf

[8] Disponível em <http://legis.alepe.pe.gov.br/arquivoTexto.aspx?tipo norma=1&numero=11365&complemento=0&ano=1996&tipo=> Consulta em 18-06-2020.

[9]Disponível em< https://www.diariodepernambuco.com.br/noticia/vida urbana/2015/05/comunidade-cacique-chicao-e-desocupada.html> Consulta em 18-06-2020

policial.[10]

Em um primeiro juízo de valor a conduta da "patroa" da mãe e avó materna da criança foi tida por culposa, e sua imagem e nome foram preservados de divulgação pela mídia. Em situação idêntica Malaquias (2017) tem a mesma percepção do problema[11], que envolvem a cobertura midiática de um herdeiro e um ginecologista famoso, ambos sobintegrados como a "patroa" do *case* Miguel.

Por tudo isso, podemos assegurar que a intolerância jurídica para com os subintegrados é uma questão de classe. Esses não têm quaisquer relações amistosas ou de parentela com os operadores do direto; os sobreintegrados notadamente as têm. É da classe dos capitalistas e proprietários de terras que a maioria dos operadores do direito provém. O binômio poder/ter aniquila o exercício da cidadania do povo pobre e explorado. Desde a construção das narrativas midiáticas até a entrega definitiva da tutela jurisdicional.

E a gente fazendo a conta para o dia que vai chegar...

Referências

ALVES, Jones Figueirêdo. A humanidade não consegue respirar quando vidas negras não importam. Disponível em: < http://www.tjpe.jus.br/-/a-humanidade-nao-consegue-respirar-quando-vidas-negras-nao-   mportam?inheritRedirect=true&redirect=%2F&fbclid=IwAR2aP9z8uIfiBsVr-   iy05EdcVDnYmcEKU9QZDruKTey4bsv8Dtx-x-cpQMHg>. Acesso em 18-06-2020

KOWARICK, Lúcio. *A espoliação urbana.* 2ª. ed., Rio de Janeiro: Paz e Terra, 1979

NEVES, Marcelo da Costa Pinto. Intolerância jurídica. In: *Jornal do Commercio*. Recife:8/ago./1996.

---

[10] Disponível em <https://www.leiaja.com/noticias/2020/06/04/caso-miguel-sari-pode-ser-processada-por-homicidio-doloso/> Consulta em: 19-06-2020

[11] Tanto TB quanto RA foram "protegidos" por não estarem identificados na primeira página ou no *corpus* do texto, com os seus nomes nos títulos suprimidos. Em 10 de janeiro de 2009, RA foi identificado no título como "médico renomado"; no dia 14 do mesmo mês, como "médico" e, abaixo, segue o seu nome. A partir daí, quase não foi mais citado nos títulos das matérias, senão em 20 de agosto de 2009, 6 de julho de 2010 e em 24 de novembro de 2010, quando ele foi condenado a 278 anos de prisão. A única foto na capa data de 20 de agosto de 2014.

RODRIGUES, Cibele Maria Lima. *Daqui não saio, daqui ninguém me tira*: estudo de caso do MTST (Movimento dos Trabalhadores sem teto), para além da dicotomia e estratégia. Universidade Federal de Pernambuco. Programa de Pós-Graduação em Sociologia. Recife, 145p.

ROSDOLSKY, Roman. Gênese e estrutura de O capital de Karl Marx/ Roman Rosdolsky. 3.ª reimpressão. Rio de Janeiro: EDUERJ: Contraponto, 2001.

SANTOS, Evson Malaquias de Moraes; SANTOS, Amanda Pereira. Imaginário social d'o Globo acerca de celebridades criminosas e manifestantes da jornada de junho. Quem são os bandidos? Revista *Memorare*, v. 4, n. 2 esp. dossiê I, p.63-94, 2017.

A subintegração e a sobreintegração no campo: as diferenças e o dualismo entre agricultura familiar e o agronegócio no contexto brasileiro

MARANA SOTERO DE SOUSA

1 Introdução

Considerando a igualdade e a cidadania pilares para a efetivação do Estado Democrático de Direito, o qual se fundamenta em normas jurídicas constitucionais e direitos fundamentais, desenvolve-se o presente estudo com o objetivo de analisar e compreender, utilizando-se como base teórica os estudos e ensinamentos de Marcelo Neves, os fenômenos da subintegração e da sobreintegração inseridos no campo, a partir de duas realidades existentes no meio rural brasileiro aparentemente distintas, e que, por isso, geram desigualdades, quais sejam, a agricultura familiar e o agronegócio.

O meio rural brasileiro é heterogêneo, abrangendo as mais diversas atividades agrícolas, dentre elas, destacam-se a agricultura familiar e o agronegócio, dois tipos de agricultura distintas e com modos de produção bastante diversos. A agricultura familiar se trata de um tipo agrícola que se desenvolve e realiza sua exploração em núcleo familiar, sendo que sua produção é direcionada para a própria subsistência da família e também para o abastecimento do mercado interno brasileiro. Trata-se de uma agricultura com bases tradicionais, que utiliza de técnicas e saberes rudimentares. De seu turno, o agronegócio é um ramo da agricultura que realiza a produção majoritária de monoculturas, estas destinadas à exportação, consistindo em uma atividade econômica rural que incrementa substancialmente a economia brasileira. Contudo, utiliza em sua produção alta tecnologia, além de insumos químicos agrícolas, os quais causam forte degradação da terra e do meio ambiente. Ainda, o agronegócio realiza sua exploração rural às custas da concentração de terras, exploração do trabalho rural e dos recursos naturais.

Nesse contexto, ressalta-se a cidadania rural, a igualdade no campo e a importância destas para a efetivação do Estado Democrático de Direito. Igualmente, destaca-se que, na medida em que este Estado é efetivado, significa dizer que existe cidadania, isto é, pessoas com igualdade de direitos e deveres, e também implica compreender que as normas jurídicas constitucionais e os direitos fundamentais previstos constitucionalmente vão além de algo simbólico, mas sim efetivo, real. Exemplo de um destes direitos fundamentais que pertine ao meio rural e que também denota a efetivação deste Estado Democrático de Direito é o direito fundamental e humano à alimentação adequada. A alimentação adequada está intimamente ligada à segurança alimentar, estas que são promovidas, majoritariamente, pela agricultura familiar.

Contudo, persiste no meio rural o dualismo entre estes dois tipos de agriculturas, podendo ser visualizada a subintegração a partir da agricultura familiar e a sobreintegração por meio do agronegócio. Sendo assim, aborda-se um estudo eminentemente hermenêutico e interpretativo, que se utiliza de pesquisas bibliográficas em livro, revistas e artigos científicos afetos à temática. Ainda, tem como importante marco teórico, as ideias e os pensamentos do autor Marcelo Neves.

Portanto, vislumbra-se a possibilidade de uma espaço público que permita além de uma comunicação entre os atores sociais para que a igualdade, e consequentemente, a cidadania, sejam contempladas, sendo importante que este espaço que supere as relações de subintegração e sobreintegração, de modo a efetivar a cidadania, inclusive no campo, o Estado Democrático de Direito e os direitos fundamentais, especialmente os relacionados a esfera rural, mas que igualmente possuem e geram reflexos como um todo, como é o direito fundamental à alimentação adequada.

2 As realidades existentes e as atividades econômicas no meio rural brasileiro

O meio rural brasileiro é bastante diversificado, abrangendo as mais diversas realidades e atividades agrícolas. Contudo, dois ramos agrícolas, que possuem grandes diferenças entre si, destacam-se, quais sejam, a agricultura familiar e o agronegócio.

A agricultura familiar é reconhecida por sua vasta produção a partir da utilização de mão-de-obra desempenhada pelos membros da família. É uma atividade rural que se utiliza de técnicas tradicionais e rudimentares para realizar a exploração agrícola. Trata-se de uma atividade multifuncional e pluriativa, pois dentro da agricultura familiar existem ainda vários tipos e categorias de agricultores familiares. Tem como principal característica ser responsável majoritária pela produção de alimentos básicos, os quais fazem parte da dieta do brasileiro. Logo, possui íntima relação e contribui sobremaneira para a efetivação do direito fundamental e humano à alimentação adequada, além de possibilitar a garantia da segurança alimentar[1].

De seu turno, o agronegócio consiste em ramo da agricultura que realiza a exploração agrícola a partir da produção de monoculturas, estas destinadas, principalmente, para a exportação. Também conhecida como agricultura patronal ou não familiar, o agronegócio utiliza fortemente, em suas produções, da tecnologia, além de insumos químicos para intensificar a produção. Esta não é voltada para o abastecimento interno, contudo, gera índices econômicos altos e favoráveis ao incremento do da economia do país, refletida por meio do Produto Interno Bruto (PIB). Apesar de ser forte indicador econômico, realiza sua produção em detrimento do trabalho escravo, da concentração de renda e realizando exploração desmedida dos recursos naturais.

Deste modo, é possível perceber, de início, que se tratam de dois tipos de agriculturas bastante distintas, sendo que ambas fazem parte e se desenvolvem no rural brasileiro. Ainda, ambas são operacionalizadas, em regra, por um ator social em comum: o agricultor. Por isso, faz-se importante compreender ambos os tipos agrícolas aqui destacados, de modo a entender como funcionam, sua importância social e econômica para o setor rural brasileiro e os impactos que tais diferenças entre ambas causam no que diz respeito a efetivação da igualdade e cidadania, ainda mais sendo estes

---

[1] De acordo com o artigo 3º, da Lei nº 11.346/2006, que criou o Sistema Nacional de Segurança Alimentar e Nutricional (SISAN): "A segurança alimentar e nutricional consiste na realização do direito de todos ao acesso regular e permanente a alimentos de qualidade, em quantidade suficiente, sem comprometer o acesso a outras necessidades essenciais, tendo como base práticas alimentares promotoras de saúde que respeitem a diversidade cultural e que sejam ambiental, cultural, econômica e socialmente sustentáveis".

requisitos para a realização do Estado Democrático de Direito, em que convivem, embora com diferenças, tanto a agricultura familiar como a não familiar.

Assim sendo, conforme Carvalho[2], a agricultura familiar seria a versão moderna do que era antigamente conhecido como "campesinato". Agora, o "camponês" passa a ser concebido como "agricultor familiar". O ramo agrícola familiar abrange, basicamente, a produção agrícola realizada eminentemente em núcleo familiar, sem a necessidade de contratação de mão de obra externa, consistindo numa categoria econômica agrícola que produz tanto para a sua subsistência como para o mercado interno, abrangendo vários tipos de agricultores, como, por exemplo, os capitalizados, descapitalizados ou em processo de capitalização. Por isso, o seu caráter multifuncional, pluriativo e, principalmente, heterogêneo[3]. Nesse sentido, Buainain ratifica a grande diversidade presente na agricultura familiar, ao analisar que:

> A agricultura familiar é extremamente diversificada. Inclui tanto famílias que vivem e exploram minifúndios, em condições de extrema pobreza, como produtores inseridos no moderno agronegócio e que logram gerar renda várias vezes superior àquela que define a linha de pobreza. A diferenciação dos agricultores familiares está associada à própria formação dos grupos ao longo da história, a heranças culturais variadas, à experiência profissional e de vida particulares, ao acesso diferenciado aos mercados e à inserção socioeconômica dos produtores, resultado tanto das condições particulares dos vários grupos como de oportunidades criadas pelo movimento da economia como um todo pelas políticas públicas, etc[4].

Embora seja diversificada, a agricultura familiar possui características próprias. E justamente em virtude destas características, é que este ramo agrícola não tem como ser homogêneo.

---

[2] CARVALHO, Horácio Martins de. **O campesinato no século XXI:** Possibilidades e condicionantes do desenvolvimento do campesinato no Brasil. Petrópolis/RJ: Vozes, 2005.

[3] BUAINAIN, Antônio Márcio, et. al. Peculiaridades regionais da agricultura familiar brasileira. *In:* SOUZA FILHO, Hildo Meirelles de; BATALHA, Mário Otávio (Orgs.). **Gestão Integrada da Agricultura Familiar.** São Carlos: EdUFSCar, 2005.

[4] BUAINAIN, 2005, p. 14.

A agricultura familiar, apesar de bastante antiga, visto decorrer do campesinato, apenas obteve status de categoria econômica em 2006, tendo seu marco regulatório com a edição da Lei nº 11.326/2006, também conhecida como "Lei da Agricultura Familiar".

De outra banda, ressalta-se o agronegócio, que, segundo Camacho[5] consiste num "complexo de sistemas que integra todas as dimensões da economia capitalista: agricultura – indústria – comércio – finanças. Esses sistemas estão sob o controle das multinacionais". Ainda, o citado autor acrescenta que, "o agronegócio brasileiro é o capitalismo globalizado no campo em forma de latifúndio, fruto da internacionalização da economia brasileira". Logo, o agronegócio resultaria de uma união entre latifundiários nacionais e internacionais.

Conforme Camacho[6], o agronegócio abrange não apenas a questão da concentração fundiária, mas controla também a tecnologia de ponta. Além disso, este ramo agrícola promove uma lógica desigual de desenvolvimento, isto é, quanto mais se produz e se exporta, mais realiza exploração desenfreada da terra e dos demais recursos naturais, mais concentra riquezas, o que amplia, consequentemente, as desigualdades sociais.

O agronegócio se baseia, ainda, na tríade latifúndio, monocultura e exportação, caracterizando-se pela alta produtividade e modernidade, a partir do uso de alta tecnologia. Por isso, não é difícil perceber que a relação entre monocultura, latifúndio e agronegócio tem causado impactos ambientais e sociais, posto que cultivos de monoculturas necessitam da utilização cada vez maior de agrotóxicos no sentido de combater pragas e de modo a garantir a produtividade, colocando em risco a biodiversidade da produção e a própria segurança alimentar, já que a produção é voltada majoritariamente para exportação.

Ocorre que entre a agricultura familiar e o agronegócio, há, justamente, a preocupação a respeito da garantia da segurança

---

[5] CAMACHO, Rodrigo Simão. **A barbárie moderna do agronegócio versus a agricultura camponesa: implicações sociais e ambientais.** Online. Janeiro, 2012, p. 1-29. P. 6 Disponível em:https://www.researchgate.net/publication/270537081_A_barbarie_mode rna_do_agronegocio_versus_a_agricultura_camponesa_implicacoes_sociais_e _ambientais. Acesso em: Jan. 2020.
[6] Idem, Ibidem.

alimentar e do direito humano à alimentação adequada, questão esta que conflita diretamente com o modo de exploração especialmente desenvolvido pelo agronegócio, o qual minimiza não só a alimentação adequada e a segurança alimentar, mas também contribui para fomentar as desigualdades no campo.

Enquanto a agricultura familiar é grande responsável por promover e assegurar a segurança alimentar e a alimentação saudável, o agronegócio, em virtude do seu modo de produção, extremamente imerso no sistema capitalista, não tem uma preocupação tida como relevante para com os produtos alimentícios que origina, estes que são destinados à exportação. Acontece que a alimentação adequada é direito humano e fundamental, pertencente a toda pessoa humana, reconhecido, consequentemente, nacional e internacionalmente. Nesse sentido, houve a edição da Lei nº 11.346/2006, que disciplina a segurança alimentar e nutricional e que criou o Sistema Nacional de Segurança Alimentar e Nutricional (SISAN), sendo também responsável por elevar o direito humano à alimentação a patamares que vão além do aspecto alimentar e nutricional, impondo ao poder público o dever de assegurar a alimentação adequada[7].

Contudo, o direito à alimentação mereceu destaque e respaldo no Brasil com a Constituição Federal de 1988, passando a ser reconhecido como um direito de todos, no art. 6º que trata "Dos Direitos Sociais", através da emenda constitucional nº 64, de 04 de fevereiro de 2010, que introduziu a alimentação como direito social fundamental, passando a fazer parte do texto constitucional de maneira expressa[8]. Por meio dessa emenda constitucional, o direito à alimentação adequada passou a ser tido como direito fundamental, tendo como características, portanto, a universalidade, inalienabilidade, indivisibilidade, entre outros, devendo ser garantido a todos de maneira igualitária[9].

Nesse contexto, o agronegócio é compreendido como uma atividade excludente e que causa sérios riscos à própria segurança

---

[7] BISPO, Vanesca Freitas. **Direito Fundamental à Alimentação Adequada:** e efetividade do Direito pelo Mínimo Existencial e a Reserva do Possível. Curitiba: Juruá, 2014.

[8] SIQUEIRA, Dirceu Pereira. **A dimensão cultural do direito fundamental à alimentação adequada.** 1ª ed. Boreal: Birigui-SP, 2013.

[9] BISPO, Op. Cit.

alimentar, vez que sua produção utiliza grandes quantidades de agrotóxicos e insumos agrícolas, conforme entende Camacho[10]. Por outro lado, segundo Carvalho[11], enquanto o agronegócio concentra renda e riqueza por meio do lucro, os povos camponeses, isto é, os agricultores familiares, têm como principais objetivos o desenvolvimento social familiar e o abastecimento interno do país, sendo a sua produção realizada, em regra, sem o uso de agrotóxico, sendo compatível com os princípios da segurança alimentar e alimentação adequada.

Ainda, ressalta-se que o agricultor, seja ele familiar ou não, configura-se como sendo o ator social no meio agrícola, responsável pela promoção da atividade rural, assim como cuidar para garantir a produção adequada de alimentos e a própria segurança alimentar, devendo, para tanto, ser detentor de cidadania, esta que foi sendo aprimorada no meio rural concomitantemente com a modernização da agricultura, isto é, os grandes agricultores, detentores do poder econômico agrícola deram início a inserção e ao uso no meio rural de tecnologias e insumos agrícolas, sob a justificativa de que o rural brasileiro estava atrasado e necessitava ser modernizado. Nesse sentido, Roesler[12] coloca que:

> Este momento é caracterizado pela racionalidade instrumental do mercado, articulado com o Estado e os meios de comunicação, que ampliaram a sua área de atuação, colonizando e transformando a agricultura brasileira no que se refere à diversidade do mundo da vida de muitas famílias e comunidades de agricultores.

Ainda, de acordo com Roesler[13], Habermas entende que a modernização da agricultura consistiria, portanto, em "processos constantes de submissão dos grupos sociais às decisões racionais", as quais não tiveram a participação dos agricultores, aqueles que são os principais detentores de sua realidade social, definida pelo

---

[10] CAMACHO, 2012.

[11] CARVALHO, Horácio Martins. A expansão do capitalismo no campo e a desnacionalização do agrário no Brasil. **REVISTA AGRÁRIA. Agronegócio e a realidade agrária no Brasil**. ed. Especial, p.31-43, jul. 2013.

[12] ROESLER, Douglas André. Modernização da agricultura brasileira e agricultura familiar: uma leitura a partir de Jürgen Habermas. **Ciências Sociais Aplicadas em Revista – UNIOESTE/MCR.** V.9, N°. 17, 2009, p. 69-80. P. 71.

[13] Idem, Ibidem.

sociólogo alemão como sendo o mundo da vida, sendo, portanto, o mundo da vida dos agricultores familiares, segundo Habermas, a sua unidade de produção, pois é nela que realizam e estabelecem suas relações sociais, econômicas e culturais, sendo próprios agricultores os atores sociais em seu mundo da vida. Logo, para Habermas[14], a cidadania no meio rural seria desenvolvida por meio de seu principal ator social, o agricultor, numa esfera pública que possibilitasse a comunicação. Para além do entendimento habermasiano sobre cidadania, a noção referente a esta, a qual será visualizada também no meio rural, será melhor exposta adiante, a partir do pensamento de Marcelo Neves, que entende que, embora o espaço público seja importante para legitimar as decisões e a comunicação entre os atores sociais, não é suficiente para garantir a igualdade entre os mesmos e a cidadania, consequentemente.

Deste modo, o problema que persiste, ainda atualmente, é a crescente desigualdade na esfera pública, aqui tratada no setor rural[15], ressaltando que alguns possuem apenas direitos, sem obrigações, e outros apenas deveres, sem direitos. É nesse contexto que se interliga ao que Marcelo Neves denomina de subintegração e a sobreintegração, sendo a generalização destes, obstáculos à realização da cidadania (também considerada no meio rural) e, consequentemente, do próprio Estado Democrático de Direito. Tais institutos serão visualizados, no âmbito deste trabalho, especialmente juntos a agricultura familiar e ao agronegócio, de modo a analisar e visualizar ambas as categorias agrícolas imersas nos dois institutos mencionados e os reflexos que ocasionam para a realização da cidadania, do Estado Democrático e para a efetivação

---

[14] HABERMAS, Jürgen. **Direito e democracia:** entre facticidade e validade. Tradução: Flávio Beno Siebeneichler. Vol. II. Rio de Janeiro: Tempo Brasileiro, 1997, 354p. (Biblioteca Tempo Universitário 102).

[15] O problema da crescente desigualdade perpetrada pelas fortes diferenças entre ambas as categorias agrícolas, termina por ocasionar outros graves problemas, dentre eles a insegurança alimentar e a não efetivação da alimentação adequada, na medida em que há a tendência de permanência dos privilégios concedidos ao agronegócio em detrimento da agricultura familiar, esta que apenas possui deveres, mas tem seus direitos segregados pelo próprio Estado, o que mitiga gradativamente a cidadania no meio rural, uma vez que o agricultor familiar é cidadão quando é detentor de direitos e deveres.

do direito humano à alimentação adequada.

3 A subintegração, a sobreintegração e as desigualdades internas no campo a partir da agricultura familiar e do agronegócio no Brasil

O meio rural brasileiro é composto pelos mais diversos ramos agrícolas, contudo, destacam-se a agricultura familiar e o agronegócio, isto porque são atividades econômicas rurais que possuem, em regra, finalidades distintas, na medida em que se visualiza a agricultura familiar voltada para o abastecimento interno, além de consistir em uma produção para a subsistência própria familiar; enquanto o agronegócio é direcionado, majoritariamente, para a exportação.

É justamente nesse contexto que se verifica o dualismo e as diferenças existentes no campo, o que, inevitavelmente, termina por gerar desigualdades no interior deste setor. A partir de então, é possível perceber de forma nítida que no meio rural também há uma distinção entre classes sociais marginalizadas em detrimento de outras privilegiadas, sendo a primeira classe social representada pela agricultura familiar e a segunda, pelo agronegócio. É exatamente essa ruptura que ocasiona a desigualdade presente no campo, o que não raras vezes finda, inclusive, por acarretar até a ausência ou anulação da própria cidadania do ator rural brasileiro, geralmente quando este está do lado mais fraco e hipossuficiente economicamente.

De modo a compreender e analisar os institutos da subintegração e da sobreintegração no âmbito rural, visualizados especialmente quando inseridos no universo agrícola familiar, assim como as desigualdades e a presença ou ausência de cidadania neste setor, é preciso antes fazer um breve apanhado, em conjunto, sobre as noções de Estado Democrático de Direito, cidadania, igualdade e esfera pública.

Marcelo Neves explica a origem dessa desigualdade - a qual pode ser vista não só no meio rural como também nos diversos âmbitos - a partir da ideia de que há uma permanência histórica de privilégios e exclusões na realidade brasileira, o que inviabiliza a própria ideia de cidadãos iguais. Em sua grandiosa e relevante obra, intitulada "Entre

Têmis e Leviatã: uma relação difícil"[16], Marcelo Neves demonstra uma preocupação especial com as situações em que o modelo textual de Constituição do Estado Democrático de Direito é adotado, mas carece amplamente de concretização. Observa o autor que, no contexto brasileiro houve um desenvolvimento do Estado brasileiro nas Constituições de 1824, 1891, 1934, 1946 e 1988. No entanto, no plano da concretização, não se observou o mesmo desenvolvimento. O Estado permanece sendo amplamente bloqueado pela sociedade envolvente, e Têmis (a justiça), frequente e impunemente "violada" por Leviatã (o Estado).

Em regra, e ainda conforme o autor[17] acima citado, a institucionalização da cidadania e os fundamentos constitucionais da pluralidade procedimental se tornam indisponíveis para o poder, isto é, o poder não pode dispor da cidadania ou dos fundamentos constitucionais. A experiência brasileira é marcada por formas de instrumentalização política, econômica e relacional de mecanismos jurídicos, apontando no sentido inverso à indisponibilidade do direito. Há uma forte tendência de desrespeitar o modelo procedimental previsto no texto da Constituição, tendo em vista conformações concretas de poder, conjunturas econômicas específicas e códigos relacionais. Tudo isso está associado à persistência de privilégios e exclusões que obstaculizam a construção de uma esfera pública universalista como espaço de comunicação de cidadãos iguais.

A ideia de cidadãos iguais, portanto, está imersa num contexto de superação das desigualdades. É nesse âmbito que emerge a autonomia privada e a pública[18]. A primeira prevê uma liberdade igual dos cidadãos, a qual, entretanto, resta prejudicada em virtude das relações de privilégios e exclusões, pois, na medida em que os direitos humanos constitucionalmente estabelecidos como fundamentais não se concretizam, fortifica-se o significado dos favores e do clientelismo. Daí a fragilidade dos procedimentos constitucionais de legitimação das decisões políticas e da produção

---

[16] NEVES, Marcelo. **Entre Têmis e Leviatã:** uma relação difícil. São Paulo: Martins Fontes, 2016.
[17] Idem, Ibidem, p. 244-246.
[18] Idem, Ibidem, p. 247.

normativa-jurídica; a segunda, autonomia pública[19], entende que a formação da vontade estatal deve estar aberta imparcialmente à esfera pública pluralista. É este último entendimento, inclusive, o defendido por Habermas. Ressaltando o pensamento deste autor, Minghelli explica que:

> [...] Habermas desenha uma espacialidade pública autônoma em relação ao Estado e ao mercado, habitada por atores sociais portadores de uma racionalidade comunicativa emancipatória que lhes permite a superação da visão liberal da política como maximização dos interesses individuais. É desse espaço que emana a possibilidade de consensos políticos acerca dos interesses coletivos; assim, expor o Estado a essa espacialidade pública significaria democratizá-lo e legitimá-lo constantemente[20].

A esfera pública pluralista, encontra-se interligada à ideia de Estado moderno, bem como aos conceitos de cidadania[21] e sociedade capitalista. Aliás, sobre o Estado moderno, Burdeau citado por Matias-Pereira[22] entende que "[...] é a 'institucionalização do poder', desejado por grupos sociais que almejam o seu exercício de uma maneira legítima[23]", compreendendo-se que se trata de uma instituição controlada pelo governante e respeitada pelos cidadãos que entendem que o conjunto de normas que dele advêm é autêntico, de forma a assegurar suas garantias. Esse mesmo Estado moderno, envolto em uma sociedade substancialmente capitalista, influencia diretamente a formação do espaço público social. Por isso,

---

[19] Esta autonomia pública pode ser equiparada ao modelo social-democrata, uma vez que este também visa a construção de um Estado distribuidor, comprometido com a abolição da injustiça social e das desigualdades sociais. BENTO. Leonardo Valles. **Governança e governabilidade na reforma do Estado:** entre eficiência e democratização. São Paulo: Manole, 2003, p. 2.

[20] MINGHELLI, Marcelo. **Orçamento participativo:** uma leitura jurídico-política. Canoas: Ulbra, 2005, p. 43.

[21] "A concepção da social-democracia acerca da cidadania é muito mais ampla porque a considera enquanto conquistas universais da humanidade, garantidas e adquiridas pelo cidadão pelo fato de estar vinculado a uma comunidade". VIEIRA, Liszt. **Os argonautas da cidade:** a sociedade civil na globalização. Rio de Janeiro: Record, 2001, *apud* MINGHELLI, 2005, p. 29.

[22] BURDEAU, Gerorges. *O Estado.* Trad. De Cascais Franco. Lisboa: Publicações Europa América, 1970, *apud* MATIAS-PEREIRA, José. **Governança no setor público.** São Paulo: Atlas, 2010.

[23] BURDEAU, 1970 *apud* MATIAS-PEREIRA, 2010, p. 43.

de acordo com Minghelli[24] há uma vinculação necessária entre cidadania, Estado e espaço público moderno, uma vez que a evolução de um gera consequências nos demais. Os cidadãos também determinam a construção do espaço público, e quanto a isto Hannah Arendt entende que "[...] a cidadania é um elemento indispensável para o acesso à espacialidade pública, ao mesmo tempo em que é continuamente remodelada pela atuação dos cidadãos no seu interior[25]".

Nesse sentido, Bento[26] explica que, segundo o entendimento habermasiano, a esfera pública "[...] institucionaliza-se como instância crítica do poder, não para derrubá-lo, não para tomar o Estado, [...] mas sim para influenciá-lo, exigindo que ele se legitime perante um público pensante". Conforme Habermas, a esfera pública divide-se em: esfera pública política, que abrange os cidadãos, e no Estado propriamente dito, onde haveria não cidadãos, mas sim administrados. Destarte, este sociólogo alemão entende, como bem mostra Bento[27], que a finalidade da esfera pública política é oportunizar espaços neutros onde a sociedade possa criticar e influenciar, visando igualmente impedir que o Estado, ao exercer seu poder perante os cidadãos, prejudique as liberdades privadas, ou seja, as relações entre os indivíduos.

Contudo, o que se vê, conforme Neves[28], é que ao invés da legitimação através de procedimentos democráticos, em torno do qual se estruturaria uma esfera pública pluralista, verifica-se uma tendência à "privatização" do Estado, uma vez que o espaço público acaba se tornando palco de interesses particulares conflitantes que procuram se impor à margem dos procedimentos constitucionais. Logo, é possível compreender que as relações de dependência e a "privatização" do Estado contrapõem-se restritivamente à concretização constitucional dos "direitos humanos" e da "soberania do povo" como procedimento, estes apregoados e defendidos pela autonomia pública.

É nesse contexto, de acordo com Neves, que se encontram os

---

[24] MINGHELLI, 2005.

[25] ARENDT, Hannah. **Las orígenes del totalitarismo**. Madrid: Taurus, 1974, *apud* MINGHELLI, 2005, p. 13.

[26] BENTO, 2003, p. 194.

[27] BENTO, 2003.

[28] NEVES, Op. cit., p. 247.

obstáculos que impedem a realização do Estado Democrático de Direito, quais sejam, a subintegração e a sobreintegração[29]. A subintegração, é representada pelos marginalizados, ou seja, aqueles ditos "abaixo do direito", consistindo naqueles que não têm acesso aos benefícios do ordenamento jurídico estatal, mas dependem de suas prescrições impositivas. Embora os "subcidadãos" não estejam excluídos e lhes faltem as condições reais de exercer os direitos fundamentais constitucionalmente declarados, não estão liberados dos deveres e responsabilidades impostas pelo aparelho coercitivo estatal, submetendo-se, radicalmente, às suas punições, inclusive. De seu turno, a sobreintegração, isto é, os privilegiados, ou "acima do direito", tratam-se de grupos privilegiados que, principalmente com o apoio da burocracia estatal, desenvolvem suas ações de bloqueio da reprodução do direito. A princípio, são titulares de direitos, competências, poderes e prerrogativas, mas não se subordinam à atividade punitiva do Estado no que se refere aos deveres e responsabilidades. O direito seria uma ferramenta de consecução dos seus objetivos econômicos, políticos e relacionais.

Neves esclarece que, por serem atribuídos direitos apenas para uns e deveres apenas para outros, é que não existe cidadania nem para os subintegrados e nem para os sobreintegrados.

> No âmbito do direito, isso significa que os sobreintegrados têm acesso aos direitos (e, portanto, às vias e garantias jurídicas), sem se vincularem efetivamente aos deveres e às responsabilidades impostas pelo sistema jurídico; os subintegrados, ao contrário, não dispõem de acesso aos direitos, às vias e garantias jurídicas, embora permaneçam rigorosamente subordinados aos deveres, às responsabilidades e às penas restritivas de liberdade. Daí por que tanto os subcidadãos quanto os sobrecidadãos são carentes de cidadania, que, como mecanismo político-jurídico de inclusão social, pressupõe igualdade não apenas em relação aos direitos, mas também a respeito dos deveres [...][30].

É inegável também a contribuição dos direitos humanos para a construção e ampliação da cidadania, como também para a complexificação e diferenciação sociais. Tal é a importância dos direitos humanos que foi incorporado ao sistema constitucional como direitos fundamentais, consistindo em uma das conquistas do

---

[29] NEVES, Op. cit., p. 248.
[30] NEVES, 2016, p. 253, 254.

Estado moderno. No entanto, a simples positivação dos direitos humanos não implica em realização da cidadania. É necessário a força normativa da Constituição, ou seja, "a cidadania exige, portanto, a concretização de normas constitucionais referentes aos direitos fundamentais[31]". A isto, acrescente-se que apenas quando a Constituição é oriunda da esfera pública, é que existe e se desenvolve a cidadania. Deste modo, "definida a cidadania como integração econômica igualitária na sociedade, pode-se afirmar que ela está ausente quando se generalizam relações de subintegração e sobreintegração no sistema constitucional, tal como ocorre nos países periféricos, destacadamente no Brasil"[32]. Nesse sentido, Neves complementa explicando que a Constituição só é realizada se e quando os interesses dos grupos privilegiados não são comprometidos ou prejudicados. Desta forma, tem-se uma Constituição sem autonomia, sendo sim deformada e influenciada pela sobreposição dos interesses econômicos privilegiados, terminando por resultar no problema da ausência ou inexistência de uma cidadania.

Em verdade, a cidadania que vem sendo construída e ampliada no interior do texto constitucional, reflete uma "não-cidadania", visto que há sim um aumento dos direitos fundamentais, mas em favor dos sobrecidadãos. É aqui que se verifica que as declarações e normas constitucionais possuem apenas uma função simbólica, sendo a cidadania, consequentemente, também simbólica. Para Neves[33], apenas se conquistará cidadania, na realidade brasileira, quando houver um "espaço público da legalidade que, de um lado, promova os interesses privados e, de outro, possibilite a integração jurídica igualitária de toda a população na sociedade".

No que diz respeito a igualdade e cidadania no meio rural brasileiro, estudos demonstram que há o domínio de dois tipos de agricultura: a familiar e a patronal (o agronegócio). Segundo Aquino, Gazolla e Schneider[34] (2018), apenas uma parcela da exploração

---

[31] NEVES, 1994, p. 260.

[32] Idem, Ibidem, p. 260-261.

[33] NEVES, 1994, p. 268.

[34] AQUINO, Joacir Rufino; GAZOLLA, Marcio; SCHNEIDER, Sergio. Dualismo no campo e desigualdades internas na agricultura familiar brasileira. **RESR**, Piracicaba-SP, Vol. 56, Nº 01, p. 123-142, Jan./Mar. 2018, p. 128-129.

agrícola é realizada pelo setor patronal, contudo, a maioria quase que absoluta é realizada pelo trabalho autônomo de milhares de famílias agricultoras. Em 2006, a agricultura familiar respondeu por 12,3 milhões de pessoas ocupadas nos estabelecimentos agropecuários, o que corresponde a 74,38% do pessoal ocupado. Já a agricultura não familiar, patronal, era responsável por ocupar 4,2 milhões de trabalhadores, correspondendo a 25,62% do pessoal ocupado nos estabelecimentos rurais. Logo, há o predomínio de ocupações não remunerados relacionados ao trabalho familiar no meio rural brasileiro, já que este é desenvolvido majoritariamente pelos membros da família e para subsistência, portanto, não havendo, em regra, o trabalho assalariado.

Quanto ao que ambas as agriculturas geram de riqueza agropecuária, a qual é medida por meio do Valor Bruto de Produção (VBP)[35], há uma diferença gritante. A partir de dados do Censo Agropecuário de 2006, verificou-se que a agricultura familiar gerou um VBP que equivale a 33,23% da riqueza que é produzida nas explorações agrícolas brasileiras, o que corresponde a 1/3 da mesma. Já a agricultura patronal, que possui maiores extensões de terras e que faz uso de tecnologia moderna, produziram o equivalente a 2/3, o que corresponde a 66,77% da riqueza agrícola. No entanto, verifica-se também que, contraditoriamente, a participação da agricultura familiar é superior ao percentual da área que a mesma ocupa, isto é, 24%, logo, mostra-se um setor que produz amplamente num pequeno espaço de terra, sendo mais eficiente, inclusive, que a agricultura não familiar (agronegócio). Além disso, já foi ressaltado sobre a importância da agricultura familiar, principalmente por fornecer alimentos básicos para a dieta e alimentação adequada para a população, enquanto que o agronegócio produz, principalmente, para a exportação[36].

Esses indicadores vem sendo utilizados por ambos os tipos de agriculturas, cada qual a seu modo, de maneira a defender seus respectivos estilos de produção e, consequentemente, justificar a necessidade cada vez maior de serem fomentadas e estimuladas. No

---

[35] O Valor Bruto de Produção (VBP), significa o "valor da produção vegetal, valor da produção animal e valor agregado da agroindústria (que é igual ao valor total dos produtos processados menos o valor das matérias-primas utilizadas)". (AQUINO; GAZOLLA; SCHNEIDER, 2018, p. 129).
[36] AQUINO; GAZOLLA; SCHNEIDER, 2018, p. 129.

tocante a agricultura familiar, são vários os motivos que a justificam, mas, apesar de sua extrema relevância, o modo de produção familiar sempre fica em segundo plano na política agrícola nacional, recebendo pouco incentivo financeiro e creditício para se desenvolver, tendo perdido ainda mais espaço recentemente, em detrimento do privilegiado agronegócio. Nesse sentido, Aquino, Gazolla e Schneider confirmam a nítida desigualdade, promovida pelo próprio Estado, entre a agricultura familiar e o agronegócio, sendo este bem mais favorecido do que aquela, ao explicar que:

> A participação percentual da agricultura familiar na distribuição do crédito rural alcançou 17% nos anos 2005-2009, declinando para o patamar de 13% nas últimas safras (2013-16). O perfil distributivo apresentado reflete o movimento organizado do chamado "agronegócio" no sentido de captar fatias crescentes de recursos do crédito rural, mas também evidencia a desigualdade que o próprio Estado introduz nos processos de reprodução socioeconômicos das "duas agriculturas" analisadas, com um nítido desfavorecimento das formas familiares de produção e trabalho no campo[37].

Deste modo, é possível verificar o abismo existente entre a agricultura não familiar, representada pelo agronegócio, que faz uso da tecnologia e insumos agrícolas para alavancar sua produção, e a agricultura familiar, rústica e tradicional. Ao inserir ambos os tipos de agriculturas nas perspectivas da subintegração e sobreintegração, expostos por Marcelo Neves, percebe-se que a agricultura familiar consiste em uma das categorias que compõe o grupo dos subintegrados, sendo um ramo agrícola que possui muitos deveres, dentre eles, um dos mais importantes é a produção alimentícia para abastecimento interno e a promoção da alimentação adequada e segurança alimentar, mas poucos direitos, na medida em que grande parte do fomento e incentivos econômicos, além de políticas públicas, são direcionadas ao agronegócio. De seu turno, o agronegócio mostra-se como uma das categorias abrangidas pela sobreintegração, uma vez que se trata de um ramo agrícola com maiores incentivos financeiros e creditícios, estes promovidos pelo próprio Estado, de modo a privilegiar a agricultura patronal, pois necessita desta para incrementar o Produto Interno Bruto (PIB) brasileiro, mesmo que este seja obtido às custas de outros grupos

---

[37] Idem, Ibidem, p. 130.

sociais ou apesar das consequências que acarreta, como a concentração de renda e a exploração em larga escala do trabalho e dos recursos naturais. Logo, o agronegócio, sendo uma das categorias inseridas na sobreintegração, mostra-se como ramo agrícola detentor de privilégios e direitos, mas com poucos deveres ou apenas com "deveres simbólicos", na medida em que as normas jurídicas que deveriam cumprir também teria apenas eficácia simbólica, conforme já exposto anteriormente por meio do pensamento também de Marcelo Neves. Ainda, na medida em que a cidadania existe quando há a igualdade de atribuição de direitos e deveres, é visível que tanto os subintegrados como os sobreintegrados são carentes de cidadania. Logo, por analogia, tanto o agricultor familiar como o patronal seriam carentes de cidadania.

Portanto, além de uma clara desigualdade no campo, sendo que neste espaço também está presente a subintegração e a sobreintegração, visualizados por meio da distinção entre agricultura familiar e patronal, respectivamente, torna-se cada vez mais difícil e distante a realização da cidadania, especialmente no meio rural, mas que implica em uma cidadania considerada em seu todo, e a efetivação do próprio Estado Democrático de Direito. Nunes e Lyra, atribuem essa dificuldade a uma generalização das relações de subintegração e sobreintegração, quando diz que:

> Há uma tendência a desrespeitar os procedimentos previstos no texto constitucional, de acordo com conformações concretas de poder, conjunturas econômicas e códigos relacionados. Isso está fortemente relacionado à persistência de privilégios e "exclusões" que impedem a construção de uma esfera pública universalista como espaço de comunidade entre cidadãos abarcados pela igualdade. Um dos maiores obstáculos que dificultam a realização do Estado Democrático de Direito, na modernidade periférica, especialmente no Brasil, é a generalização de relações de subintegração e sobreintegração[38].

Portanto, faz-se necessário exterminar a generalização e banalização da subintegração e da sobreintegração existente não só

---

[38] NUNES, Péricles Stehmann; LYRA, José Francisco Dias da Costa. A ruptura democrática na modernidade periférica: a generalização das relações de subintegração e sobreintegração. **Revista de Sociologia, Antropologia e Cultura Jurídica.** V. 4, N. 2, e-ISSN: 2526-0251, Porto Alegre, Jul/Dez. 2018, p. 126-145. P. 138.

no meio rural brasileiro, mas também na sociedade como um todo, de modo a garantir a igualdade e, com isso, a cidadania plena e a efetivação do Estado Democrático de Direito, pois se privilégios ou exclusões continuarem a sobressair, significa que nossas normas jurídicas são apenas simbólicas e, portanto, não possuem efetividade, não se realizam, o que implica, consequentemente, o encobrimento, em verdade, de uma "não-cidadania", consistindo também em uma abstração dos direitos fundamentais, tal qual o direito à alimentação, carentes de efetivação, ocasionada pela desigualdade.

4 Considerações finais

Analisar o espaço rural, âmbito repleto de características e variações, a partir de duas categorias agrícolas, como a agricultura familiar e o agronegócio, inseridas num contexto de cidadania, igualdade e Estado Democrático de Direito, mostra-se desafiador, uma vez que quanto mais diversificado for o ambiente, mais importância e necessidade haverá em garantir a igualdade para conquistar a cidadania e, a partir de então, efetivar as normas jurídicas que estão envoltas ao Estado.

Foi possível compreender que a subintegração e a sobreintegração são obstáculos à efetivação da cidadania e do Estado Democrático de Direito. No meio rural, os subcidadãos estão representados pelo agricultor familiar, os quais fazem parte de um ramo agrícola marginalizado pelo próprio Estado, na medida em que possui uma gama de deveres, tais como garantir a segurança alimentar e a alimentação adequada, a partir da produção de alimentos em qualidade e quantidades suficientes, além de ser uma atividade desempenhada para a própria subsistência da família rural, havendo, em regra, um lucro mínimo, entretanto, não desfrutam de direitos. Já os sobrecidadãos se encontram representados pelos agricultores patronais, os quais fazem parte do agronegócio, categoria agrícola privilegiada e que recebe maiores incentivos financeiros e creditícios do Estado, em detrimento de outras categorias, possuindo muitos direitos por incrementar a economia do setor rural do país a partir da exportação, mas poucos deveres, ou apenas "deveres simbólicos".

Esse dualismo existente no campo, protagonizado pela agricultura familiar e agronegócio, a desigualdade social existente no meio rural e a dificuldade de efetivação não só da cidadania - que apenas existe, segundo Neves, quando a pessoa possui direitos e deveres - , mas do Estado Democrático de Direito, bem como de suas normas jurídicas e direitos fundamentais, um destes, a alimentação adequada, ocorre em virtude justamente da generalização das relações de subintegração e sobreintegração. Logo, tanto a agricultura familiar como o agronegócio são carentes de cidadania, sendo necessário promover um ambiente, uma esfera pública de igualdade, em que existam cidadãos iguais, para que seja possível a efetivação dos direitos fundamentais, como o direito à alimentação adequada e segurança alimentar, de modo que saiam do plano "simbólico" e sejam realmente efetivados.

Referências

AQUINO, Joacir Rufino; GAZOLLA, Marcio; SCHNEIDER, Sergio. Dualismo no campo e desigualdades internas na agricultura familiar brasileira. **RESR**, Piracicaba-SP, Vol. 56, N° 01, p. 123-142, Jan./Mar. 2018.

ARENDT, Hannah. **Las orígenes del totalitarismo.** Madrid: Taurus, 1974. In: MINGHELLI, Marcelo. Orçamento participativo: uma leitura jurídico-política. Canoas: Ulbra, 2005.

BENTO, Leonardo Valles. **Governança e governabilidade na reforma do Estado:** entre eficiência e democratização. São Paulo: Manole, 2003.

BISPO, Vanesca Freitas. **Direito Fundamental à Alimentação Adequada:** e efetividade do Direito pelo Mínimo Existencial e a Reserva do Possível. Curitiba: Juruá, 2014.

BUAINAIN, Antônio Márcio, et. al. Peculiaridades regionais da agricultura familiar brasileira. *In:* SOUZA FILHO, Hildo Meirelles de; BATALHA, Mário Otávio (Orgs.). **Gestão Integrada da Agricultura Familiar.** São Carlos: EdUFSCar, 2005. ISBN 85-7600-043-1.

BURDEAU, Georges. **O Estado.** Trad. De Cascais Franco. Lisboa: Publicações Europa América, 1970. In: MATIAS-PEREIRA, José. Governança no setor público. São Paulo: Atlas, 2010.

CAMACHO, Rodrigo Simão. **A barbárie moderna do agronegócio versus a agricultura camponesa: implicações sociais e ambientais.** Online. Janeiro, 2012, p. 1-29. Disponível em:https://www.researchgate.net/publication/270537081_A_b

arbarie_moderna_do_agronegocio_versus_a_agricultura_campo nesa_implicacoes_sociais_e_ambientais. Acesso em: Jan. 2020.

CARVALHO, Horácio Martins de. **O campesinato no século XXI:** Possibilidades e condicionantes do desenvolvimento do campesinato no Brasil. Petrópolis/RJ: Vozes, 2005.

CARVALHO, Horácio Martins. A expansão do capitalismo no campo e a desnacionalização do agrário no Brasil. **REVISTA AGRÁRIA. Agronegócio e a realidade agrária no Brasil**. ed. Especial, p.31-43, jul. 2013.

HABERMAS, Jürgen. **Direito e democracia:** entre facticidade e validade. Tradução: Flávio Beno Siebeneichler. Vol. II. Rio de Janeiro: Tempo Brasileiro, 1997, 354p. (Biblioteca Tempo Universitário 102).

MATIAS-PEREIRA, José. **Governança no setor público.** São Paulo: Atlas, 2010.

MINGHELLI, Marcelo. **Orçamento participativo:** uma leitura jurídico-política. Canoas: Ulbra, 2005.

NEVES, Marcelo. **Entre Têmis e Leviatã:** uma relação difícil. São Paulo: Martins Fontes, 2016.

NEVES, Marcelo. **Entre Subintegração e Sobreintegração:** A cidadania inexistente. In: DADOS – Revista de Ciências Sociais (Ciência, Socialismo e Democracia). Rio de Janeiro, Vol. 37, n° 2, 1994, págs. 253-275.

NUNES, Péricles Stehmann; LYRA, José Francisco Dias da Costa. A ruptura democrática na modernidade periférica: a generalização das relações de subintegração e sobreintegração. **Revista de Sociologia, Antropologia e Cultura Jurídica.** V. 4, N. 2, e-ISSN: 2526-0251, Porto Alegre, Jul/Dez. 2018, p. 126-145.

ROESLER, Douglas André. Modernização da agricultura brasileira e agricultura familiar: uma leitura a partir de Jürgen Habermas. **Ciências Sociais Aplicadas em Revista – UNIOESTE/MCR.** V.9, N°. 17, 2009, p. 69-80. ISSN 1679-348X. Disponível em: <http://e-revista.unioeste.br/index.php/csaemrevista/article/view/5303/3953>. Acesso em: Nov. 2018.

SIQUEIRA, Dirceu Pereira. **A dimensão cultural do direito fundamental à alimentação adequada**. 1ª ed. Boreal: Birigui-SP, 2013

Análise do problema de autorreferência jurídica na modernidade periférica a partir de Marcelo Neves

VALFREDO MATEUS SANTANA

1 Introdução

A semântica maniqueísta da modernidade em centro *versus* periferia encontrou respaldo no processo de industrialização e modernização por que passaram alguns países durante a Guerra Fria, em que se configurou implicitamente a divisão do mundo num ideário de progresso calcado nas conquistas ocidentais, que se desenvolvera em termos de hipercomplexidade, de hipercontigência ou de estruturalismo condicionado.

Porém, diferentemente que países que se desenvolveram integralmente, na modernidade tardia, o que se vê são dinâmicas de subintegração e sobreintegração, sem necessariamente haver espaços para a liberdade e a autonomia de reivindicação de direitos, maiormente irrealizáveis pelo Direito ou pelo judiciário, que não concretizam o texto constitucional, rompendo, assim, simbolicamente o processo de legiferação.

Feitas essas considerações prévias, daí porque se coloca neste trabalho em análise o problema de autorreferência jurídica, típico da modernidade tardia, que tem em comum a relação do sistema jurídico consigo mesmo ou não, sob três enfoques: sendo um da autorreferência elementar (de base); outro da reflexividade e, por último, da reflexão em sentido estrito; temáticas estas que o Direito, enquanto parâmetro objetivo de interpretação de sistemas constitucionais ou jurídico, tem enfrentado, o que ressalta também seu caráter instrumental.

Neste passo, problematizar aqui autores sobre o tema, como Luhmann e Marcelo Neves, não é tarefa das mais fáceis, acaso se leva em consideração a conjuntura em que o pensamento de ambos foi desenvolvido. Se para Luhmann, o direito é simétrico ou autopoiético, guardando em si suas características mais elementares, o contrário disso, para Marcelo Neves, na assimetria, jaz a alopoiese; ou seja, ocorrendo quando o Direito interrompe o ciclo de autorreferência em função das ingerências do imperativo econômico ou dos arranjos do discurso político meramente retórico, que mais servem para conformar as massas simbolicamente.

Ao debruçar-se sobre tais problemas, acaba-se aqui por averiguar e remeter o leitor a uma abertura alopoiética do sistema jurídico, agora calcado em normas constitucionais ou não, ainda que situado num plano vertical, com certo caráter indeterminado, o que ressalta, por vezes, sua polissemia ou plurissignificação, dando margem a conceituações desvinculadas do jurídico de seu real significado histórico-cultural, traduzindo-se tal abertura mais numa dificuldade extra à harmonia que o Direito escrito prometeu promover.

Sobre tal contextura, os recortes teórico e histórico realizados neste trabalho para fundamentar os argumentos aqui delineados consideram genericamente as particularidades, experiências históricas e os problemas pontuais afetos ao regionalismo e às vicissitudes das desigualdades econômicas, que bloqueiam não só a concretização normativa da constituição, como não fomentam a construção de um espaço público de legalidade (autorreferência) e constitucionalidade (reflexividade), a despeito do ideal de legitimidade (reflexão), tônicas estas com as quais o Direito se impõe enquanto sistema ou poder.

Ao trazer-se a temática da modernidade periférica para contemporaneidade, problematizando-a, não se buscará aqui necessariamente fazer apologia ao uso do termo periferia – até considerado anacrônico hoje. Aliás, centro e periferia, apesar de significantes relativamente ultrapassados, têm sua relevância na atualidade porque a globalização – enquanto fenômeno – em si não necessariamente inseriu, num passe de mágica, esferas do simulacro da modernidade tardia no pastiche da modernidade avançada.

Sobretudo, a opção pelo maniqueísmo (modernização e atraso) aqui abordado é necessária apenas para arrematar senão o debate sob o prisma de outra conjuntura histórica, que não é mais a mesma de quando a formulação semântica da periferia ou de uma suposta modernidade fora pensada, sobretudo porque não resolveram a falta de consistência das normas jurídicas e das decisões judiciais, que não põem em prática condições relacionadas ao juridicamente possível, ou recaem na redundância gramatical normativa, ou na ausência de conexão consistente das comunicações jurídicas entre si.

No mais, para privilegiar o conteúdo deste trabalho, a pesquisa é eminentemente bibliográfica e *se situa também no âmbito de teóricos que lhe dão sustentação. Ainda, no decorrer* deste texto, espera-se confrontar a falta de efetividade e de generalização congruente das normas de um modo geral no procedimento de concretização, que finda por obstruir, no processo de conformação das expectativas, transformações efetivas no âmbito da sociedade.

Ao final, almejar-se-á concluir que um direito que ignora o projeto arquitetônico de sua formação – ainda que tardia – insiste senão num mosaico conservador, arcaico, retrógrado, como reflexo de um pensamento acomodado, emoldurado na falta coragem suficiente para confrontar temáticas tormentosas que permeiam a sua vigência.

2 Contornos acerca da modernidade periférica

A tônica da modernidade entre centro e periferia desenvolveu-se no respaldo do processo de industrialização e desenvolvimento por que passaram alguns países quando do pós Segunda Grande Guerra Mundial, em que se configurou implicitamente a divisão do mundo em centro, tido por desenvolvido ou com industrialização avançada, em detrimento do conotativamente intitulado "terceiro mundo", assim chamado o rol de países periféricos, afastados do eixo, que rumaram tardiamente a um ideal de modernização nos moldes europeu ou americano de dominação, de industrialização e de organização estratificada das massas.

De modo geral, ainda que sejam termos de conteúdo aberto, falar-se em modernização periférica ou em centro ou em periferia não encerra um paradigma fechado, mas um campo múltiplo de problemas e sugestões, que pode produzir, a depender das possibilidades ou vicissitudes regionais, saídas muito particulares ou distintas.

Referido marco histórico, em um dado contexto, aliás, pode atuar como uma crítica à propositura de que os países não alinhados ao eixo central de desenvolvimento só seriam capazes de se modernizar tendo como modelo a forma de uma sociedade mundial tida por avançada, a qual se desenvolvera em referenciais de "hipercomplexidade, hipercontigência e estruturalismo condicionado".[1]

Sob esse prisma referencial, a modernidade periférica é comumente caracterizada pela "integração subordinada de um país na sociedade mundial, sob proteção do respectivo sistema político regional", remetendo-nos o termo a "uma divisão funcional da sociedade mundial orientada primariamente pela economia, mas também por uma relação de suprainfraordenação entre sociedades parciais"[2], fundadas primariamente na política e no Direito.

Nesse mesmo raciocínio, é igualmente uma modernidade negativa, fortemente marcada por uma espécie de heterogeneidade estrutural, que se expressa pela sobreposição dos códigos econômico ou político, que se imbricam nas inter-relações dos demais sistemas, que não se produzem por si mesmos, sofrendo as mais diferenciadas influências.

Não menos importante, a modernidade (seja ela central, seja periférica, sobretudo esta última) enceta seu paradoxo e sua própria crise ou então uma sensação de não pertencimento ou de não integração à sociedade mundial de desenvolvimento avançado. Qual seja o contrassenso de que humanidade periférica se viu, em alguns momentos, ao invés de emancipada, cotejada num mundo ilusório e superficial em que os países do eixo ou centro a relegaram, não lhe possibilitando condições efetivas para transformá-la parte de um desempenho seletivo adequado.

Essa marginalidade de alguns países do passo da modernidade não é necessariamente uma exclusão, mas deveras uma limitação, ou uma dependência ou uma falta de acesso aos países do centro[3]. Assim é que, em face da dominação do código econômico, traço característico do processo de globalização, que se espraiou no mundo no contexto do pós-guerra, com tendências maiormente generalizantes e marginais concomitantemente, os mais variados

---

[1] NEVES, Marcelo. *Constituição e direito na modernidade periférica:* uma abordagem teórica e uma interpretação do caso brasileiro. Tradução de Antônio Luz Costa. São Paulo: Editora WMF Martins Fontes, 2018, p. 104.

[2] Idem, p. 105. Noutras palavras, a modernidade periférica, desde o seu surgimento, vincula-se à falta de suficiente autonomia operacional dos sistemas jurídico e político, bloqueados externamente por injunções diretas de critérios dos demais sistemas sociais, sobretudo o econômico.

[3] Ibidem, p. 110.

problemas contingenciais[4] surgiram no bojo da periferia.

A título de exemplos, a exclusão e o subemprego são suas maiores tônicas, como igualmente a soberania e a democracia não se legitimam e campeiam espaços de subcidadania, da mesma forma em que há também a falta de concretização normativo-jurídica, ainda que impere, contraditoriamente, uma hiperpositividade ou superinflação legislativa, que se desnudam em face do interesse econômico e que, por meio da retórica política, relegam esse mesmo excesso de legalismo ou rigidez do Direito à quase ineficácia ou inefetividade ou a uma assimetria normativa[5], tipicamente dos países periféricos.

Em última análise, a reflexão sobre a arquitetura da modernidade periférica, ao inverter a ordem da temporalidade e fazer do futuro o locus da felicidade, do desenvolvimento e da industrialização, concorreu para lançar as bases de um mundo fanático pela ciência e pelo progresso, que desumanizou o subcidadão, não integrado aos espaços de movimentação social, política e jurídica. Neste tocante, Gianni Vattimo reverencia que "o mito da técnica e do desempenho desumanizantes e, também, a realidade desse mito nas sociedades da organização total são enrijecimentos metafísicos que continuam a ler a fábula como verdade".[6]

Ora, essa premissa é uma paráfrase de Nietzsche, que arrematou "quando o mundo verdadeiro se torna fábula, o mundo aparente desaparece porque não há mais distinção entre um e outro[7]. Assim, o que resta, então, dessa narrativa é somente a história das fabulações. Inobstante, essa fábula, no contexto vattimiano, assim como no nietzschiano, funciona como uma metáfora para uma compreensão não responsável da modernidade, que serve para prender a humanidade em determinações supostamente racionais, ao

---

[4] LUHMANN, Niklas. *Sociologia e direito I*. Rio de Janeiro: Tempo Brasileiro, 1983, p. 45-46. Para este autor, contingência significa "o fato de que as possibilidades apontadas poderiam ser diferentes das esperadas [...] contingência significa perigo de desapontamento e necessidade de assumir-se riscos".

[5] NEVES, op. cit., p. 113.

[6] VATTIMO, Gianni. *O Fim da modernidade*: niilismo e hermenêutica na cultura pós-moderna. São Paulo: Martins Fontes, 1996, p. 16.

[7] NIETZSCHE, Friedrich. *Crepúsculo dos ídolos ou como se filosofa com o martelo*. Tradução de Paulo César de Souza. São Paulo: Companhia de Bolso, 2006, Cap. IV.

mesmo tempo que herméticas e estanques, que não realiza vieses de cidadania.

Muito embora a modernidade de contornos europeu e americano tenha concorrido para engendrar um sistema teórico, tecnológico e industrial que ela mesma criou, essa mesma engrenagem (fábula) lhe dissolveu a essência em algo que não mais distingue a verdade[8] ou, no mínimo, não dá a devida importância aos contextos regionais ou periféricos, fortemente marcados ou prejudicados por toda sorte de ideologias, de hierarquias sociais, de guerras, de colonialismo e de imperialismo.

Ora, como afirmado acima, no final, só existe a fábula, como um castelo de areia, frágil, inconsistente e provisório, que reflete suas vicissitudes até mesmos no próprio Direito, ainda que, de todo modo, a contemporaneidade não tenha dúvidas sobre sua verdadeira natureza, mas tão somente exista externamente ameaçada por um conjunto de mecanismos irracionais e descontínuos que ela própria pôs em movimento, mas dos quais às vezes não consegue se reapropriar.

3 Situando alguns aspectos da teoria sistêmica (Luhmann) e de Marcelo Neves na modernidade

Contextualizar Luhmann (e sua teoria dos sistemas) e Marcelo Neves (e sua tese sobre constituição simbólica no âmbito da modernidade periférica), este último bastante influenciado por aquele, na contemporaneidade, não é tarefa das mais fáceis, maiormente quando levada em consideração a conjuntura em que o pensamento de ambos foi desenvolvido, mais precisamente em meados da metade do século XX ao seu final.

Aqui, ao menos, a premissa levantada é não apenas desenvolver argumentos aptos a apontar a importância e A essencialidade da

---

[8] LIPOVETSKY, Gilles. *Os tempos hipermodernos*. Tradução de Mário Vilela. São Paulo: Editora Barcarolla, 2004, p. 16. Em tal obra, o autor afirma que "a autonomia prometida pelas Luzes teve por consequência última uma alienação total do mundo humano, submetido ao peso terrível destes dois flagelos da Modernidade que são a técnica e o liberalismo comercial. [...] Ainda, a Modernidade deu lugar a um empreendimento de subjugação burocrática e disciplinar, exercendo-se igualmente sobre os corpos e os espíritos".

condição periférica no âmbito da teorética dos sistemas para o levantamento das premissas de Marcelo Neves posteriormente, mas como tais estudos abrem possibilidades na contemporaneidade ou estimulam o pensamento sobre a forma como o direito simbólico ou o simbolismo constitucional, em conjunções ou condições alopoiéticas periféricas, perfazem-se na sociedade hodierna.

Sem dúvida, neste intento, inicialmente, é preciso traçar algumas breves considerações sobre o pensamento – com alto grau de abstração – de Luhmann, que influenciou Marcelo Neves e seu esquema de constituição simbólica em países cuja modernidade configurou-se tardiamente. De tal forma, o dilema luhmanniano se apresenta, em apertada síntese, enquanto uma teoria universalizante, não linear e sem centro nas sociedades.

Com o surgimento da modernidade, a sociedade contorna-se hipercomplexa e descentralizada, isto é, ao mesmo tempo que hierárquica e, por isso mesmo seletiva, funciona como um plexo de relações que não respeita fronteiras, ao ponto de se autodiferenciar funcionalmente em sistemas parciais, que as integra. São exemplos de tais sistemas o econômico (baseado no código ter x não ter), o político (cujo código é o poder x não poder) e o jurídico (fincado no código lícito x ilícito).

É precisamente esta a porta de entrada de que Marcelo Neves se utiliza para criticar o provincianismo empírico de Luhmann e instaurar sua crítica à rigidez do Direito enquanto sistema autopoiético, sopesados os consequentes limites de sua efetividade no plano modernidade periférica, em que a "diferenciação funcional dos sistemas"[9] proposta outrora não se instala sem abarrotados conflitos ou maiores variações.

Esta conjuntura é trabalhada por Marcelo Neves a partir da ideia de corrupção ou fisiologismo sistêmico[10] – em que um sistema seria influenciado por outro ou por um dado ambiente. Desse modo, outros códigos e interesses bloqueiam a autorreprodução de um

---

[9] LUHMANN, Niklas. *O direito da sociedade*. Trad. Saulo Krieger. São Paulo: Martins Fontes, 2016, p. 641.

[10] Idem, p. 541. Esclareça-se que "corrupção" não é entendida aqui no sentido jurídico-penal ou no sentido vulgar da moral, mas sim conforme a teoria dos sistemas, como sobreposição destrutiva, bloqueante, paralisante de um sistema sobre o outro ou sobre vários outros sistemas mediante a "sabotagem do código" particularmente da política e do direito.

dado sistema, que se desfigura em face da superposição ou superveniência de outro. No caso do Direito, este é invadido pela força do código comunicativo econômico ou político, que impede que o jurídico se desenvolva por sua própria natureza ou características próprias, desnudando-se numa rede de favores ou preleções particularistas, que não realizam a positividade das normas, ou a Constituição, ou a democracia ou a cidadania ou os direitos sociais.

Neste viés, se para Luhmann, o Direito figura-se enquanto simétrico, vingando no contexto de seu pensamento autopoiético, produzindo uma cópia de si mesmo ou guardando de *per si* suas características mais elementares[11], o contrário disso, para Marcelo Neves, na assimetria jaz a alopoiese; ou seja, que muito acontece quando o Direito interrompe o ciclo de autorreferência e dá margem para uma certa infraconstitucionalidade (orientação normativa) que não necessariamente se realiza, justo em função das ingerências do imperativo econômico ou dos arranjos do discurso político meramente retórico, que mais servem para conformar as massas simbolicamente que para realizar seus anseios.

Inobstante, a hiperpositividade e a rigidez do direito estariam, assim, de tal maneira, subordinadas aos "donos do poder", o que revela, em países de modernidade tardia, seu caráter estatuído.[12] É nesse contexto, aliás, que os detentores do capital e do poder (inclusive, o judiciário, enquanto poder ou sistema) têm historicamente estabelecido a concepção clássica de periferia. Em conformidade com Ackerman, esse singelo modelo de condição periférica atual, por si só, "caracteriza-se por ser distraído com relação à vida pública e não está disposta a dar às questões fundamentais julgamento e atenção necessários"[13].

Daí porque, na modernidade tardia, o que se vê são dinâmicas de subintegração e sobreintegração, sem necessariamente haver espaços para a liberdade e para a autonomia de reivindicação de direitos, maiormente irrealizáveis pelo direito ou pelo judiciário, que não concretiza o texto constitucional, rompendo, assim, simbolicamente

---

[11] NEVES, op. cit., p. 590.
[12] Idem, op. cit. pp. 113-115.
[13] ACKERMAN, Bruce. *Nós, o povo soberano*: fundamentos do direito constitucional. Belo Horizonte: Del Rey, 2006, p. 368.

o processo de legiferação, ou não realizando a generalização congruente de expectativas de que se perfaz o Direito.

Aliás, segundo Marcelo Neves[14], a formulação luhmanniana acerca da positividade do Direito, como pressuposto de uma sociedade moderna, cai por terra na medida em que, nas sociedades periféricas, em razão de sua supercomplexidade e supercontingência, a função generalizante ou abstrata de prever comportamento numa dada norma ou realizar situações minimamente existenciais pelo processo de juridificação tende a falhar mormente a variedade do ambiente em que está inserido.

Essa dinâmica é amiúde verificada em contextos de subintegração ou de subcidadania, nos quais em maior ou menor grau a legislação ora será usada, abusada e desusada conforme a constelação concreta dos interesses dos grupos privilegiados ou dos detentores do poder. Eis então a matriz do simbolismo legiferante ou das Constituição que subjazem apenas de modo simbólico, sendo deformada durante o processo concretizador por força da sobreposição de injunções políticas particularistas e de interesses econômicos concretos[15].

Típicos posicionamentos como tais dão margem para visões circunstanciais totalitárias ou autoritárias ou excludentes, em que, por vias alhures de igual inspiração, anula-se o sentido da norma para privilegiar determinados uns em detrimento de outros. Essa faceta da globalização de mercados implica vieses, como já sinalizado, de exclusão social, que repercute no jurídico como poder, que bloqueia a concretização de um mínimo existencial, prejudicado por aspectos contingenciais, cujos efeitos *a posteriori* são redutíveis a uma variável monetária ou econômica, que faz prevalecer o fosso que separa integrados e subintegrados.

Refletir tangencialmente sobre situações de exclusão social, de indignidade ou de injustiça social obriga a conjecturar a cidadania negada a muitos e que, amiúde, apenas mora na retórica política e jurídica descompromissada com a causa pública.[16] Esse panorama ilógico e contraditório da exclusão social – aqui compreendida, nos

---

[14] NEVES, op. cit. pp. 129-132.

[15] NEVES, op. cit., p. 147.

[16] BITTAR, Eduardo. C. B. *Ética, educação, cidadania e direitos humanos*: estudos filosóficos entre cosmopolitismos e realidade social. Barueri, São Paulo: Manole, 2004, p. 19

termos de Marcelo Neves, como marginalidade, dá-se pelo aspecto de não pertencimento ou de não integração ou de subintegração difusa ou de bloqueio prático de acesso aos espaços públicos de poder.[17]

Esse traço, na modernidade periférica, há muito perdura e vem derivando bastante das vicissitudes em que tem se processado a formação cultural de suas elites intelectual, econômica e política e das peculiaridades de sua formação mental, cujas bases da atividade teórica eram de fundamentação europeia ou anglo-saxã. Estas elites legislaram incialmente para um típico animal político, pensado idealisticamente, sem referenciar o povo-massa, na realidade de sua estrutura culturológica, nas suas maneiras tradicionais de vivência cidadã, animal político este a que Oliveira Vianna chamou de:

> Ente da razão, como se diz em metafísica, uma espécie de símbolo algébrico – o cidadão-tipo [...] que haviam pensando os teoristas do Enciclopedismo e da Soberania do Povo. É sobre esta abstração, é sobre esta criação utópica (que não tem, nem pode ter realidade objetiva em parte alguma e da qual só o *citizen* anglo-saxônico é o tipo que mais se aproxima); é sobre este 'sonho' que os nosso técnicos de direito público constroem os seus sistemas políticos para o Brasil; e formulam as suas doutrinas constitucionais para o Brasil; e outorgam ao Brasil – que eles ignoram visceralmente – Constituições modelares e, o que é mais, cautelosamente envolvidas no zainfe sagrado da intangibilidade[18].

O fato de muitas vezes na modernidade periférica legislar-se com base num parâmetro silogístico de mera imitação ou buscando referencial em países historicamente avançados, cujas circunstâncias e contingências nada tem a ver como a realidade local periférica, conduz a triste realidade de que não há efetivação da realidade social de seu povo, que tem vitalidade própria[19].

---

[17] NEVES, op. cit., p. 109.

[18] VIANNA, Oliveira. *Instituições políticas brasileiras*. Brasília: Conselho Editorial do Senado Federal, 1999, pp. 357-358.

[19] NEVES, op. cit., p. 126-129. O autor afirma que a origem das Constituições nos países periféricos resultou da descolonização formal, isto é, do processo de independência destes países em relação à metrópole, eixo soberano, fato este que não foi bloqueado estruturalmente nem pela economia nem por outros sistemas políticos. Em tese, segundo o autor, essa independência nacional não implicou uma reprodução autopoiética do

Ainda que hoje sejam a justiça social e a equidade fatores programáticos e preponderantes, que fundamentam e conduzem muitas Cartas Políticas, há claro desapreço pela realidade circunstante e pela verdade experimental, motivo pelo qual o que se vê na prática é uma legislação de cunho nominalista ou instrumentalista, que ora mais serve para conformar a realidade excludente de atores marginalizados da sociedade, ora para encobrir, ora para mascarar problemas sociais, obstruindo transformações efetivas no seio da sociedade.

E é justamente aqui, neste ponto do presente estudo, que se encontra alocado o contrassenso entre a lei estrita e a sociedade viva – entre o reino das normas abstratas e as realidades da vida social: qual seja o absurdo da falsa convicção de que os problemas inerentes da realidade social podem ser eliminados ou abolidos, num repente, por uma simplória construção no vácuo.

A configuração de ardis necessários a atenuar o fosso entre *mens legis* e concretização jurídica na modernidade periférica fatalmente é concebida como uma estrutura estranha à sociedade, sem atender à sua finalidade interna: a de garantia de direitos, o que coloca à maioria dos atores sociais marginais ou marginalizados alheios às benesses das políticas programáticas de reinvindicação, da efetivação de direitos, da lei e da justiça ou da ocupação de certos espaços ou da liberdade de fala.

Neste tocante, o agir e o vivenciar de grupos excluídos

---

sistema político, porque o que aconteceu na prática foi uma mera reprodução do modelo constitucional democrático válido nos países centrais, que foi copiado, sem que, no plano interno das antigas colônias, houvesse condições para sua realização, resultando ora num nominalismo, ora num instrumentalismo constitucional, de modo alternado. Exceto no caso do normativismo constitucional, típico dos países do centro, cuja modernidade é avançada, em países periféricos, tanto o nominalismo constitucional com o instrumentalismo, podem ser lidos como incapacidade de concretização do texto constitucional, que passeia também por uma ruptura sistêmica do processo de legiferação. Desse modo, Neves conclui que o modelo constitucional imitado não é apropriado para assegurar o comportamento previsto, na medida em que a heterogeneidade estrutural e a marginalização das massas agravam-se na modernização periférica, onde a pluralidade de variantes subverte a noção mais básica de conceitos como direitos fundamentais, cidadania, divisão dos poderes e eleições democráticas, que acabam perdendo o próprio significado.

socialmente fazem implodir uma ordem básica que não necessariamente realiza vieses do Direito, que se deslegitima face às ingerências de códigos do poder e econômico a que está sujeito. Nessas condições, a Constituição ou legislações alhures, por exemplo, não operariam como engenho de autonomia da política ou do direito, sendo desfiguradas conquanto perdurante o processo concretizador.

Sobre esse ponto, Marcelo Neves repercute que:

> Ao dirigirmos a atenção para a divisão dos poderes como mecanismo constitucional específico da diferenciação do direito perante a política, a experiência não é diferente: atividades ilegais ou inconstitucionais permanecem juridicamente incontroláveis, uma vez que a fraqueza ou a cumplicidade dos poderes judiciário e legislativo permitem ou promovem essas atividades[20].

Depreende-se, pois, das linhas acima até aqui, considerando os contornos basilares do pensamento de Marcelo Neves, atravessado por Luhmann, que, por questões históricas e culturais, vigora na periferia um padrão de modernidade que não se coaduna com a premissa da teoria sistêmica e que trabalha sobremaneira para fomentar desigualdades as mais diversas, tanto quanto considere-se categorias diferentes de cidadãos.

Realizar direitos ou deveres numa sociedade necessariamente periférica e diferenciadora faz cair por terra a função generalizante ou abstrata do Direito no passo de realização autopoiética de expectativas comportamentais, qual seja a de prever certos comportamentos numa dada norma, que tende a falhar mormente a variedade de contradições tipicamente do ambiente em que está inserido. A verdade é que a lei ou alguns dos aspectos da teoria sistêmica (Luhmann) e de Marcelo Neves no âmbito jurídico, analisados até aqui, na contemporaneidade, nem sempre alcança a plenitude real do destinatário da norma.

A problemática da exclusão social ou da retórica da modernidade tardia ou periférica, fortemente abordada por Marcelo Neves em seus escritos, senão denuncia que não há garantia alguma de que a pessoa natural irá coincidir com o humano jurídico descrito na lei. Somente o desmonte dos privilégios e a integração de países periféricos na sociedade internacional seriam pressupostos para

---

[20] NEVES, op. cit., p. 135.

superação deste estado automático de coisas: o que nos dizeres de Marcelo Neves, é uma solução deveras revolucionária[21].

4 Sobre o problema de autorreferência (autopoiese) do direito enquanto sistema na modernidade periférica

Com vistas nas nuances dos problemas da modernidade periférica narrados até aqui, que implicaram uma "crise" na teoria dos sistemas, tendo Marcelo Neves a revolucionado por meio de suas críticas no sentido de posicioná-la num contexto alheio ao eixo/centro, é também preciso confrontar a controvérsia de que o Direito, no afã de tornar-se autopoiético, acabou espelhando a configuração de sua gênese, degenerando-se para uma tendência eminentemente conservadora de usar seus personagens tão somente para servir de ambiente para a realização de operações jurídicas ou de não realização de direitos os mais basilares[22].

Com a evolução das sociedades antigas, chegando ao limiar dos tempos modernos até sua crise, o Direito abrolhou do impulso histórico para a legislação, desenvolvendo-se nos moldes do positivismo científico, exprimindo-se em uma concepção demasiado racional, renascendo a partir da dupla exigência de pôr ordem no caos do jusnaturalismo primitivo[23], como do desejo de libertar a ciência jurídica de todos os elementos que lhe eram estranhos,

---

[21] NEVES, op. cit., p. 155.

[22] KELSEN, Hans. *Teoria Pura do Direito*. Tradução de Baptista Machado. 8 ed. São Paulo: Editora WMF Martins Fontes, 2009, p. 188. Este autor, em obra célere sobre o positivismo jurídico, afirmou que "é sujeito jurídico, segundo a teoria tradicional, quem é sujeito de um dever jurídico ou de uma pretensão ou titularidade jurídica (*Berechtingung*) [...] nada mais significa senão que, de acordo com a ordem jurídica, são produzidas ou aplicadas normas jurídicas através de determinados atos deste indivíduo ou que determinados atos deste indivíduo cooperam na criação ou aplicação de normas jurídicas". E completa afirmando que: "os conceitos personalísticos 'sujeito jurídico' [...] não são conceitos necessários para descrição do direito". Noutras palavras, para teoria kelseniana, o sujeito detém capacidade postulatória, isto é, possibilidade jurídica inerente ao centro de ser titular de direitos e deveres. Personalidade jurídica e capacidade jurídica, nestes termos, interpenetram-se e se confundem.

[23] BOBBIO, Norberto. *O positivismo jurídico*: lições de filosófica do direito. São Paulo: Ícone, 2006, p. 119-120.

distinguindo-se uma norma fundamental de validade e uma dada ordem coativa[24].

Aliás, é sugestiva a colocação de Norberto Bobbio de que "a miragem da Codificação é a completude: uma regra para cada caso; o Código seria para o juiz um prontuário, que lhe deve servir infalivelmente, e do qual não pode se afastar"[25]. Porém, os direitos afiançados nestas coleções primeiras de texto legais eram simbólicos e bastavam com a democracia formal. Nesse mote, os tempos de clausura jurídica culminaram nos excessos de uma sistematização exagerada, com um consequente fechamento do Direito, que se desumanizava[26], sob o pretexto de salvaguardar a autorreferência de base e a autonomia da ciência jurídica.

Essa autorreferência positiva, fincada na superlegalidade ou rigidez normativa, instaurou um problema axiológico que se estendeu ideologicamente para muitos países, porque a gênese dessa racionalidade científica do Direito confundia-se com a origem do movimento constitucional dos Estados Nacionais, atendendo-se aos seus interesses.

No entanto, foi surgindo, após a fincada desse projeto de cientificidade do Direito, uma exegese que comportava a expansão dos conteúdos da norma para além das dicções da lei, que tinha nascedouro e ambiente nos contornos do Estado Social. O retrato dessa evolução rumou para o que se chamou de construtivismo judicial positivo[27], para indicar a aceitação de que a instância judicial

---

[24] KELSEN, op. cit., p. 33.

[25] BOBBIO, Norberto. Teoria do ordenamento jurídico. 10 ed. Brasília: Universidade de Brasília, 1999, p. 121.

[26] CARVALHO, Orlando de. CANTALLI, Fernanda Borghetti. *Direitos da personalidade*: disponibilidade relativa, autonomia privada e dignidade humana. Porto Alegre: Livraria do Advogado Editora, 2009, p. 41.

[27] MAIA FILHO, Napoleão Nunes. *As normas escritas e os princípios jurídicos*. Fortaleza: IMPRECE, 2005, p. 113. A expressão "construtivismo judicial" também foi bastante divulgada por John Rawls, em um artigo denominado "o construtivismo kantiano na teoria moral", divulgado na década de 1980. Em abreviadas linhas, a justiça, segundo Rawls, procede de um "processo de construção"; ela é resultado da performance dos partícipes desse processo, considerados como agentes racionais do procedimento de construção". Noutros dizeres, a "correção moral" não é desvendada por um oráculo, mas é arquitetada pelo debate na sociedade. É por meio da argumentação racional, num discurso, que é revelada (construída) a resposta

pudesse, ela própria, preencher os vácuos de equidade ou de justiça, atendendo-se a um certo finalismo jurídico, embora, por acaso, tivesse que episodicamente, de minimizar a importância imediata da dicção normativa.

Essa postura teve senão como escopo a valorização e o prestígio das potencialidades dos significados transnormativos, por meio da captação dos seus princípios e da sua própria ideologia, estejam ou não expressos.[28] Vendo-se a realidade por esse prisma, essa nova roupagem da autopoiese jurídica – de fundamento sobretudo constitucional – não deixava de denotar uma relação frouxa entre normas as mais diversas e disposições constitucionais, como igualmente estabelecendo, em verdade, um problema de unidade ou de consistência jurídica calcado no decisionismo judicial.

E é nesse contexto que, posteriormente, Marcelo Neves vai colocar em análise o problema de autorreferência que constituições nominalistas e instrumentalistas, típicas da modernidade tardia, têm em comum, ou seja, a relação do sistema jurídico consigo mesmo ou não, sob três enfoques: sendo um da autorreferência elementar (de base); outro da reflexividade e, por último, da reflexão em sentido estrito; temáticas estas que o direito, enquanto sistema ou como parâmetro objetivo de interpretação de sistemas constitucionais ou jurídico, tem enfrentado, o que ressalta também seu caráter instrumental.

Marcelo Neves, ao examinar tais problemas, acaba por averiguar e remeter o intérprete e aplicador das leis a uma abertura alopoiética do sistema jurídico, agora calcado em normas constitucionais ou não, ainda que situado num plano vertical, com certo caráter

---

juridicamente correta. Essa teoria igualmente foi abordada por Robert Alexy, em sua Teoria da Argumentação, ainda que sem acolher a denominação nas bases da proposta.

[28] ÁVILA, Humberto. Neoconstitucionalismo: entre a ciência do direito e o direito da ciência. *Revista Eletrônica de Direito do Estado*, n. 17, p. 19: segundo o qual "no Brasil, o construtivismo judicial positivo teria desaguado numa espécie de neoconstitucionalismo, que está mais para uma forma enrustida de não constitucionalismo, no sentido de um movimento ou uma ideologia que barulhentamente proclama a supervalorização da Constituição (e de princípios como a dignidade da pessoa humana, p. ex.) ao passo que silenciosamente provoca sua mais completa desvalorização".

indeterminado[29], o que ressalta, por vezes, sua polissemia ou plurissignificação, dando margem a conceituações desvinculadas no jurídico de seu real significado histórico-cultural, traduzindo-se tal abertura mais numa dificuldade extra à harmonia que o Direito escrito prometeu promover, gerando o que se poderia denominar de antinomias.[30]

O primeiro destes enfoques seria a autorreferência de base ou elementar, que corresponde ao conceito de autopoiese de Luhmann, já trabalhado e enfrentado acima, em apressadas linhas, que seria a constituição de um dado sistema mediante seus próprios elementos de autorreferência. No que diz respeito ao sistema jurídico, isso só ocorre mediante um único código de comunicação ou de linguagem, baseado no que é lícito ou ilícito.

Essas reflexões sobre a autorreferência elementar conduzem a repensar o conceito de legalidade[31], em sua concepção estática, seja conformando *mens legis* e ordem social, seja tratando da simples concordância entre lei, direito escrito e ações jurídicas. Assim sendo, em um conceito dito dinâmico, a legalidade seria compreendida como autorreferência elementar do sistema jurídico, portanto, como redundância normativa ou conexão consistente das comunicações jurídicas entre si, o que no plano normativo implicaria certa segurança de expectativas (isto é, a congruência entre norma e o comportamento jurídico eficaz ou efetivamente dela esperado).

Segundo Marcelo Neves, legalidade, ou autorreferência

---

[29] Sobre o tema, ENGISH, Karl. *Introdução ao pensamento jurídico*. Tradução de Gilson Cesar Cardoso de Souza. São Paulo: Perspectiva, 1983, p. 208, o qual leciona "por conceito indeterminado entendemos um conceito cujo conteúdo e extensão são em larga medida incertos". No mesmo sentido, no mesmo sentido, HART, Herbert L. A. *O conceito de direito*. Tradução de A. Ribeiro Mendes. 2. ed. Lisboa: Calouste Gulbenkian. 1996, pp. 141 e 148, que apregoava que o direito possui uma textura aberta, e que existem áreas de conduta que continuarão a ser desenvolvidas pelos juízes, de acordo com os elementos factuais.

[30] JAPIASSÚ, Hilton; MARCONDES, Danilo. *Dicionário básico de filosofia*. 5 Ed. Rio de Janeiro: Zahar, 2008, p.12. O termo antinomia aqui é encarado no seu sentido filosófico, como "o fenômeno de oscilação da tese à antítese, a razão se encontrando diante de um enunciado de duas demonstrações contrárias, mas cada uma sendo coerente consigo mesma", e não necessariamente no jurídico.

[31] NEVES, op. cit., p. 269.

elementar ou de base, além de implicar a generalização do código jurídico[32], seria a circularidade entre legiferação e concretização jurídica. Quando a circularidade entre legiferação e concretização da norma é rompida ou corrompida, surge, segundo Neves, o problema da ilegalidade. O autor diz que a legalidade perderia, assim, seu significado prático quando rompida, seja diretamente no plano da legiferação constitucional (versão instrumentalista), seja no âmbito da concretização constitucional (versão nominalista) e usa como exemplo a experiência constitucional brasileira para ilustrar a afirmação.[33]

Violência ilegal do aparato policial, insignificância das normas programáticas que não realizam direitos sociais e a deficiente prestação jurisdicional que não concretiza a justiça, casos como estes representam clara expressão da ilegalidade em toda história constitucional em países cuja modernidade é tardia ou periférica, marcada pela "heterogeneidade estrutural – ou seja, pela sobreposição, intrincamento e justaposição de códigos, tanto entre os subsistemas sociais, quanto em seu próprio interior".[34] Essa heterogeneidade estrutural típica de países periféricos não necessariamente realiza a legalidade, porque não conduz a um código jurídico próprio (diferenciado) e a consequência, nesses casos, é uma elevada insegurança jurídica.

Isso porque transporta o Direito enquanto sistema à diferentes "legalidades", muitas vezes contingenciais, já que por si só é influenciado por vários códigos de referência ou de redundância (econômico, político, linguístico, cultural, social, etc), o que denota que o sistema jurídico de países periféricos não se neutraliza ou se imuniza contra interesses particulares, mas, na verdade, inunda-se de um Direito socialmente difuso, a despeito de um sistema jurídico autorreferenciado que mais funciona como uma "estratégia de sobrevivência"[35], fadada muitas vezes ao insucesso de suas diretrizes e de seus programas.

Como antevisto, tendo em vista que a autorreferência de base diz respeito à conexão dos elementos sistêmicos entre si, a reflexividade, relaciona-se à "referência de um processo a si mesmo ou do

---

[32] Idem, p. 271.
[33] Ibidem, p. 272.
[34] Ibidem, p. 275-276.
[35] NEVES, op. cit., p. 277-278.

mecanismo a si mesmo"[36]. Seguindo o modelo sistêmico-teórico de Luhmann, a reflexividade "implica que o processo referente e processo referido sejam estruturados pelo mesmo código binário", numa espécie de metalinguagem ou linguagem-objeto, isto é, uma linguagem que descreve sobre ela mesma ou que utiliza o próprio código para explicá-la, o que no caso, do Direito, ou no âmbito de uma dada constitucionalidade, dá-se mediante o emprego de mecanismos para o controle de constitucionalidade do Direito.[37]

Para Marcelo Neves, esse controle de constitucionalidade, para garantia da reflexividade no interior do sistema jurídico, precisa ser executado por outra instância independente do órgão controlado, não necessariamente política. A constitucionalidade, segundo o autor, ao menos na experiência dos países periféricos, é insuficientemente relevante como critério de desenvolvimento jurídico, porque a evolução da experiência constitucional fora rompida por diversos períodos autoritários. O autor conclui conseguintemente que ocorrerá a noção de constitucionalidade como reflexividade se a produção normativa se revelar efetiva e capaz de generalização no processo de concretização.

Porém, no caso da periferia, não necessariamente pelo processo de legiferação, a constitucionalidade como reflexividade é obstruída como mecanismo de autorreferência no processo de concretização (já que direitos fundamentais na experiência cotidiana constitucional informal são constantemente violados)[38].

Por último, mas não menos importante, tem-se em Marcelo Neves a análise do problema de reflexão enfrentado pelo Direito enquanto sistema nos países de modernização tardia ou periférica. A reflexão seria a referência recursiva do sistema a si mesmo, levando em conta tanto a autorreferência de base (o sistema por ele mesmo), quanto a reflexividade (o processo ou o mecanismo por eles mesmos). Em linhas gerais, seria uma síntese da autopoiese ou da autorreferência, ou basicamente a junção dos requisitos anteriores, tendo como pressuposto a relação entre sistema e ambiente ou a relação entre a reprodução operacional do sistema – compreendido pela teoria do direito ou pela dogmática jurídica – e a adequada

---

[36] Ibidem, p. 279.
[37] Ibidem, 280-282.
[38] Ibidem, p. 296-297.

referência destas (ou efeitos que elas produzem) na sociedade, que é seu ambiente.

Segundo Marcelo Neves:

> Desse ponto de vista, a dogmática jurídica e a teoria do direito só são significativas se há uma diferenciação do direito, cuja manutenção, porém depende delas. Se a positividade (como autodeterminação) do direito no plano da reprodução dos elementos e processos for bloqueada, então faltarão condições de uma ciência jurídica ou jurisprudência eficiente.[39]

Daí por que "legalidade e constitucionalidade são imprescindíveis para o desenvolvimento da dogmática e da teoria do direito como instâncias de reflexão do sistema jurídico".[40] Diante de um meio em permanente transformação, a unidade, a reflexividade e a autorreferencialidade do sistema estarão assentes no sistema, na medida em que mantenha sobrevivente e relativamente estável sua capacidade de autorregulação.

Noutras palavras, é preciso que conceitos, construções teóricas, métodos e práticas do Direito correspondam a um parâmetro de adequabilidade à realidade jurídica, comungando, assim, autorreferência de base e reflexividade, sob pena de o próprio Direito não findar realizado ou concretizado. Do contrário, a falta destes pressupostos não cumpriria a "função de controle de consistência com vista a decisão de outros casos" ou "as condições de juridicamente possível", que desaguam na possibilidade de construção jurídica de casos de direito[41].

E aí, segundo o Marcelo Neves, jaz o problema de reflexão em países periféricos, em que se prossegue a tentativa de se impor uma prática "universalista da decisão", quando, em contrapartida, persiste a tradição da teoria e da dogmática jurídica brasileira, que, de um modo geral, são afetadas pelo "formalismo alheio à realidade, pelas formas retóricas vazias do bacharelismo e pelo colonialismo cultural na esfera do direito".[42]

É neste viés, aliás, que a falta de autorreferência de base e processual bagunçam todo esse ideal de consistência conceitual interna (reflexão) que sirva de consonância do direito constitucional

---

[39] NEVES, op. cit., p. 301.
[40] Idem, p. 302.
[41] Ibidem, p. 303.
[42] Ibidem, p. 299-300.

como guia de todo o direito. Noutros dizeres, em países de modernidade periférica ou tardia, em que vigora o fosso que separa subintegrados ou sobreintegrados, haverá sempre o paradoxo da produção do direito pela produção ou pela manutenção do ilícito.

Por exemplo, a imposição do direito pela justiça se justificará porque se exige a confirmação da exclusão social, assim como a necessidade de garantir direitos trabalhistas se justificará porque se confirma a pressão do sistema econômico e empresarial sob disposições constitucionais que tutelam essa matéria.

E esse problema de falta de reflexão ou de positividade, de normatividade, de autodeterminação, de autopoiese do Direito enquanto sistema, em modernidades periféricas, em muito está associado ao problema da legitimação. Legitimação pressupõe autorreferência e regularidade, como base em componentes próprios do sistema jurídico.

Daí o entendimento de que o Direito se traduz em uma generalização congruente e dinâmica entre mecanismos neutralizadores das contingências e possibilitadores de uma imunização simbólica de certas expectativas contra os fatos. Em termos de legitimação, é necessário que o indivíduo ou a sociedade como um todo aceite as normas ou as decisões jurídicas enquanto premissas do seu próprio comportamento e que estruture as suas expectativas nesse sentido, fato este não necessariamente vislumbrado em países de modernidade tardia, em que decisão judicial nem sempre conforma o social.

Logo, na perspectiva de Marcelo Neves, existirá legitimação se houver consenso. Entretanto, "o direito posto por decisão dos órgãos estatais não é capaz de funcionar de forma satisfatória gerando a si mesmo legitimação ou autolegitimação"[43] ou reconhecimento por parte das pessoas; haja vista ocorrer na prática certa heterolegitimação do jurídico pela ingerência ou interpenetração do sistema político ou econômico, que não necessariamente realizam a inclusão e de cuja fonte também bebe o Direito enquanto não só sistema, mas instância ou ambiente integrados às instâncias de poder.

No geral, esse caráter arbitrário de que se vale o aparato jurídico enquanto sistema, no afã de vislumbrar-se autopoiético ou não, no

---

[43] NEVES, op. cit., p. 311.

universo de regras escritas ou de conteúdo aberto, que forma a parte quantitativamente mais densa do ordenamento jurídico, na verdade, frequentemente provém de um manancial integrado a uma esfera compreensiva além da normatividade. Ou seja: tem em vista um regramento valorativo, superior e anterior às normas elaboradas pelo esforço intelectual humano, com um quê de verdade objetivam, ensinada pela natureza a todos os homens, através de processos culturalmente dialógicos situados no âmbito da linguagem e da comunicação, via códigos linguísticos os mais diversos próprios.

Nesse aspecto, o delírio positivista autopoiético – tanto na sua versão pura, quanto na sua versão autêntica, muitas vezes a cargo dos tribunais – não finda afastado da conjuntura anterior racional e cartesiana a que se propusera, no sentido de querer-se fundamental ao extremo, ao ponto de apresentar-se como proposta transcendental, ainda que muitas vezes não consiga dizer muito quando constrói significações em torno de suas construções.

Haja vista um conjunto de mensagens legisladas que integram um domínio heterogêneo, uma vez que produzidas em termos diversos e em diferentes condições de aparecimento, há muito os conceitos utilizados pelos Direito, genuínos, são recebidos e reelaborados a partir de outros pensares e incorporam-se numa intenção axiológico-normativa, que lhes dão a intenção de um enquadramento, de uma *ratio*, que apesar do propósito jurídico, atende aos mais variados interesses, que não são necessariamente jurídicos[44].

Se se analisa exatamente o paradoxo encetado por este feixe, avulta, como consequência, pelo Direito, um discurso legitimador genuinamente idealista, cuja aplicação é longínqua e o sentido, normalmente, místico ou mistificador. Curiosamente, a dogmática ou a teoria jurídica, não tão somente a cargo dos órgãos oficiais de interpretação e aplicação jurídica, têm se valido dessa ardilosa tática para reelaborar muito do conteúdo semântico de seus institutos e, como já adiantado acima, esse é o caso também da construção de um significado muitas vezes não unívoco em torno de termos jurídicos os mais diversos, que, fazendo uso arbitrário da linguagem, operacionaliza-a, com certa perfeição e maestria da retórica o discurso jurídico, diuturnamente manejado em contornos técnicos, valendo-se de palavras sem qualquer significado, sem referência

---

[44] Cf. Castanhera Neves, in: CAPELO DE SOUZA, Rabindranath V. A. *O direito geral de personalidade*. Coimbra: Coimbra, 1995, p. 108.

semântica alguma, as quais convêm tão somente à apresentação do Direito enquanto ferramenta de controle e poder.

E é aí que jaz o problema: porque o Direito enquanto sistema, poder ou ambiente ou código de linguagem ou de comunicação não se apresenta de forma uniforme, sendo, além de um dado construído, portanto, dotado de certo viés relativo. Esse mesmo relativismo em torno de seu conteúdo, edificado muitas vezes em torno de uma perspectiva decisional, dá margem para soluções contraditórias entre si, que apontam para a conclusão de que muitas vezes a maioria das vezes o próprio Direito pode servir a tudo e ao mesmo tempo a nada, além de revelar-se insuficiente para efetivar uma certa tutela jurisdicional, que, espera-se, seja satisfatória.

Além do mais, esse fetichismo positivista autopoiético – beirando à quase banalização ou a problemas de delimitação semântica[45] –, vinculado primariamente ao momento de abertura da retórica cognitiva do Direito, sobretudo, mais funcionando como uma panaceia para os problemas de lacuna, acarreta:

> Um certo subjetivismo e, com isso, à eliminação do caráter heterolegitimador do Direito, que, por não oferecer critérios intersubjetivamente controláveis para a execução da ponderação, ao dar prevalência à justiça geral, em detrimento da justiça particular, promoveria senão a incerteza e a arbitrariedade do judiciário numa sociedade complexa e plural[46].

---

[45] AFONSO DA SILVA, Luís Virgílio. *O conteúdo essencial dos direitos fundamentais e a eficácia das normas constitucionais*. 370 f. Tese (Concurso de provas e títulos para provimento do cargo de professor Titular em Direito Constitucional), Faculdade de Direito, Universidade de São Paulo, São Paulo, 2005, p. 225: "no Brasil, em decorrência da banalização do uso da garantia da dignidade da pessoa humana, muitos casos de restrição a direitos fundamentais – às vezes nem isso – tendem a ser considerados como uma afronta a essa garantia. Diante disso, pode-se dizer que ou a dignidade humana, é, no Brasil, constantemente desrespeitada, ou tal garantia tem servido como uma espécie de um enorme "guarda-chuva", embaixo do qual diversas situações, que poderiam ser resolvidas por meio do recurso a outras garantias constitucionais e até mesmo infraconstitucionais, acabam sendo amontoadas em busca de proteção".
[46] NEVES, Marcelo. *Entre Hidra e Hércules*: princípios e regras constitucionais como diferença paradoxal do sistema jurídico. São Paulo: Editora WMF Martins Fontes, 2013, p. 177.

Demais disso, os referidos problemas de autorreferência de base, de reflexividade e de reflexão enfrentados pelo Direito se relacionam com o perigo de uma deturpação pragmática da linguagem legal ou de uma leitura (ou releitura) abusiva das normas de um modo geral ou dos princípios jurídicos, que maiormente ora decorre da probabilidade de que, em certos contextos, eles sirvam retoricamente para encobrir manipulações que bloqueiem a autopoiese de respectiva ordem jurídica, dissolvendo-a amorfamente em seu ambiente e subordinando-a imediatamente às intrusões particularistas do poder, do dinheiro, dos moralismos intolerantes e dos valores excludentes intoleráveis.

Isso tudo leva a uma inadequação social do Direito, que deve servir à sociedade, e não o contrário. No mais das vezes, o resultado dessa constante tensão entre direito e eficácia e efetividade de seu conteúdo é uma verdadeira obstrução dos caminhos de transformação da sociedade de modo eficaz, na medida em que imuniza o sistema de alternativas capazes de modificação do *status quo*. Na periferia, por exemplo, isso fica muito claro quando se analisa o fato de que as promessas da modernidade não beneficiaram ou beneficiam a maioria.

Em suma, o tão alardeado ideal de justiça equânime ou igualitária de que se tem utilizado o judiciário como instrumento de resgate de certas promessas da Modernidade e, por conseguinte, dos direitos fundamentais sonegados à maior parte da população, embora limite o conteúdo das decisões, tão somente arguindo sua violação, não resolveu o problema da compreensão do seu conteúdo normativo, absorto pela ausência de critérios objetivos, mais apresentando-se como um vazio ou um nada, à medida em que convém exatamente para todos os tipos de proposições e resoluções jurídicas.

Ora, se há inconsistência jurídica no próprio código ou na prática, a reflexividade (constitucionalidade) e reflexão jurídica (dogmática/teoria do Direito) também restam, por consequência, fragilizadas. Evidentemente, essa é uma ferida que, apesar dos esforços de alçar o Direito à condição de ciência, ainda permanece aberta, em contraposição à generalidade dos casos que devem ser resolvidos mediante a aplicação direta de um comando normativo, eis que as questões injuncionadas nas relações da vida social desafiam as mais preciosas previsões da completitude, que ainda dão margem a raciocínios criativos que beiram ao arbítrio, ora do legislador, ora do órgão de aplicação encarregado da atividade jurídica, que, na maioria das vezes, funcionam como instrumentos das estruturas de poder, ao legitimar, pela própria genealogia de sua atividade, o controle dos comportamentos funcionalizados a essas estruturas.

Prima facie, essa dinâmica jurídica – tão comum em países cujo constitucionalismo, enquanto instância de autorreferência, não se desenvolveu com certa maturidade – apenas comprova, infelizmente, que a incomensurabilidade dos problemas da contemporaneidade, a exemplo dos mais remotos (na Modernidade), não puderam ser eliminados ou abolidos, num repente, por uma arte retórico-argumentativa de construção deveras vazia, ao cargo da dogmática e da prática jurídica. Na realidade, da leitura que se faz dos argumentos sustentados até aqui, o arremate que se extrai de todo o exposto é no sentido de que, muito embora pareça ter havido um forte otimismo quanto às potencialidades renovadoras da construção de um direito autopoiético, este não levou em conta a propositura ôntica dos particularismos que cada regionalidade periférica, fora do eixo/centro, carrega em si própria.

5 Considerações finais: uma possível saída para o problema

Viu-se até aqui que a delimitação semântica do termo modernidade periférica se cunhou da metade para o final do século XX, quando ainda vigente a divisão do mundo em países industrializados ou avançados, tidos como do centro, e países com modernização tardia.

Essa canalização ficou a cargo de Luhmann e sua teoria sistêmica, como de Marcelo Neves e sua tese acerca da constituição simbólica nas periferias. Em ambos os autores, a constatação que subjaz é que o recorte histórico realizado para fundamentar seus pensamentos foi conceitualmente deveras abrangente e abstrato, por não considerar as particularidades, experiências históricas e os problemas pontuais afetos ao regionalismo e as vicissitudes das desigualdades econômicas, que bloqueiam a concretização normativa da constituição, como não fomenta a construção de um espaço público de legalidade (autorreferência) e constitucionalidade (reflexividade), a despeito do ideal de legitimidade (reflexão), com o qual o direito se impõe enquanto poder.

Ao trazer a temática da modernidade periférica para contemporaneidade, problematizando-a, não se buscou aqui fazer apologia ao uso do termo periferia – até anacrônico hoje – ou implementar um cronograma programático ou um projeto político para países de modernização, inclusive jurídica, tardia. Aliás, centro e periferia, apesar de termos ultrapassados, têm sua relevância na atualidade porque a globalização – enquanto fenômeno – em si não necessariamente inseriu, num passe de mágica, esferas da pastiche modernidade tardia no simulacro da modernidade avançada.

A opção pelo maniqueísmo (modernização e atraso) aqui abordado, sobretudo, foi arrematar o debate sob o prisma de outra conjuntura histórica, que não é mais a mesma de quando a formulação semântica da periferia fora pensada. Nesse mote, o interesse policontextual aqui ensejado partiu, na verdade, do combate a um direito hegemônico, complexo e atualmente anômalo, que não satisfatoriamente enfrenta suas dificuldades fora do eixo central, como não realiza uma regulação social inclusiva.

Sem olvidar dos problemas de autorreferência contemporâneos do direito, estes serão corrigidos tão logo se realize a inclusão. A visão, por mais que pareça contraditória e ao mesmo tempo utópica, não é irrealizável, se levarmos em conta a existência de sistemas funcionais diferenciados, mas que, na verdade, complementam-se, pressagiando senão uma redefinição do espaço público em face de um novo ou eventual arranjo constitucional que perpasse novos caminhos e novos atores sociais.

Uma autorreferencialidade plena e integral do jurídico que não possa ser inicialmente contaminada por vieses políticos e/ou econômicos faria surgir o paradoxo de questionar os limites legais do próprio Direito, em países de modernização tardia, considerando-se a ideia de separação dos poderes e o agir judicial como poder constituinte originário na ausência de atuação do legislativo. Logo, não há maiores problemas em se permitir eventual alopoiese do direito ou uma esfera normativa pluralista, capaz de articular-se com êxito com outros códigos de linguagem ou comunicação próprios.

O contrário disso seria mero fetichismo legal ou delírio positivista. Na realidade, o que não pode é o direito se autoafirmar bebendo de critérios absolutamente particularistas de natureza política ou essencialmente econômica, ou de fontes ou de códigos que não necessariamente os seus, servindo apenas como mecanismo construtivo de ilusões de que se vale a retórica conservadora da elite dirigente.

Obviamente, que diante deste contexto, no passo das tendências cada vez mais globalizantes, o Direito precisa revestir-se de mecanismos, procedimentos e instituições que possam apresentar alternativas à sua incapacidade regulatória, em face da própria deficiência funcional. Desse modo, em que pese a conjuntura contemporânea, conceitos jurídicos precisos e determinados, sem qualquer contextualização, não poderão, por conseguinte, restar por acolhidos meramente simbolicamente, como algo pronto e acabado, mero fruto de imitação da legislação de países alhures, maiormente, porque são conotativamente meras apreciações ríspidas, ortodoxas e atemporais da realidade, que, subsumidas em meros suportes fáticos, e não necessariamente jurídicos, não se afeiçoam ao pluralismo e à diversidade das mais variadas idiossincrasias das sociedades plurais, multiculturais e complexas atuais.

Daí porque o direito é social e, por ser social, não pode negar a si mesmo, legitimando casos de anormalidade ou de exceção. Nenhum Direito ou ramo do Direito pode aceitar eventual paralisação no tempo. Ainda que as leis não mudem, muda-se o entendimento das normas, alteram-se as subversões de interesses que se tem de resolver, modificam-se as soluções de Direito, que nada mais são que o próprio Direito em global e plena atuação, já que, enquanto ciência das humanidades, não pode quedar inerte.

Espera-se, na verdade, um surgimento adequado de uma esfera pública, inclusive jurídica, enquanto não só sistema, mas instância do poder, fundada institucionalmente na universalização da cidadania, com inclusão política generalizada, calcada no bem-estar de seus cidadãos, porque não basta ao sujeito de direitos e deveres ser livre, quando a realidade apenas lhe apregoa obrigações oponíveis *erga omnes* ou condições de subalternidade.

Muitas vezes, diante da não realização e concretização de direitos em sociedades marcadas pela marginalidade de seus atores, a semântica da exclusão econômica e social, traços típicos da globalização, pode implicar a possibilidade de provocação da jurisdição, num empenho de atitudes promocionais de consumação de aspectos relacionados à cidadania ou ao fortalecimento de uma subjetividade ativa.

Neste caso, uma vez acolhendo que haja uma esfera de normatividade que se revela através de intercâmbios sociais, políticos e econômicos, imprescindíveis ao desenvolver da liberdade, o estalão do reconhecimento de direitos e sua posterior efetivação pelo Judiciário se revela apropriado para captar, na materialidade dos espaços públicos ou de lugares de fala, a especificidade dos relacionamentos sociais por meio dos quais se estrutura a construção da subjetividade e o que dela resulta no plano jurídico.

Como o próprio Marcelo Neves afirmara em sua obra, a solução para o problema de autorreferência do Direito em países de modernidade tardia trata-se de uma solução deveras revolucionária, mas, como já afirmado, não necessariamente impossível ou irrealizável. Uma concepção de modernidade (periférica ou não) que não esteja circunscrita a aquiescer a subsunção ao texto da lei, também deve ampliar os seus efeitos para uma dogmática, portanto, arrolada aos critérios de emancipação, pela reinvindicação de direitos, pela apropriação de espaços, pela pugna de respeitar os cidadãos, integrados ou não ao sistema.

Nesse sentido, José Geraldo de Sousa aduz que "o nível restrito de acesso à justiça, portanto, reafirma-se no sistema judicial. O nível mais amplo do mesmo conceito se fortalece em espaços de sociabilidade que se localizam na fronteira do sistema de justiça"[47]. É neste mesmo viés que meios de juridificação ante a heterogeneidade estrutural e a marginalização das massas perdem espaço para meios de desjuridificação – ou meios alternativos de composição dentro do Judiciário, que fundamentalmente não traduziriam ou representariam um pluralismo como alternativa ao legalismo, mas sim reações difusas e instáveis à falta de legalidade[48].

Se o Direito, mesmo enquanto poder (ou sistema ou código de linguagem ou de comunicação ou ambiente para verificação congruente das expectativas de comportamentos) em países de modernidade tardia, continua a ignorar esta construção, as forças responsáveis por ele insistirão num mosaico conservador, arcaico, retrógrado, na manutenção do *status quo ante* excludente – como reflexo de um pensamento acomodado, sem a coragem suficiente para afrontar temáticas tormentosas que permeiam a existência, não

---

[47] SOUSA JUNIOR, José Geraldo de. Por uma concepção alargada de acesso à justiça. In: *Revista Jurídica*, v. 10, abril/maio, 2008, p. 07.

[48] NEVES, Marcelo. *Constituição e direito na modernidade periférica*: uma abordagem teórica e uma interpretação do caso brasileiro. Tradução de Antônio Luz Costa. São Paulo: Editora WMF Martins Fontes, 2018, p. 144-145.

realizando assim a justiça, seja via processo de negação ou de perda de direitos, seja de reprodução de desigualdades ou de reafirmação de privilégios, o que não se pode mais hoje continuar admitindo.

Referências

ACKERMAN, Bruce. *Nós, o povo soberano*: fundamentos do direito constitucional. Belo Horizonte: Del Rey, 2006.

AFONSO DA SILVA, Luís Virgílio. *O conteúdo essencial dos direitos fundamentais e a eficácia das normas constitucionais.* 370 f. Tese (Concurso de provas e títulos para provimento do cargo de professor Titular em Direito Constitucional), Faculdade de Direito, Universidade de São Paulo, São Paulo, 2005.

ÁVILA, Humberto. *Neoconstitucionalismo:* entre a ciência do direito e o direito da ciência: in Revista Eletrônica de Direito do Estado, nº 17. Disponível em: https://revistas.unifacs.br/index.php/redu/article/viewFile/83 6/595. Acesso em: 10 mar. 2019.

BITTAR, Eduardo. C. B. *Ética, educação, cidadania e direitos humanos*: estudos filosóficos entre cosmopolitismos e realidade social. Barueri, São Paulo: Manole, 2004.

BOBBIO, Norberto. *Teoria do ordenamento jurídico.* 10 ed. Brasília: Universidade de Brasília, 1999.

______. **O positivismo jurídico**: lições de filosófica do direito. São Paulo: Ícone, 2006.

CAPELO DE SOUZA, Rabindranath V. A. *O direito geral de personalidade.* Coimbra: Coimbra, 1995.

CARVALHO, Orlando de. CANTALLI, Fernanda Borghetti. *Direitos da personalidade*: disponibilidade relativa, autonomia privada e dignidade humana. Porto Alegre: Livraria do Advogado Editora, 2009.

ENGISH, Karl. *Introdução ao pensamento jurídico*. Tradução de Gilson Cesar Cardoso de Souza. São Paulo: Perspectiva, 1983.

HART, Herbert L. A. *O conceito de direito.* Tradução de A. Ribeiro Mendes. 2. ed. Lisboa: Calouste Gulbenkian. 1996.

JAPIASSÚ, Hilton; MARCONDES, Danilo. *Dicionário básico de filosofia.* 5 Ed. Rio de Janeiro: Zahar, 2008.

KELSEN, Hans. *Teoria pura do direito.* Tradução de Baptista Machado. 2 ed. São Paulo: Editora WMF Martins Fontes, 2009.

LIPOVETSKY, Gilles. *Os tempos hipermodernos*. Tradução de Mário Vilela. São Paulo: Editora Barcarolla, 2004.

LUHMANN, Niklas. *Sociologia e direito I*. Rio de Janeiro: Tempo Brasileiro, 1983.

______. *O direito da sociedade*. Tradução: Saulo Krieger. São Paulo: Martins Fontes, 2016.

MAGALHÃES, Luiz Ernesto. Sociedade sofre a influência do que chama de 'esquizofrenia social'. O Globo, 08 de fev. 2014. Disponível em: https://oglobo.globo.com/rio/sociedade-sofre-influencia-do-que-chama-de-esquizofrenia-social-diz-sociologa-11550781. Acesso em: 21 abr. 2019.

MAIA FILHO, Napoleão Nunes. *As normas escritas e os princípios jurídicos*. Fortaleza: IMPRECE, 2005.

NEVES, Marcelo. *Entre Hidra e Hércules*: princípios e regras constitucionais como diferença paradoxal do sistema jurídico. São Paulo: Editora WMF Martins Fontes, 2013.

______. *Constituição e direito na modernidade periférica*: uma abordagem teórica e uma interpretação do caso brasileiro. Tradução de Antônio Luz Costa. São Paulo: Editora WMF Martins Fontes, 2018.

NIETZSCHE, Friedrich. *Crepúsculo dos ídolos ou como se filosofa com o martelo*. Tradução de Paulo César de Souza. São Paulo: Companhia de Bolso, 2006, Cap. IV.

SOUSA JUNIOR, José Geraldo de. Por uma concepção alargada de acesso à justiça. In: *Revista Jurídica*, v. 10, abril/maio, 2008.

VATTIMO, Gianni. *O Fim da modernidade:* niilismo e hermenêutica na cultura pós-moderna. São Paulo: Martins Fontes, 1996.

VIANNA, Oliveira. *Instituições políticas brasileiras*. Brasília: Conselho Editorial do Senado Federal, 1999.

Parte II

A Constituição simbólica e sua normatividade ausente

Por que a Constituição de 1988 não é normativa? Uma breve reflexão sobre a insuficiência do princípio da não-identificação no Brasil

Leonam Liziero

Uma introdução

Em recente votação pela plataforma de pesquisas *on-line* Survey Monkey acerca do livro mais importante do constitucionalismo moderno, votação organizada pelo Prof. Richard Albert, da Universidade do Texas, a obra *A Constitucionalização Simbólica* (edição em espanhol) de Marcelo Neves foi a primeira colocada, alumiando-se à obras eternizadas do pensamento jurídico como *O Conceito de Direito* de Hart e a *Teoria Pura do Direito* de Kelsen. A votação, nos critérios propostos, não tem "valor científico". Todavia, o valor simbólico é evidente.

O crescente interesse pelo estudo das obras de Marcelo Neves são sinais da pertinência de seu pensamento para não só o constitucionalismo brasileiro, mas o constitucionalismo como um todo. Ainda que seja importante que alunos (de graduação e de pós-graduação) tenham lições sobre Kelsen, Montesquieu ou Madison, mais importante ainda é que pensem o Direito Constitucional brasileiro com base no constitucionalismo brasileiro. Para tanto, é essencial que obras como as de Marcelo Neves sejam cada vez mais divulgadas e estudadas.

O objetivo deste breve artigo é apresentar alguns argumentos pelos quais a Constituição de 1988 não é normativa. O texto promulgado na tarde de 5 de outubro de 1988, após mais de 20 meses de uma complexa Assembleia Nacional Constituinte, é um projeto de Estado Democrático de Direito a ser gradativamente construído (ainda que a lentos passos), entre avanços e retrocessos. Ao contrário de muitos que invocam de modo meramente retórico a lacônica obra de Hesse para se referir à Constituição brasileira, o pensamento de Neves nos permite o desencanto com o vislumbre europeu e, consequentemente, a compreensão dos problemas (e possíveis soluções) de nosso constitucionalismo.

Constitucionalismo e o princípio da "não-identificação"

Na modernidade, a positividade do direito é dependente da autoridade pública funcionalmente competente para sua criação e aplicação. Só a autoridade, representando o Estado, pode exercer o poder soberano de criação do direito de acordo com as regras do direito[1]. Apesar de ainda concebido como um objeto que pudesse ser cognoscível cientificamente, o direito moderno após o fenômeno constitucionalista provocar a ruptura do paradigma da soberania apresenta características de sua auto reprodução, ou seja, seu caráter autopoiético explorado depois por Luhmann.

Luhmann verifica que a modernidade torna a vida humana complexa, seja pelo aumento de complexidade no tocante à própria modernidade, seja em razão da alta contingência. Segundo explica Neves, "a modernidade é compreendida como processo progressivo de diferenciação racional-com-respeito-a-fins, moralmente neutralizadora, dos sistemas econômico, político e jurídico"[2]. O Estado como vértice de referência também amplia seu alcance com a maior criação normativa para acompanhar os anseios sociais que necessitam ser regulados. Além disso, o progresso da tecnologia na modernidade, colocando a ciência como paradigma de verdade, e a descoberta e colonização do Novo Mundo a partir do Século XVI, tornaram mais abrangentes as possiblidades de ações dos homens. O indivíduo lia o mundo e construía a realidade se pautando nas possiblidades de suas ações. A noção se mundo se forma pela percepção humana, cujo ápice filosófico se dá em Kant com sua "revolução copernicana do conhecimento". A ontologia sai do mundo e transfere-se ao sujeito, consolidando o reino do indivíduo como um paradigma da modernidade.

A vida moderna pretendia delimitar o conhecimento e facilitar a compreensão por meio da ciência. Luhmann ao contrário argumenta que a tecnocracia trouxe um exponencial quase incontrolável de possiblidades, o que dificulta o ato de conhecer. A modernidade

---

[1] NEVES, Marcelo. *Constituição e Direito na Modernidade Periférica*: uma abordagem teórica e uma interpretação do caso brasileiro. Tradução de Antonio Luz Costa. São Paulo: Martins Fontes, 2018, p. 41.

[2] NEVES, Marcelo. *Constituição e Direito na Modernidade Periférica*: uma abordagem teórica e uma interpretação do caso brasileiro. Tradução Antônio Luz Costa. São Paulo: Martins Fontes, 2018, p. 12

destruiu a referência do sentido semântico, provocando uma desordem de significados, já que a subjetividade levou cada vez mais à perda formação de uma experiência independente e atomizada.

A sociedade luhmanniana é um conjunto de sistema cujas trocas com seus respetivos ambientes se dá pela comunicação. A linguagem proporciona a redução da complexidade dentro de um sistema e torna possível a compreensão fechada de sua produção em uma atividade autopoiética, assim como a criação de subsistemas.

Cada sistema, além da tendência à redução de expectativa, necessita da conservação e suas fronteiras. Isso significa que nas operações input/output entre sistemas e ambientes, é necessário um equilíbrio para evitar uma perturbação no sistema. Uma perturbação é um fenômeno sistêmico nocivo, que significa a potencialização de um sistema na medida em que este passar a interferir diretamente no outro.

A forma de se explicar o mundo a não cair em um círculo de sentidos para Luhmann seria uma teoria que explicasse o mundo por meio de um sentido, ou seja, que encontre um sentido ontológico.

Para demonstrar como funciona essa perturbação sistêmica, veja-se a relação entre o sistema jurídico e o político. O direito trabalha com o binômio lícito/ilícito. Isso quer dizer que interessa ao direito apenas a diferenciação do que é lícito e do que não é. Caso haja um comportamento de acordo com a expectativa prevista norma, o fato é lícito. Será ilícito, se fugir da expectativa comportamental da norma.

O legislador ao emitir uma norma obrigatória realiza um comando formal para que o destinatário realize uma conduta dentro do esperado. O binômio lícito/ilícito pode se verificar, estando o ilícito fora do campo de previsibilidade da conduta obrigatória. Nesse caso, o ilícito tem uma significação de conduta contrária à norma.

Da mesma forma, as normas proibitivas dirigem um comando ao *subjectum* de não dever. A expectativa é reduzida ao prever condutas que estejam dentro do o esperado de comportamento não desejáveis. Assim, a esfera de atuação de licitude do destinatário da norma se perfaz em tudo que não é proibido. O que for proibido, naturalmente é ilícito.

Nesse aspecto, é interessante observar que a comunicação simbólica do poder permite a previsão anterior ao uso da força pelo Estado como alternativa à desobediência. Deste modo, para cada norma, usa a linguagem como força, de modo a reduzir ainda mais as expectativas[3].

Toda comunicação obrigatória ou proibitiva necessita de uma comunicação alternativa que, ainda que não diretamente, completa a redução esperada. O que o direito precisa evitar são as frustrações de expectativas que comprometem o funcionamento do sistema. Quanto maior for o número de frustrações, maior será a complexidade que degeneraria o sistema do direito. A frustação representa um problema grave ao direito, razão pela qual, segundo Luhmann, "é necessário dispor de um modo de processamento das frustrações que apresentem resultados tão inequívocos que permitam o encadeamento direto da suposição do consenso, ou até o próprio consenso. Isso é produzido pela força física"[4]. Lembrando que a ideia de consenso apresentada por Luhmann é uma generalidade de expectativas tais que poderiam contrariar a ideia de obrigatoriedade necessária ao direito.

As expectativas reduzidas pelo direito podem ser explicadas nessa relação entre lícito/ilícito. Toda função, todo ato, no campo do direito pode ser, segundo Luhmann, enquadrados nessa categoria, dependendo das normas de cada Estado. Com a modernidade e o consequente aumento da complexidade social, o campo do direito necessitou de novos limites funcionais para conseguir se adequar à realidade e ao mesmo tempo manter os mecanismos necessários para sua atividade autopoiética.

Nessa ideia, é possível desenvolver o que Luhmann entende por sistema do Direito. É um programa de input, no qual determinadas informações devem responder a um complexo de decisões pré-determinadas para muitos *outputs*. A direção do sistema é a tomada de decisões de acordo com os inputs, sem que as consequências sejam consideradas.

Para a teoria dos sistemas, o mundo é o problema dos sistemas, cuja complexidade leva à necessidade do estabelecimento de resoluções de conflitos entre sistemas no quanto a suas transformações no tempo. Por sua vez a contingência aponta diferentes caminhos que as expectativas poderiam prever, levando à

---

[3] LUHMANN, Niklas. *Law as a Social System*. New York: Oxford University Press, 2004, p. 145.

[4] LUHMANN, Niklas. *Sociologia do Direito I*. Tradução de Gustavo Bayer. Rio de Janeiro: Tempo Brasileiro, 1983, p. 124.

necessidade de se assumir riscos frente aos desapontamentos.

Algo diverso, porém, ocorre nos chamados países da modernidade periférica. Em razão de seus instrumentos acopladores serem insuficientes, a segurança na redução e expectativas que os sistemas da modernidade exigem ficam prejudicados. Esta deficiência os diferencia dos países da modernidade central, conforme a proposta de Neves[5]. Se a tal funcionamento é insatisfatório na função de redução da complexidade social (uma vez que a sociedade em tais países nem se caracterizaria pela forma de complexidade dos de modernidade central), deve-se também ao problema do constitucionalismo nestes países e, em especial, às suas Constituições

Nos países de modernidade central (em especial os Estados Unidos e países da Europa Ocidental), o desenvolvimento de seus constitucionalismos se coaduna com a crescente complexidade das relações sociais de caráter moderno. Tal modernidade, de acordo com Luhmann, dá-se em razão da linguagem nos sistemas ter se alcançado autonomia, ainda que a do Direito tenha sido posterior. Somente com o surgimento das Constituições no sentido moderno, em especial a primeira de todas, a dos Estados Unidos da América de 1787, verifica-se a diferenciação funcional entre Direito e Política[6].

Em um dos sentidos possíveis de definição do termo "Constituição", está sua definição em razão do constitucionalismo. Deste modo, pode-se definir a Constituição em caráter unilateral, como as definições clássicas de Lassalle, Kelsen ou Schmitt, ou dialético, como em Heller, para quem a haveria uma relação retroalimentante entre normalidade normatividade[7]. Todavia, mesmo com as alterações semânticas acerca da palavra Constituição, no sentido trabalhado por Luhmann (e por Neves) é a acepção moderna, na qual a Constituição deve ser delimitada como "produto da diferenciação funcional entre direito e política como subsistemas

---

[5] NEVES, Marcelo. *Constituição e Direito na Modernidade Periférica*: uma abordagem teórica e uma interpretação do caso brasileiro. Tradução Antônio Luz Costa. São Paulo: Martins Fontes, 2018, p. 15.

[6] NEVES, Marcelo. *Transconstitucionalismo*. São Paulo: Martins Fontes, 2009, p. 23

[7] NEVES, Marcelo. A Constitucionalização simbólica. São Paulo: Martins Fontes, 2018, p. 60-64.

da sociedade"[8], da qual a constitucionalização se caracteriza como o processo que perfaz tal diferenciação. Em outro momento, Neves define que, "a Constituição em sentido moderno pressupõe precisamente a distinção clara entre o normativo e o cognitivo no contexto da positivação do direito"[9], sendo que a positivação do Direito neste sentido significa que este "se caracteriza por ser posto por decisões e permanentemente alterável"[10], além do mais, que é um "sistema autodeterminado e fechado operacionalmente"[11]. A autonomia do Direito, neste sentido, é alcançada por meio de sua auto reprodução.

A Constituição, deste modo, é um conceito sistêmico-teórico composto por normas que funcionam conforme "expectativas de comportamento congruentemente generalizadas e estabilizadas em termos contrafáticos"[12]. Conforme a classificação proposta por Neves, as Constituições, a depender de sua funcionalidade enquanto bloqueadoras de expectativas além do sistema jurídico, podem ser compreendidas em três grandes espécies: (i) Constituição normativa (*normative Verfassung*); (ii) Constituição nominalista (*nominalistischen Verfassung*) e; (iii) Constituição instrumentalista (*instrumentalistischen Verfassung*).

A Constituição moderna pode ser compreendida como normativa, conforme o pensamento de Neves (em sua revisão da classificação proposta anteriormente por Loewenstein)[13].

Para uma Constituição ser considerada como normativa, necessário é observar a confluência de três requisitos: (i) composição por normas jurídicas que indicam a diferenciação funcional entre Direito e Política; (ii) vinculação jurídica do poder e; (iii) controle da

---

8 NEVES, Marcelo. *A Constitucionalização simbólica*. São Paulo: Martins Fontes, 2018, p. 65.

9 NEVES, Marcelo. *Transconstitucionalismo*. São Paulo: Martins Fontes, 2009, p. 21.

10 NEVES, Marcelo. A Constitucionalização simbólica. São Paulo: Martins Fontes, 2018, p. 69

11 Idem.

12 NEVES, Marcelo. *Constituição e Direito na Modernidade Periférica*: uma abordagem teórica e uma interpretação do caso brasileiro. Tradução de Antonio Luz Costa. São Paulo: Martins Fontes, 2018, p.66.

13 LOEWENSTEIN, Karl. *Teoría de la Constitucíon*. Traducción por Alfredo Gallego Anabitarte. Barcelona: Editorial Ariel, 1979, p. 216-222.

Política pelo Direito[14].

A diferenciação funcional entre Direito e Política foi possível com a solidez do que se compreende por Constituição moderna – e consequentemente, com o fenômeno da positivação do Direito. A função da Constituição no sistema jurídico é bloquear a expectativas de induzir a algum comportamento que são geradas fora do sistema jurídico. Neste caso, a Constituição é um subsistema do sistema jurídico[15].

A função de bloqueio da Constituição de ingerência de expectativas que provém do ambiente e de outros sistemas é caracterizada por Neves como "princípio da não-identificação" (*Prinzips der Nicht-Identifikation*), por influência de Krüger[16] e seu "princípio de não-identificação (do Estado)". Para a Constituição, tal princípio "significa a não identificação com concepções abrangentes de natureza religiosa, moral, filosófica ou ideológica"[17] e "impede que o sistema jurídico seja bloqueado pelas mais diversas e incompatíveis expectativas de comportamento que se desenvolvem no seu ambiente"[18].

Três decorrências do princípio da não-identificação são corolários à função social da Constituição: (i) direitos fundamentais; (ii) divisão de poderes e; (iii) eleições democráticas[19]. Todavia, a observância do princípio da não-identificação é dependente do correto funcionamento do sistema jurídico, ou seja, para a efetiva positivação do Direito, de modo que a Constituição seja o acoplamento estrutural entre Direito e Política[20].

---

[14] NEVES, Marcelo. *Transconstitucionalismo.* São Paulo: Martins Fontes, 2009, p. 21.

[15] NEVES, Marcelo. *A Constitucionalização simbólica.* São Paulo: Martins Fontes, 2018, p. 68.

[16] NEVES, Marcelo. *Constituição e Direito na Modernidade Periférica*: uma abordagem teórica e uma interpretação do caso brasileiro. Tradução de Antonio Luz Costa. São Paulo: Martins Fontes, 2018, p. 70.

[17] Idem.

[18] NEVES, Marcelo. *A Constitucionalização simbólica.* São Paulo: Martins Fontes, 2018, p. 73.

[19] NEVES, Marcelo. *Constituição e Direito na Modernidade Periférica*: uma abordagem teórica e uma interpretação do caso brasileiro. Tradução de Antonio Luz Costa. São Paulo: Martins Fontes, 2018, p. 71.

[20] "Esse acoplamento estrutural concretiza-se e realiza-se mediante procedimentos constitucionalmente instituídos, a saber, os judiciais, os

O caráter normativo da Constituição se verifica em razão de seu texto constitucional (*Verfassungstext*) corresponder à uma realidade constitucional específica (*spezifische Verfassungsnormativität*). Uma vez que a Constituição é um subsistema do sistema jurídico, "atua de forma efetiva como um subsistema internamente diferenciado no sistema jurídico já socialmente diferenciado"[21].

Tal diferenciação (em razão do princípio da não-identificação) impede que outros sistemas, como o sistema político, determinem a reprodução de códigos do sistema jurídico sem que seja por meio de normas jurídicas. É o que Neves definirá por reflexividade. Deste modo, o caráter normativo da Constituição é necessário para que o Direito tenha autodeterminação. Em outras palavras, que a positividade é observável em sistemas jurídicos que possuem uma Constituição normativa[22].

As Constituições normativas são normalmente observáveis em modelos nas democracias da América anglo-saxã e na Europa Ocidental, uma vez que apresentam pressupostos de concretização, segundo os quais a positividade do sistema jurídico permite o bloqueio de expectativas provindas externamente[23].

Nominalismo na Constituição de 1988

Nominalistas e instrumentalistas são designações propostas por Neves para ausência de funcionamento na função de bloqueio das expectativas externas do sistema jurídico por meio das Constituições. Diferentemente das normativas, estas com insuficiência de positividade são inerentes aos países da modernidade periférica. Ainda que o simbolismo seja também inerente às Constituições normativas, há carência tal de normatividade ao texto constitucional das Constituições nominalistas que sua função simbólica tem predominância em relação à sua função normativa. Segundo o pensamento de Marcelo Neves, a Constituição da República Federativa de 1988 é uma

---

administrativos, os legislativos-parlamentares, os eleitorais e os democráticos diretos [...] Dessa maneira, há uma legitimação política (democrática) do direito e uma legitimação política (*rule of law*) da política" (NEVES, Marcelo. *Transconstitucionalismo...*, p. 57).

[21] NEVES, Marcelo. *Constituição e Direito na Modernidade Periférica...*, p. 89.

[22] Ibidem, p. 90.

[23] Idem.

Constituição nominalista[24].

A Constituição nominalista "cumpre uma função ideológico-legitimadora (quer dizer, aqui, uma função-álibi) –, à obstrução da via de transformação da sociedade"[25]. Diferentemente do entendimento de Loewenstein, Neves defende o posicionamento de que as tais Constituições não tendem a se tornar normativas em um futuro próximo ou distante[26]. Não há, portanto, nas Constituições nominalistas, como a brasileira de 1988, alguma pretensão de transformação social e emancipação dos menos favorecidos (ainda que aparentemente sim). A estrutura de manutenção de desigualdades é ocultada pelo discurso retórico de promoção da democracia e concretização de direitos.

Tal qual as Constituições normativas, as Constituições nominalistas também possuem os três elementos que são relacionados ao princípio da não-identificação: (i) direitos fundamentais; (ii) divisão de poderes; (iii) eleições democráticas. E podem também trazer uma decisão política de grande participação do Poder Público na promoção do desenvolvimento, nos valores de um Estado de Bem-Estar Social[27]. A grande característica que permite distinguir uma Constituição normativa de uma nominalista é a enorme divergência nesta entre o que prevê o texto constitucional e a sua aplicação (*Anwendung*) ou observância (*Befolgung*) no processo de concretização[28].

Uma Constituição nominalista indica a carência de condições para que funcionalmente seja o acoplamento estrutural entre Direito e Política, de modo a não conseguir bloquear expectativas externas ao sistema jurídico (falha na não-identificação). Assim, em países com este tipo de Constituição (como parte dos países de modernidade periférica), a reprodução autônoma do sistema jurídico, a autopoiese não é observável. Há, em seu lugar, a alopoiese, uma vez que "o texto constitucional tem, primariamente, função político-ideológica"[29].

Como resultado de uma longa Assembleia Constituinte, ainda

---

[24] Ibidem, p. 91.

[25] Ibidem, p. 92.

[26] NEVES, Marcelo. *A Constitucionalização simbólica*. São Paulo: Martins Fontes, 2018, p. 108.

[27] NEVES, Marcelo. *Constituição e Direito na Modernidade Periférica...*, p. 92.

[28] Ibidem, p. 93. Ver também Capítulo III.

[29] Ibidem, p. 93.

que alguma participação popular, houve o predomínio da coalização de forças conservadoras. Todavia, de modo a nova Constituição buscava abolir, por meio de previsões em seu texto normativo, instituições e práticas da ditadura militar. Neves, neste ponto adverte acerca das intenções das forças conservadoras: "não há democracia como circulação de poder entre política, administração e o público, muito menos como integração de uma esfera pública pluralismo no sistema constitucional"[30].

Segundo Neves, a previsão constitucional de que o Brasil se constitui em um Estado Democrático de Direito é uma expressão do simbolismo constitucional. No contexto de elaboração, ainda assim, a Constituição, que na aparência é normativa, traz em si elementos que sufocam a autonomia do sistema jurídico e impedem o exercício do princípio da não-identificação como bloqueador de interferência externas no sistema jurídico. Um exemplo dado por Neves em Constituição e Direito na Modernidade Periférica, escrito ainda no início dos anos 1990, foi justamente a medida provisória que, naquele momento, aos olhos do autor já era um instrumento de interferência no Direito Constitucional e interesses do plano econômico[31].

Outro simbolismo brevemente a ser destacado é o da repartição de competências como uma aparente descentralização do sistema federativo. Como demonstram os estudos de Marta Arretche[32], a Constituição de 1988 já nasce com grande predominância da União sob os outros entes federativos, ainda que aparentemente houvesse em sua gênese uma tendência à descentralização e fortalecimento da autonomia dos Estados[33]. Neste caso, o grande poderio da União, característico de épocas autoritárias como a Era Vargas e a Ditadura Militar iniciada em 1964, continuou a partir da Constituição de 1988.

Ainda que durante todo o tempo da vigência da Constituição de 1988 tenha havido alguns avanços no tocante à efetivação de direitos sociais e inclusão, sobretudo durante o governo de Luiz Inácio Lula da Silva, não houve efetiva transformação social a ponto de concretizar a normatividade constitucional. Algo, porém, que Neves

---

[30] NEVES, Marcelo. *Constituição e Direito na Modernidade Periférica...*, p. 208.
[31] Ibidem, p. 209.
[32] Vide ARRETCHE, Marta. *Democracia, federalismo e centralização no Brasil.* Rio de Janeiro: Editora FGV/Editora Fiocruz, 2012.
[33] NEVES, Marcelo. *Constituição e Direito na Modernidade Periférica...*, p. 207.

traz de importante reflexão no Posfácio para a edição de 2018 da citada obra no parágrafo anterior é a identificação de uma judicialização simbólica, de modo que, em especial, o STF se destaca como importante ator político que retroalimenta o simbolismo.

Em posição contrária à narrativa estabelecida pela doutrina constitucional da efetividade, em especial capitaneada por Luís Roberto Barroso[34], Neves não enxerga a Constituição de 1988 como um marco zero da história constitucional brasileira e, portanto, não vê que o Poder Judiciário tem a função de motriz de transformação da sociedade por meio do exercício da judicatura[35]. Como parte da estrutura de conservação da sociedade brasileira (cujo atraso lhe é característico), a atuação da Justiça brasileira retroalimenta o simbolismo constitucional, ao remediar situações de desigualdade parcialmente sem o devido foco na real inclusão.

Um exemplo de como o Judiciário atua simbolicamente é a "efetivação" do direito à saúde. Ainda que atue de modo a proteger o direito do cidadão violado pela omissão do Poder Público, raciocínio de tratar um direito social sob a índole de um direito individual, servem muitas vezes às camadas economicamente mais abastecidas, o que em parte compromete o orçamento à tratativa de políticas públicas de saúde para acesso universal[36].

Após a promulgação da Constituição de 1988, com uma ampla previsão de direitos fundamentais (individuais e sociais), além a previsão e muitas garantias na Constituição como modo de buscar alguma concretização[37], O Judiciário assume um papel importante

---

[34] Vide BARROSO, Luis Roberto. Neoconstitucionalismo e Constitucionalização do Direito (o Triunfo Tardio do Direito Constitucional no Brasil). *Revista Eletrônica sobre Reforma do Estado*. n. 9, 2007.

[35] Vide VIANNA, Luiz Werneck; BURGOS, Marcelo Baumann; SALLES, Paula Martins. Dezessete anos de judicialização da política. *Tempo Social*, revista de sociologia da USP, São Paulo, v. 19, n. 2, pp. 39-85, nov. 2007.

[36] Ibidem, p. 408.

[37] São ações mandamentais previstas pela Constituição de 1988 com o fito de garantir direitos aos cidadãos (em razão de ação ou omissão do Estado) o *habeas corpus* (Art.5º, LXVIII, CR/88), o *habeas data* (Art.5º, LXXII, CR/88), o mandado de segurança (Art.5º, LXIX, CR/88), o mandado de segurança coletivo (Art.5º, LXX, CR/88), a ação popular (Art. 5º, LXXIII, CR/88), o mandado de injunção (Art.5º, LXXI, CR/88). Também se pode questionar a constitucionalidade pela via difusa em qualquer ação e pela via concentrada, por meio da Ação Direta de Inconstitucionalidade – ADI e a

como agente político, como arena busca por direitos que, precipuamente, seriam resultado de conquistas políticas[38].

Ao dissertar acerta do simbolismo na atuação do Judiciário, Neves também chama a atenção para "dois déficits reflexivos" associados à judicialização da política: (i) a fortificação de tribunais por meio da noção de Constituição dirigente, na qual o Poder Judiciário tem um papel vanguardista na transformação social[39]; (ii) o neoconstitucionalismo, em sua faceta como uma proposta de oferecer uma fundamentação do Direito, com seu fetichismo pelo uso de princípios, superestima o papel do Judiciário e reforça o simbolismo da judicialização e, consequentemente, retroalimenta a ausência de concretude na normatividade Constitucional[40].

A Constituição de 1988, por sua vez, dentro da abordagem de Neves, representa uma transição para uma época de nominalismo após duas décadas sob vigência de puro instrumentalismo constitucional. Em sua classificação, as Constituições instrumentalistas (também características de muitos países da modernidade periférica) representam a disfuncionalidade da função esperada de uma Constituição. São, deste modo, utilizadas por governos autoritários como meros instrumentos de normalização: "os detentores do poder utilizam os textos ou leis constitucionais como puros meios de imposição da dominação, sem estarem vinculados normativamente a esses dispositivos"[41].

Tais Constituições são encontradas em Estados autoritários (ou totalitários). Ao contrário das normativas (e em alguma medida das nominalistas) não desempenham a reflexividade no sistema jurídico; a Constituição não transforma os processos decisórios da Política para o Direito; ao contrário, "normaliza" a submissão do sistema jurídico ao jurídico. Nesse cenário, a Constituição é instrumentalizada de modo a reafirmar o controle da Política sobre o Direito, sem diferenciação funcional alguma. Conforme observa Neves, a consequência imediata da Constituição instrumentalista é a

---

Ação Declaratória de Constitucionalidade (Art.103, CR/88), Ação Direta de Inconstitucionalidade por omissão (Art. 103, § 2º, CR/88).

[38] LEITE, Glauco Salomão. Arts. 101 e 102, incs. I e II. In: BONAVIDES, Paulo; MIRANDA, Jorge; AGRA, Walber de Moura. *Comentários à Constituição Federal de 1988*. Rio de Janeiro: Forense, 2009, p. 1250.

[39] NEVES, Marcelo. *Constituição e Direito na Modernidade Periférica...*, p. 408.

[40] Ibidem, p. 407.

[41] Ibidem, p. 93-94.

ausência de positividade do direito, o que leva a um elevado grau de insegurança jurídica[42].

Referências

ARRETCHE, Marta. *Democracia, federalismo e centralização no Brasil*. Rio de Janeiro: Editora FGV/Editora Fiocruz, 2012.

BARROSO, Luís Roberto. Neoconstitucionalismo e Constitucionalização do Direito (o Triunfo Tardio do Direito Constitucional no Brasil). *Revista Eletrônica sobre Reforma do Estado*. n. 9, 2007.

LOEWENSTEIN, Karl. *Teoría de la Constitucíon*. Traducción por Alfredo Gallego Anabitarte. Barcelona: Editorial Ariel, 1979.

LUHMANN, Niklas. *Law as a Social System*. New York: Oxford University Press, 2004.

______. *Legitimação pelo Procedimento*. Trad. Maria da Conceição Côrte-Real. Brasília, Editora da Universidade de Brasília, 1980.

______. *Sociologia do Direito I*. Tradução de Gustavo Bayer. Rio de Janeiro: Tempo Brasileiro, 1983.

LEITE, Glauco Salomão. Arts. 101 e 102, incs. I e II. In: BONAVIDES, Paulo; MIRANDA, Jorge; AGRA, Walber de Moura. *Comentários à Constituição Federal de 1988*. Rio de Janeiro: Forense, 2009.

NEVES, Marcelo. *A Constitucionalização simbólica*. São Paulo: Martins Fontes, 2018.

______. *Constituição e Direito na Modernidade Periférica*: uma abordagem teórica e uma interpretação do caso brasileiro. Tradução de Antonio Luz Costa. São Paulo: Martins Fontes, 2018.

______. *Transconstitucionalismo*. São Paulo: Martins Fontes, 2009.

VIANNA, Luiz Werneck; BURGOS, Marcelo Baumann; SALLES, Paula Martins. Dezessete anos de judicialização da política. *Tempo Social*, revista de sociologia da USP, São Paulo, v. 19, n. 2, pp. 39-85, nov. 2007.

---

[42] Ibidem, p. 96.

Da Constitucionalização Simbólica ao Constitucionalismo no escândalo: Legitimação pelo procedimento e legitimação pela indignação como elementos conflitantes em uma crise de legitimação simbólica no constitucionalismo democrático atual

PEDRO HENRIQUE RIBEIRO

Introdução

Este ensaio argumenta que o constitucionalismo democrático enfrenta atualmente uma crise de legitimação simbólica em que a força de persuasão (*Überzeugungskraft*) da legitimação pelo procedimento está sendo constantemente pressionada pela "legitimação pela indignação".[1] Para abordar tal argumento, propõe-se uma abordagem centrada em uma sociologia jurídica do escândalo. "Escândalo" e "escandalizações" são entendidas aqui como sendo uma de muitas *formas comunicacionais* pelas quais tal legitimação pela indignação se organiza e ganha seus "scripts". Portanto, argumenta-se, uma sociologia jurídica do escândalo poderia contribuir para explicar a ampla percepção do aumento de uma retórica[2] anti-procedimental presente atualmente em comunicações jurídicas e políticas.

Ainda que o estudo da forma escândalo possa parecer algo contraintuitivo ou até algo que não seria adequado para ser um

---

[1] A expressão *Legitimation durch Empörung* é retirada de **Bredow, 1992**, mas é aqui utilizada de uma forma e contexto diferentes. O forte contraste com o famoso título do livro de Luhmann Legitimation durch Verfahren e **(Luhmann, 1978)** pode de fato ser implícito, mas não é elaborado no texto de Bredow. *Todas as traduções, se não for dito o contrário, são minhas. Todas as ênfases são acrescentadas por mim.*

[2] Os conceitos de "forma de comunicação" e "retórica" são utilizados de uma forma muito restrita e especificada tal como **ESPOSITO, 1999, p.113f e ESPOSITO, 2017**. "Scripts" são aqui entendidos como em **LUHMANN, 1997, p.640, 804** e especialmente **854f, 1106**

objeto da ciência ou teoria,[3] existe uma literatura rica, ampla e interdisciplinar que trata do escândalo, relacionando-o com a comunicação jurídico-política. Portanto, ao tratar da forma escândalo e seus efeitos da relação entre os sistemas jurídico e político (e entendendo o constitucionalismo como uma expressão do acoplamento estrutural entre estes sistemas em conjunção com a "legitimação pelo procedimento"),[4] este ensaio argumenta que o principal efeito de escandalizações não é um de "gênese de normas" (tal como argumentam Luhmann, Fischer-Lescano, por exemplo), mas antes um efeito de deslocar a "persuasão simbólica intrínseca" de *procedimentos* para "verdade (real) revelada e objetiva" tornada *evidente* e *plausível*[5] por uma indignação autopercebida de forma coletiva. Nesse sentido, não seria suficiente apenas abordar a forma comunicacional pela qual esse "deslocamento simbólico ocorre", ou seja, por uma sociologia jurídica do escândalo que é mais atenta para questões de meios de comunicação. Também é necessária uma teoria de elementos simbólicos do sistema jurídico. Conseguintemente, este ensaio se apoia na teoria da constitucionalização simbólica tal como proposta por Marcelo Neves, ademais de suas considerações sobre a forca simbólica dos direitos humanos (e fundamentais).

Ademais, o próprio questionamento que orienta este ensaio é um que é também caro aos trabalhos de Neves. Para postular tal problema, poder-se-ia emprestar as palavras de Jürgen Habermas proferidas ao comentar o conceito de Neves de constitucionalização simbólica. Em tal contexto, Habermas argumenta que "a letra imaculada do texto constitucional não é mais do que a fachada simbólica de uma ordem jurídica imposta de forma altamente seletiva". (**Habermas, 1999, p. 229**). Recentemente, contudo, Neves tem desenvolvido a ideia de que enquanto a constitucionalização simbólica ainda possa ser entendida como um diagnóstico correto e adequado (principalmente desde do final dos 1980 até perto de 2014), estaríamos enfrentando

---

[3] **NECKEL (1989, p. 55-56)** argumenta contra a suspeita de que os escândalos seriam algo distante do discurso científico e académico. **BINDER, 2013, p. 349ff e p.196** também discute a "distância científica" do escândalo e a falta de atenção que este recebeu das disciplinas académicas. Já em 1972, Luhmann afirmava que "infelizmente quase não há investigação sobre escândalos que não sejam elas próprias escandalosos" **"LUHMANN, 1972**

[4] Ver **Luhmann, 2000, p.391s**

[5] ver **Luhmann, 1997, p. 548 s.**

contemporaneamente um período em que até mesmo essa "fachada simbólica" estará sendo erodida e destruída ao redor da sociedade mundial.[6] É esta provocação de Neves que marca o ponto de partida deste ensaio. Antes disso, contudo, algumas considerações preliminares são necessárias.

Com efeito, para poder abordar tal provocação proposta, que incidentalmente coincide com a difundida percepção de uma crise (simbólica) de legitimação do constitucionalismo democrático atualmente, é necessário perguntar: o que mudou? Por meio de quais mecanismos essa "fachada simbólica" do constitucionalismo foi erodida? Por meio de que formas (e influenciada por quais meios de comunicação) tal "retórica" se organiza e estrutura? Por conseguinte, a presente contribuição busca apresentar uma explicação subsidiária argumentando que a erosão da fachada simbólica do constitucionalismo democrático (entendida como sua legitimação simbólica) poderia ser *parcialmente* explicada pelo crescimento da relevância da legitimação pela indignação e seus efeitos negativos sobre a legitimação pelo procedimento. Por sua vez, a questão do "como" é enfrentada pelo argumento do aumento da forma "escândalo" em comunicação política e jurídica, tornada possível tanto por elementos *estruturais* (por exemplo aumento de desigualdade e exclusão social juntamente como uma forte mudança estrutural da esfera pública principalmente por novos meios de comunicação) e *semânticos* (p. ex. autodescrições emergentes na sociedade mundial que rejeitam abertamente a base simbólica do constitucionalismo democrático).[7] Não obstante isso, o foco aqui não é o de explicar o surgimento do que se chama de novos populismos, nacionalismos ou democracias iliberais, muito menos o crescimento das "fake News" e tipos de comunicação chamados de pós-fato ou pós-verdade que tendem a dar combustível a tais narrativas.

O objetivo principal, aqui, é antes aquele de abordar uma forma de comunicação comum a muitos destes crescentes ataques à legitimação simbólica de direitos constitucionalmente garantidos, mas que também se estendem às decisões e legitimidade dos

---

[6] *Comunicação pessoal.*. Não obstante, tais argumentos já podem ser intuídos de forma embrionária em **Neves, 2017, p. 285 f.**, e **Neves, 2019,** *passim*.

[7] Para as relações e interconexões entre estrutura social e semântica na teoria luhmanniana ver, especialmente. **Luhmann, 1980, s.9ff**, juntamente com a interpretação de **Stäheli, 1998**.

tribunais constitucionais, eleições democráticas, instituições de base processual e profissional da democracia representativa, meios de comunicação de massas de base editorial, e, como estamos vendo na pandemia de Sars-CoV-2/Covid-19 e na ascensão dos "negacionistas", mesmo dirigidos à comunidade científica profissional.[8] Pode-se verificar que a legitimação dessas instituições é frontalmente oposta por uma retórica de indignação tornada possível (*"scripted"*) por escandalizações. A legitimação processual (ou seja, a estruturação por "passos" ordenados) de tais instituições é, portanto, confrontada por outra forma de "persuasão" e de legitimação simbólica. Neste sentido, ao referir-se ao contexto de tal conflito, este ensaio tenta fornecer, adicionalmente, um possível quadro teórico para abordar como os meios de difusão (meios de comunicação social) podem promover possíveis mudanças nos meios de comunicação simbólicos generalizados (tais como verdade, legitimação e validade) que poderiam ser relevantes para o cenário acima mencionado na comunicação jurídica e política contemporânea.

Na primeira secção, (I) o ensaio estabelece o que se poderia chamar a crise de legitimação simbólica do constitucionalismo democrático contemporâneo e relaciona-o com algumas mudanças na estrutura da esfera pública (*Öffentlichkeit*). O principal argumento aqui é apresentar uma dimensão da "crise" contemporânea da democracia constitucional como sendo de natureza simbólica, estabelecendo um dos seus possíveis fatores como sendo relacionado com mudanças na esfera pública. A segunda secção (II.) discute a noção de simbólico como "força simbólica" e como "persuasão", inspirando-se fortemente nas obras de Neves sobre o assunto. Além disso, o ensaio argumenta que a estrutura dos meios de difusão (*Verbreitungsmedien*) tem impacto no funcionamento dos meios de comunicação simbólicos generalizados (ou meios de

---

[8] Muitas delas devem ser assumidas como conhecimento geral para os nossos propósitos. Para um estudo abrangente, ver **Loughlin 2019**. Para uma análise que poderíamos talvez abordar como um caso em que as pressões de "legitimação por indignação" após "escândalos de corrupção" exercem tendências destrutivas sobre o sistema judicial e o Estado de Direito brasileiro, com juízes e procuradores agindo manifestamente contra o devido processo, com recursos aos "meios de comunicação social" e noções "materiais" de justiça e provas, ver os argumentos convincentes em **PALMA RESENDE e ZAIDAN. 2020.**

sucesso). A terceira secção (III.) deste ensaio desenvolve e explica o choque entre a legitimação por procedimento e a legitimação por indignação. O principal argumento aqui é contrapor a noção de procedimento à noção de "indignação/aclamação" e relacioná-la com a "legitimação" da comunicação jurídica e política. A quarta secção (IV.) apresenta alguns elementos de uma sociologia jurídica de escândalo. O principal argumento aqui é abordar esta forma de comunicação de uma maneira algo diferente da mais proeminentemente desenvolvida pela tradição luhmanniana da sociologia jurídica. Isto implica afastar a escandalização da sua concepção como "génese normativa" e conceptualizar o termo com mais trabalho concepcional e proximidade à teoria dos meios de comunicação. Os elementos aqui abordados destinam-se a apoiar a alegação de que um dos principais resultados das escandalizações na comunicação jurídico-política é uma comunicação simbólica, moral e intensa que pode fomentar um tipo específico de persuasão e "efeito da realidade e verdade revelada" que pode ser oposto às alegações de validade processual. Isto permite-nos compreender melhor a noção de indignação e como os "escândalos" pressionam (para o melhor ou para o pior) uma mudança dos meios de comunicação social simbólicos generalizados de validade processual para "verdade real, partilhada e revelada" nas suas funções de "persuasores intrínsecos". A secção final (V.) é reservada para observações finais e uma avaliação crítica dos limites e possibilidades das conclusões tiradas neste ensaio.

1 De temas aos trending topics: a crise de legitimação simbólica do constitucionalismo democrático e a "grande desagregação" da esfera púbica

> *"Frente às shitstorms, a soberania deverá ser redefinida. De acordo com Carl Schmitt, soberano é aquele que decide no estado de exceção. Poder-se-ia transladar esta afirmação sobre a soberania para uma metáfora acústica. Soberano é, então, aquele que é capaz de criar silencio absoluto, capaz de eliminar todo ruído, capaz de silenciar tudo de uma só vez. Schmitt não pôde experenciar as redes digitais. Com certeza isso teria causado uma grande crise para ele. É sabido que Schmitt, durante toda sua vida, sentia muito medo de ondas. As shitstorms são também uma forma de ondas que escapam de todo e qualquer*

> *controle. Por medo das ondas, o velho Schmitt teria até removido o rádio e a televisão de sua casa. Ademais, ele até se sentiu compelido a reescrever sua frase famosa sobre a soberania face as ondas eletromagnéticas: "Depois da Guerra Mundial eu disse: 'soberano é aquele que decide sobre o estado de exceção'. Depois da Segunda Guerra Mundial, face a minha morte, eu agora digo: 'soberano é aquele que controla as ondas do espaço.'". Depois da revolução digital, contudo, nós teríamos que reescrever a frase de Schmitt sobre a soberania mais uma vez: soberano é aquele que controla as shitstorms da internet"*
>
> Byung-Chul Han[9]

Muito se têm falado e escrito sobre uma "crise" da democracia contemporânea. Isso pode ser também facilmente compreendido como sendo uma nova crise do próprio constitucionalismo. Chama-se muito a atenção para a degradação da democracia constitucional em todo o mundo, algo que englobaria não só as próprias instituições liberal-democráticas, mas também e sobretudo as suas dimensões "simbólicas", ou seja, a própria "persuasão" da conjunção da democracia representativa com os direitos fundamentais e humanos: argumenta-se, pois, que a crise contemporânea da democracia constitucional é também uma crise da sua "força" simbólica.[10] Em certa medida, poder-se-ia acrescentar, de forma talvez exagerada, que enfrentaríamos uma crise de legitimação da própria noção de legitimação pelo próprio procedimento.

Enquanto muitos dos debates da década de 1980 até ao início da década de 2010 circulariam em torno de temas tais como "consolidação e expansão" da democracia constitucional e

---

[9] **HAN, 2013, p.18**

[10] Para uma visão geral, entre muitas outras possibilidades, ver apenas **Loughlin, 2019.** A propósito, Loughlin apresenta a noção de que a solução deve abranger mais do que o reforço das instituições liberais (democráticas) e trabalhar sobre "aspirações e crenças" democráticas, tendo em consideração a "tensão entre as suas dimensões instrumental e simbólica". **(2019, 452f).** Para uma análise da "força" e de algumas das suas metáforas e "orientações" em filosofia jurídica, ver **Ribeiro e Palma Resende, 2017..**

"aprofundamento" dos direitos humanos na cultura política, [11] o diagnóstico atual parece ser o de declínio, "corrupção"[12] e degeneração da base simbólica, normativa e valorativa de tais instituições. A heroica narrativa expansionista da democracia constitucional está sendo de certa forma substituída por uma narrativa de seu declínio: e tudo isto estaria acontecendo "sem a necessidade de um golpe de Estado formal".[13] Este ensaio argumenta que uma forma pela qual este processo está ocorrendo, entre outras, é através de uma "escandalização" mais proeminente da democracia constitucional. O pano de fundo de tal pressuposto encontra-se em algumas transformações na chamada esfera pública.

O diagnóstico de crise acima mencionado é amplo e está presente

---

[11] Este quadro positivo ou optimista está principalmente presente depois da chamada "terceira onda de democratização" que se iniciou em meados dos anos 70 e 80 (ver, a famosa obra **Huntington, 1991**). Além disso, isto vai além das famosas reivindicações do "fim da história" (como em Fukuyama). Na teoria democrática, constitucionalismo e pensamento dos direitos humanos, havia um acordo algo amplo sobre a estabilidade de tais elementos, sendo os seus "desafios" muito mais centrados na sua consolidação, expansão e aprofundamento. Para a noção de "consolidação democrática" ver, por exemplo, **O'Donnell, 1988 e 1996**. Para a noção de "cultura política", ver o livro clássico **Almond and Verba, 1963**. Para os direitos humanos, entre tantos, considerar apenas a afirmação de Bobbio: "O problema fundamental dos direitos humanos hoje em dia não é tanto justificá-los como protegê-los. Não se trata de um problema filosófico, mas sim de um problema político". **(Bobbio, 2004, p.42).**
[12] Para a noção de "corrupção" como "queda ou desvio" de uma noção da natureza concebida de forma teleológica e com inspirações aristotélicas, ver apenas **Ribeiro, 2019**
[13] Itálico adicionado. **Loughlin, (2019, p. 436),** afirma: "At the end of the 20th century, it appeared that there was only one game in town, and that game was constitutional democracy. As it turned out, however, the claim that the rise of constitutional democracy marked the end of constitutional history has proven premature. According to the calculations of political scientists, constitutional democracy reached its global highpoint in the period 2006–2011 and has since been in dramatic decline. (…).Constitutional democracy is not being overthrown; it is being degraded (…). In 2017, Freedom House, the US human rights organization, found indicators of democratic degradation in 71 countries and concluded that constitutional democracy was facing its most serious crisis in decades". **(p.437)** "Instead of democracy being widened and deepened, the signs are that widening economic inequalities and a deepening gulf between the political elites and those they represent are eroding the sources of legitimacy on which the viability of the regime rests" **(p. 450)**

tanto no meio académico como nas autodescrições semânticas dos meios de comunicação da sociedade contemporânea.[14] No cerne de tais narrativas de declínio é possível encontrar um dos suspeitos habituais como sendo uma mudança na argumentação política e na esfera pública, onde a suposta base processual consensual de direitos fundamentais e procedimentos jurídico-democráticos do Estado de Direito parece estar perdendo terreno. [15] A celebrada esfera pública pluralista (universalista, constitucionalmente organizada) parece ser mais afetada. E isso especialmente quando se leva em consideração o seu respeito pelos procedimentos, dependência de instituições intermediárias e estruturação por "temas" e "aspirações inclusivas" de certa forma generalizadas. [16]

Tal como desenvolvido por Neves, uma "esfera pública pluralista" que poderia fomentar "consenso processual" permitindo o "dissenso conteudístico" **(Neves 2006, p. 123f)** é uma pedra angular do Estado constitucional democrático e, consequentemente, intimamente ligada à noção de legitimação por procedimento **(133f)**. Neste contexto, a esfera pública é entendida como uma "arena do dissenso", sendo assim um imperativo para o Estado constitucional na mediação do direito e da política. Assim, "as expectativas, valores, interesses e discursos que a constituem podem ser *generalizados* por *procedimentos constitucionais.*

Estes procedimentos estruturam a esfera pública através da canalização das suas pretensões dissidentes **(Neves, 2006, 135)**. Esta "arena de ressonância" funciona, assim, como uma pletora de "espelhos"[17] internos de comunicação política e jurídica, em que tal comunicação é canalizada, estruturada e intermediada, tornando-se relevante para a "circulação e contra-circulação do poder" e prevendo a formação do "público" e temas generalizados na

---

[14] Devido à sua relevância nos meios de comunicação *mainstream*, ver o termo *"illiberal democracy"* **(em: Fareed Zakaria** https://www.foreignaffairs.com/articles/1997-11-01/rise-illiberal-democracy) e "pós-verdade", este último eleito a palavra do ano de 2016 pelo dicionário Oxford (2016 Oxford Dictionary "Word of the Year": https://languages.oup.com/word-of-the-year/2016/)

[15] Para uma discussão aprofundada e conceptualização do consenso de procedimentos e do dissenso conteudístico como base da relação entre o Estado constitucional e a Esfera Pública: **NEVES, 2006, p 128f e 136f.**

[16] Ver o argumento de Neves em: **Neves, 2006 e 2009**

[17] Para "espelhos" e "eclusas" como metáforas da esfera pública, ver **Ribeiro, 2012**

"opinião pública". [18] Neves separa-se das noções de Habermas e Honneth em que a esfera pública poderia implicar uma "racionalização", baseando-se no consenso material do "mundo da vida" espontâneo, implicando, portanto, uma noção fortemente carregada de "reconhecimento" (*Anerkennung*). De maneira contrastante, Neves enfatiza a inclusão pluralista de expectativas, valores e interesses por temas generalizados com aspirações de inclusão que funcionam como referência parcial e orientação para os procedimentos constitucionais. Ele procede, pois, de uma forma mais relacionada com a teoria dos sistemas de Luhmann. Um dos principais elementos que Neves desenvolve do seu debate com a teoria do discurso, contudo, é uma noção de hetero-legitimação, ou seja, de legitimação externa, proporcionada pela esfera pública que complementa (e também irrita) a auto-legitimação, ou seja, a legitimação interna proporcionada pelos procedimentos, do Estado constitucional. (**NEVES, 2006, p.148f**) .

As funções centrais da esfera pública para o Estado constitucional democrático e o constitucionalismo, ou até para o "constitucionalismo societal global" (**Teubner, 2012, p. 182f),** são bem conhecidas e transversais a diversas escolas de pensamento e campos de estudos. Para os nossos propósitos neste ensaio, só se deve estar consciente de algumas das suas funções e da sua estreita relação com os meios de comunicação de difusão, elementos que serão posteriormente relacionados com a legitimação por indignação e escandalizações.

Relativamente às suas modernas "funções", a par da noção de legitimação (externa ou hetero-legitimação) do estado de direito, a esfera pública pluralista está normalmente relacionada com funções tais como representar grupos, discursos, interesses e expectativas, refletindo e visualizando a redundância de procedimentos institucionalizados; simbolizar a participação política (ou garantindo-a através de alguma forma de "inclusão política"), realizando ou estabelecendo um espaço para o exercício dos direitos fundamentais que garantem o "livre fluxo de informação"; generalizar temas, ou seja no sentido de tornar os temas públicos e não particulares, nem secretos ou privados; pré-estruturar a tomada de decisão coletiva vinculativa da política por "temas" e influenciar a definição da

---

[18] Para estes conceitos e para a circulação e contra circulação do poder, ver **Luhmann, 2000, p. 258ff,**

agenda pela "economia da atenção"; canalizar a opinião pública e fornecer um terreno comum para a observação interna dos sistemas sociais e dos seus desempenhos que se tornem relevantes para a construção de expectativas e semântica das formas de autodescrição da sociedade (incluindo aí o sistema jurídico).

Relativamente às suas relações com a evolução dos meios de difusão, deve facilmente notar-se que este é um elemento comum, embora muitas vezes ignorado, do conceito. O termo esfera pública é de fato abstrato e polissêmico **(Ribeiro, 2012, p.2).** Ele atravessa, ademais, diversas disciplinas, teorias e paradigmas, por vezes incomensuráveis. Além disso, existem ainda muitas tipologias concorrentes da esfera pública. Uma destas "tipologias" que se centra mais preeminentemente na "coevolução" da esfera pública e dos meios de difusão é a de Thomas Vesting. Colocando de forma grosseira, poder-se-ia dizer que Vesting trabalha com "rupturas mediais" para a formação desta tipologia. No entanto, Vesting está interessado em transições históricas, onde as continuidades também são importantes. Neste sentido preciso, os meios de difusão são assim entendidos como "avanços pré-adaptativos" e como um ponto de junção da teoria e evolução dos meios de comunicação. **(VESTING 2007, p.140-147)** Além disso, a perspectiva de Vesting é orientada de perto pelos estudos culturais (*Kulturwissenschaft*), ligando a normatividade jurídica (juntamente com normatividade cultural implícita), os meios de comunicação e as estruturas da subjetividade. Ele centra, assim, suas análises em torno de uma "epistemologia societal" que se encontra na interação de "infraestruturas da subjetividade", formas jurídicas e transformações da sociedade.

Em detalhe, a sua abordagem é inspirada na tripla divisão da modernidade proposta por Karl-Heinz Ladeur: ou seja sociedade dos indivíduos, sociedade das organizações e sociedade das redes. [19] Vesting parte desta divisão para trabalhar sua tipologia de esfera pública liberal (da sociedade dos indivíduos); esfera pública pluralista-grupal de massas (da sociedade das organizações) e, por fim, esfera pública fragmentada ou desagregada (da sociedade das redes). A partir daí, ele desenvolve os seus argumentos também em três períodos ou como modelo de três camadas (*Dreichichtenmodell*),

---

[19] Vesting desenvolve esta tipologia com relação a sua teoria do estado em **Vesting, 2018**

onde podemos ver um modelo correspondente de três tipos da esfera pública.

Segundo Vesting, a esfera pública representativa (*representative Öffentlichkeit*) do Antigo Regime seria apoiada por uma ordem simbólica e por uma forma da "força da lei" (*Gesetzeskraft*) que ligava a validade do direito à tradição (**2013, p. 83**). A noção de uma "encarnação da soberania" marcou a prevalência de uma "cultura de representação" baseada na sociedade da corte, família real e nobreza, de modo que seria marcada pela dominação tradicional e não contaria com a noção de um "público" de grande alcance. (**Vesting, 2013, p.100s**). A corporeidade do Rei (*Körperlichkeit, Leibhaftigkeit*) adquire em tal contexto um estatuto simbólico de representação que se prende nos campos dos meios de comunicação, cultura e língua, resultando numa "cultura de representação". A monarquia absoluta torna-se assim "instituída" como um espaço unitário de percepção e adquire a sua "forma" pela encenação medial (*Inszenierung*), pela representação cultural e pela corporeidade do rei nos diversos meios de comunicação ("pelo retrato do rei e sua representação", **2013, p.95f).**

Isso começou a mudar especialmente com a conquista evolutiva representadas meios de impressão (*Buchdruck*). Vesting compreende-a como parte de uma mudança na "epistemologia social" que abarcava, entre outras coisas, a ascensão do individualismo e a sua "infraestrutura subjetiva", algo que ocorreu juntamente com a formação de um grande público alfabetizado no ambiente das cidades, abrindo caminho para um "espaço" mais amplo de circulação e intensificação dos "fluxos de comunicação" e com a chamada "alta cultura" burguesa. Portanto, a ascensão da esfera pública liberal do grande público "afasta-se de uma determinação pela corte e sua sociedade (...) e inclina-se para ser determinada pelo livre intercâmbio de opiniões em livros, panfletos, folhetos e jornais, que eram dirigidos a um público leitor em salões literários, cafetarias, tabernas e teatros, ou seja, dirigidos a um público que foi aberto à novidade para além da 'confiança e confidencialidade de uma ordem pré-existente'" (**2013 p.140).**

No período da emergência da esfera pública liberal há uma mudança correspondente da hegemonia cultural da "corte para as cidades", onde "cultura e cultivo" começa a substituir o "gosto" numa "cultura moderna aberta", em que os velhos padrões da esfera pública representativa começam a dar espaço a um regime "de vizinhança" de ligação de opiniões de cidadãos (**VESTING, 2019**). A par de muitas mudanças culturais e estruturais, Vesting liga esta mudança com uma "excarnação" de soberania na esfera pública liberal, deslocando o corpo simbólico do rei para a escrita e textualização de códigos e constituições escritas. Entendida como uma "mutação da ordem simbólica", essa "excarnação" de soberania dá lugar à "imaginação da nação" e do nacionalismo moderno.[20] (**VESTING 2018: 2013, 100 s**)

Por sua vez, na chamada "sociedade das organizações" mudanças chave começam a ocorrer. O fim do Século XIX marca a era da ascensão de uma nova cultura de massas com "meios de comunicação até então desconhecidos, como, por exemplo, jornais diários, fotografia, filmes mudos, rádio e livros de bolso" (**VESTING, 2019**). Outros elementos são relevantes neste contexto: amplificações das tarefas e responsabilidades do Estado em um mundo com relações mais intensas e amplificadas (**Vesting, 2018, p. 128**) em um mundo de maior industrialização, onde ocorre o estabelecimento da cultura do *"organizational man"*. A isso seguem-se construções jurídicas que visavam a dar vasão e representação às massas emergentes como partidos e sindicados de massa, resultando em uma cultura de massas e no estabelecimento de um pluralismo de grupos, (**2018, p. 156f**). Neste modelo, denominado de modelo pluralista de grupos por Vesting e inspirado também no modelo de "círculos concêntricos" de Karl-Heinz Ladeur (ver **Vesting, 2018, p. 49**),[21] a estrutura da esfera pública ganharia sua caracterização

---

[20] A "encarnação" monárquica do poder e da lei foi substituída no último quartel do século XVIII por uma forma "excarnada" de escrita legal, que se manifestou não menos importante nas declarações impressas e na constituição. (**Vesting, 2013, p. 128**) Aqui, a "palavra impressa aparece como o verdadeiro arquiteto do nacionalismo" (**2013, p. 118 e s; p.120 e 141**).

[21] Os três "círculos concêntricos" seriam : (1) opiniões que são expressadas e ouvidas em uma plêiade de esferas públicas difusas na sociedade e que não se coordenam umas om as outras. (2) As comunicações politicamente relevantes nos meios de comunicação em massa que atuam por todo o país e que estão assentadas no contexto da comunicação partidária e associativa. As opiniões são pré-estruturadas em partidos e associações, abordadas pelos meios de comunicação e agregadas conforme pontos de vista de relevância. (3) A formação de vontade política, altamente condensada e concentrada dentro dos órgãos estatais. As opiniões são agregadas por partidos e associações em alternativas capazes de orientar decisões e processadas no círculo interno do Estado como decisões vinculantes. (**ver VESTING 2019**)

pelo modelo de representação de grupos plurais. Tratando principalmente do caso alemão e o trato de tal esfera pública na teoria e jurisprudência constitucional, Vesting argumenta que tal sociedade "de classe média nivelada (termo de Helmut Schelsky) teria seu modelo de esfera pública correspondente pela *agregação* por grupos plurais.[22] Era a partir de tal agregação, onde ocorria uma "pré-formulacao da vontade política por forças intermediárias", que "a opinião pública era determinada primeiramente por temas e contribuições de grupos e organizações formais da sociedade: por partidos políticos, associações sociais, igrejas, sindicados, grandes editoras de livros e emissoras de rádio". Esse modelo era, por conseguinte, apoiado por meio de proteções e garantias de direitos coletivos de Liberdade. **VESTING 2019,)**

Atualmente, contudo, tal modelo começaria a perder forca. No lugar da esfera pública pluralista de grupos emerge uma "esfera pública fragmentada nas mais diversas redes, sendo ela resultado de uma grande desagregação (*Entbündelung*) dos fluxos de comunicações sociais", baseando-se em comunidades muito mais instáveis e em "coletividades emergentes", ou seja, em "movimentos e enxames, que operam vinculando-se intensamente a ocorrências momentâneas, caracterizadas por opiniões que crescem e se alteram rapidamente [...] e com a ajuda das redes sociais [...] sem que essa auto-coordenação fluida se cristalize de forma organizacional em uma pessoa coletiva" **(VESTING, 2019x).** Ademais, a comunicação em tal esfera pública desagregada e fragmentada seria mais fortemente marcada pelo ritmo intenso de eventos e por uma "cultura da presença", relacionada com a ascensão das redes sociais e do retrocessos de parte da esfera pública a "a fóruns de pessoas que pensam da mesma forma", juntamente com o reforço de tais fóruns ou "*echo chambers*" pela inserção de algoritmos de aprendizagem automática que, de forma direcionada, "recompensam contribuições específicas que desencadeiam fortes emoções e interações diretas e terminam por ter como resultado criar para o usuário individual seu mundo próprio e singular". **(VESTING, 2019).** Tal cenário seria o espaço propício para que "shitstorms e

---

[22] "O modelo de esfera pública segue, portanto, uma lógica de agrupamento, que reformula a cultura do individualismo burguês e pressupõe uma nova infraestrutura da subjetividade: ao lado do burguês, e em seu lugar, entra em cena o homem organizacional (*Organisationsmensch*), o homem no terno de flanela cinza". **(Vesting, 2019)**

fake-news" ganhem relevância e possibilidade. Vesting, por fim relaciona tal contexto à superação da cultura do cidadão burguês e do homem organizacional dos modelos anteriores que, então, cederiam espaço para o estabelecimento do "*homo digitalis*", pautado por um "enfileiramento de episódios e por referencias situacionais". (**Vesting 2019**) Para tanto, Vesting faz referencia à metáfora de Byung-Chul Han acerca dos "enxames" para descrever o funcionamento deste modelo de esfera pública: "Os enxames são expressão de intensivas – mas também rapidamente temporárias - agregações de particulares/únicos/singulares. Eles são o produto de uma economia da atenção que se intensifica e que parece comprometer o momento constitutivo da esfera pública liberal que é a abstração". (**VESTING, 2019).**

Com isso, já podemos perceber como a caracterização da esfera púbica fragmentada e "desagregada" poderia contribuir para elementos nocivos aos procedimentos típicos de formação da esfera pública e da agregação de temas generalizáveis tão caros aos modelos de esfera pública tal como aquele formulado por Neves. De maneira talvez exagerada, pode-se afirmar que tal modelo de comunicação desagregado e com tendências à polarização (e como veremos à indignação), por sua imediatez e simultaneidade intrínsecas, com seu apelo emocional e vinculação moral forte dos "echo chambers" que contraria os modelos grupais pluralistas em sua "espiral do silencio",[23] apresenta um ambiente propício para afetar precisamente as pretensões de *mediação*[24] e formação de temas generalizados da

---

[23] Este termo foi tornado famoso por Noelle-Neumann em seus estudos sobre a opinião pública sobre o "clima da opinião" e prevê a tendência que posicionamentos que aparentam ser minoritários em contextos argumentativos determinados tendem a não ser manifestados, causando uma "espiral do silencio". Ao revés, quando atores percebem (de maneira correta ou não) que seus posicionamentos são compartilhados pela maioria, existe uma maor probabilidade de manifestação de tal posicionamento (ver **Noelle-Neumann, 1996**). Esta tendência resultaria em posições mais "centralistas" em um modelo de esfera pública pluralista de grupos. De maneira reversa, a tese dé Noelle-Neumann poderia ainda se manter atual para explicar a polarização política e moral na esfera pública desagregada com seus "echo chambers".

[24] Mediação é aqui compreendida como tanto como um "meio" em seu duplo sentido, um meio onde se possibilita o surgimento de "formas" e como o ponto médio entre extremos. Ademais, também aparece como "mediação" no sentido de mediar e proporcionar procedimentos. Incidentalmente este é o argumento de **Andreas Voßkuhle (2016)** , quem afirma que a Alemanha teria sido

esfera pública, incluídas aí as proteções e procedimentos constitucionais como principais elementos de tal mediação, como ressalta Neves.

Neste sentido, ao invés de "temas" generalizáveis, surgem trending tópics episódicos e enxames (ou shitstorms) que se assemelham a "ondas de indignação" com baixa capacidade de generalização e acoplamento com procedimentos constitucionais (ver **HAN 2013**). Neste ensaio, o objetivo é buscar demonstrar que ademais da estrutura da esfera pública que reforça tal tipo de comunicação, um argumento subsequente pode ser formulado no sentido de que tais comunicações apresentam, ademais, uma forma específica de "legitimação simbólica" e de relações com a "verdade" que têm sido contrastadas com a chamada legitimação pelo procedimento. Resta a pergunta, portanto, pela forma pela qual tais comunicações se tornam tão persuasivas e tão virulentas em relação à legitimação simbólica do constitucionalismo democrático.

2 Legitimação pela indignação vs. Legitimação pelo procedimento

Restando estabelecido o que se compreende por crise simbólica do constitucionalismo democrático e como esta crise estaria relacionada com a estrutura contemporânea da esfera pública, resta trabalhar o argumento deste ensaio de que a forma da "indignação" propiciada em tais contextos se torna tão *persuasiva* e, portanto, pode ser compreendida como uma forma emergente de legitimação simbólica que compete com a legitimação procedimental em comunicações jurídicas e políticas.

Partindo da teoria dos sistemas de Niklas Luhmann vemos que existem basicamente dois "tipos" de meios de comunicação.[25] Em primeiro lugar, Luhmann discorre sobre os meios de difusão como aqueles que tratam do alcance da redundância social. Os meios de difusão determinam e ampliam o círculo de receptores da comunicação. Os exemplos principais oferecidos são a língua falada, a escrita, a imprensa e a comunicação eletrônica. Estudos contemporâneos ampliam esta tipologia para incluir a comunicação

---

caracterizada desde o pós-guerra por uma "Constituição do meio" (*Verfassung der Mitte*), gerando uma estabilidade centralista. Isso, contudo, estaria em cheque em um contexto atual de maior polarização política.

[25] *Para todas as referencias desta parte, ver* **Luhmann, 1997, pp 202 ss**

computacional-digital, ou até as redes sociais e algoritmos inteligentes.[26] Segundo Luhmann, tais alterações nos meios de comunicação de difusão da comunicação foram extremamente relevantes para a evolução da sociedade – dentre outros motivos, por mudar a relação entre presentes e a temporalidade da comunicação social, além de resultar em algumas tendências evolutivas importantes que se podem resumir naquela "que vai de uma ordem hierárquica para uma ordem heterárquica que renuncia a integração espacial das operações da sociedade", a saber: na diferenciação funcional. Desde o século XVIII esta circunstância se celebra como predomínio da 'opinião pública' – que em termos de diferenciação significa a passagem para a diferenciação por funções. Ainda, com esse desenvolvimento dos meios de difusão, a sociedade tenderia a ensaiar novos "valores próprios" que prometem estabilidade sob condições de heterarquia e de observação de segunda ordem.[27]

Por sua vez, os meios de consecução ou sucesso – mais bem definidos como *meios de comunicação simbolicamente generalizados* - oferecem um nexo de *condicionamento e motivação*. Estes meios têm grande importância para os enlaces comunicativos operados nos sistemas sociais. Isso ocorre, pois os meios de comunicação simbolicamente generalizados fazem com que expectativas de aceitação se "sintonizem". Em outras palavras, esses meios conseguem fazer com que comunicações determinadas tenham maior chance de serem aceitas – *sem a necessidade de discussão ou consenso*. Luhmann argumenta que é mais fácil se aceitar uma troca ou um

---

[26] Vesting trabalha precisamente tais meios de difusão e suas implicações para jurídicos principalmente em seus quatro volumes acerca dos meios de comunicação do direito. (ver uma descrição deste projeto ao final de seu livro **Vesting, 2007**). Ademais, para Vesting, o computador e a digitalização apresentariam uma estrutura relevante e peculiar, pois trabalhariam com todos os outros meios de difusão e potencializariam suas capacidades de inter-relação , atuando como um "meta meio". (**Vesting 2015, *passim***)

[27] Ademais, com a evolução desses meios, ocorre a renúncia da "integração espacial", ou seja, de que para que comunicações aconteçam seja necessário que pessoas estejam presentes em locais determinados com suas condições concretas. Luhmann argumenta: "[s]e no século XVIII a integração da sociedade se entrega à 'opinião pública', é possível encontrar aí, em última análise, uma renúncia à integração espacial – senão à integração enquanto tal. Isso, porque 'público' não quer dizer outra coisa senão deixar livre a entrada a qualquer pessoa (renúncia do controle do acesso), ou seja, indeterminação estrutural da integração espacial".

pagamento quando se oferece dinheiro, ou obedecer a uma ordem por meio da violência estatal ou pela força do poder. Portanto, ao se institucionalizarem estes meios de comunicação simbolicamente generalizados, amplia-se "o âmbito de 'não-rejeição' da comunicação – rejeição, esta, muito provável quando se impulsiona a comunicação a ir mais além do âmbito dos presentes". Daí Luhmann pegar o termo emprestado de Parsons e definir esses meios como *persuasivos intrínsecos*. Portanto, a sociedade se serve da formação de "meios especiais" para reduzir a contingência e vincular o *condicionamento da motivação*, ou seja, se serve dos meios de comunicação simbolicamente generalizados.

Os meios de comunicação simbolicamente generalizados têm tamanha relevância para a teoria da sociedade de Luhmann, pois eles respondem à questão de saber como é possível ordem social sem referência à condições normativas, tais como direito natural, contrato social ou moral do consenso, ou seja, sem pressupor uma consciência coletiva (**Luhmann, 1978, p.6**). É possível afirmar que seriam equivalentes funcionais mais dinâmicos e operacionais à persuasão por uma moral integrada ou consenso produzido por cosmovisão partilhada de mundo. Essa é a diferença do uso do conceito por Parsons, quem trabalhava com a noção de "valores simbólicos compartilhados", e Luhmann, que não enxerga a necessidade de haver tal partilha de valores. [28]

Ao invés de se apoiar analiticamente na moral e na partilha de valores como explicação da coesão social, Luhmann se desloca a explicação para os meios de comunicação simbolicamente generalizados. Seu caráter *"simbólico"* dota as operações comunicacionais de *maior perspectiva de aceitação*, transformando "de maneira assombrosa as probabilidades do não em probabilidades de sim". Esses meios coordenam seleções e alcançam um acoplamento firme mediante a forma específica do respectivo meio, como por exemplo, "provas de amor, teorias, leis e preços".

Desta explanação podemos ressaltar dois pontos: o primeiro, é que há uma relação coevolutiva entre meios de difusão e a estrutura da sociedade, ao que Luhmann trabalha principalmente em sua noção de diferenciação funcional. Os meios de comunicação

---

[28] Para magistral trabalho sobre a noção de simbólico, trazendo as diversas concepções do conceito ademais de sua própria teoria, ver **NEVES, 2007,** especialmente o primeiro capítulo.

simbolicamente generalizados, em consequência, também são afetados. O exemplo trabalhado por ele da "legitimação pelo procedimento" é precisamente um dos exemplos trazidos pelo autor para apoiar esta teoria.[29] Luhmann trabalha essa relação dentro de sua teoria do estabelecimento da diferenciação funcional, mas nada parece impedir que essa relação teórica de irritações e evoluções correlatas possa ser ampliada e trabalhada em outros âmbitos e fenômenos. Ademais, em segundo lugar, vemos que o termo "simbólico" tal como utilizado por Luhmann trabalha aqui a noção de persuasão intrínseca (tal como anteriormente formulado por Parsons), aceitação e motivação da comunicação – ainda que sem a carga valorativa ou consensualista. Este será um ponto chave para a argumentação que segue.

Neste sentido, o argumento deste ensaio trabalha com a noção da "legitimação simbólica" precisamente neste contexto delimitado de sua "persuasão intrínseca". Aqui, utilizamos este contexto, de fato de forma um pouco heterodoxa, para pensar em formas de "legitimação" em seu sentido de "persuasão", aqui relacionado com os meios de comunicação simbolicamente generalizados, especialmente "verdade" e "validade". Se entendemos que o constitucionalismo democrático parece perder sua "forca de persuasão"[30] na crise acima referida, e seus procedimentos (eleições, deliberações políticas representativas, decisões de Tribunais constitucionais, etc.) parecem perder aceitação e capacidade de persuasão, a vinculação, aqui, parece restar clara. Ademais, uma das formas modernas de dar "legitimidade" à verdade, como veremos, é precisamente a adoção de operações também elas procedimentais da verdade (como teorias, métodos, procedimentos editoriais de checagem de fatos, etc.), algo que também parece estar perdendo sua força de persuasão atualmente nas diversas críticas ao jornalismo editorial e ciência institucionalizada.

Aliás, é ilustrativa a afirmação de Luhmann no prefácio de seu livro "Legitimação pelo Procedimento" ao afirmar que seu objetivo

---

[29] A teoria de Vesting da "excarnação" da soberania antes encarnada no "corpo simbólico do rei" e que se desloca para a "textualidade" das normas escritas (e impressas em constituições e códigos) também poderia ser compreendida dentro desta logica relativa à "legitimação pelo procedimento". **(Vesting, 2013, *passim*)**

[30] Ver Luhmann, 1978, p.4 s, onde ele trata de meios de comunicação simbolicamente generalizados de maneira próxima à força de persuasão

daquela empreitada era precisamente trabalhar as vicissitudes de uma sociedade "que já não legitima o seu direito por verdades invariáveis, mas apenas ou principalmente pela participação em seus procedimentos" (**LUHMANN 1978, viii**).[31] Note-se que, aqui, Luhmann mesmo reconhece a aquisição evolutiva de se legitimar a validade das comunicações políticas por procedimentos jurídicos, ademais da legitimação própria do direito em si, como oposta a outra forma social de legitimação (do direito e da política): "verdades invariáveis". O argumento aqui será precisamente que a "legitimação pela indignação", possibilitada pela forma do "escândalo" opera precisamente como uma forma performática que lida com a noção de verdade invariável, revelada e, portanto, oponível ao procedimento.

A legitimação simbólica tratada aqui, portanto, é tida de forma mais ampla, como sua "persuasão", e de maneira nenhuma ligada às teorias mais normativamente carregadas da legitimação. Com efeito, estudos da evolução social do "fato moderno", como base da noção moderna de verdade, já tratam de como o "fato" parte de uma lógica procedimental extremamente recente na história humana. Assim, o próprio termo "pós-factual", tão utilizado para demonstrar o funcionamento das críticas à democracia constitucional contemporânea, aparenta necessitar de maior contextualização.

Para isso, podemos nos valer de um seminal estudo que defende

---

[31] O autor postula que, com o aumento da complexidade social, o direito moderno passa a ser caracterizado por seu processo de "positivação" e argumenta que a "validade" do direito não é mais extraída de âmbitos externos (como a moral, a cosmovisão ou a religião), mas ancorada em seu próprio funcionamento autorreferencial. Contudo, para poder fazer isso, o sistema jurídico recorre à legislação, uma prestação do sistema político que dá validade para o sistema jurídico permitindo o seu fechamento. Para Luhmann, o direito moderno em sua positividade possibilitou que a política utilizasse *do processo* jurídico como forma de obter sua legitimação (pelos procedimentos juridicamente disponibilizados (**Luhmann, 1978**). Ainda que ambos sejam sistemas autopoiéticos, grosso modo, a política retira sua legitimidade procedimental com "auxílio" do direito; enquanto o direito consegue sua validade com o "auxílio" do sistema político. A positividade do direito moderno, portanto, está estritamente conectada com a legitimação pelo procedimento do sistema político moderno, em uma relação de contraprestação entre os sistemas. Esses sistemas estão acoplados estruturalmente por meio da Constituição, compreendida como uma "conquista evolutiva da sociedade". **LUHMANN, 2000, pp. 390 e ss.)**

uma origem jurídica da noção moderna do "fato", principalmente pelo surgimento dos jurados como "conhecedores e avaliadores" dos fatos (*fact knowers and fact evaluators*) e pela distinção entre "*matters of fact*" and "*matters of law*" na Inglaterra da Idade Média . Trata-se da análise de *Barbara Shapiro* sobre o desenvolvimento de uma "cultura do fato" na Inglaterra, mas que pode ser generalizado em certa medida para a cultura ocidental. (**Shapiro, 2000**) Em seu trabalho, ao analisar como "discursos do fato" passam a se alastrar e ganhar momentum por diversas esferas sociais como direito, história, *news* e reportagens, religião, etc., chegando a uma espécie de "democratização, participação e popularização" da "cultura do fato" (**Shapiro, 2000p.218**) já ao fim do Século XVIII, Shapiro sempre se pautou pelo desenvolvimento de como os "discursos dos fatos" ganhou socialmente o seu caráter de validação, legitimação e relação com as "epistemologias sociais e setoriais" em questão. O fato moderno, associado com uma *ação humana* (*deed – daí infact e indeed*), era em sua origem jurídica tudo menos uma verdade sedimentada ou "fato natural". Ele surge a partir de "uma das mais significativas transformações" do sistema sociojurídico da Idade média, a saber, quando os julgamentos por provações (*ordeals*) e outras formas de produção de provas e evidencias como os julgamentos por combate (*trials by combat*) foram substituídos pela "investigação crítica e avaliação das evidencias por um corpo de juízes professionais" (**Shapiro, 2000, p8-9**). Os fatos eram baseados na separação entre "matters of facts" and "matters of law". Desta forma, fatos faziam parte dos processos de encontrar as verdades que eram "dignas de ser críveis" ("worthy to be believed"), ou seja, em um processo de avaliação, legitimação e validação. O contexto toda a análise de Shapiro em sua análise do "fato" em diversos momentos é aquele em que se deveria encontrar uma verdade que cumpriria a função epistemológica (e de validação) de ancorar verdades que gerassem "*a moral certainty*".(**Shapiro, 2000p.208**) Isso se deu, primeiramente, na criação de procedimentos jurídicos de provas, em uma procedimentalização com manuais e regras processuais de determinar a verdade; abertura para a entrada de documentação objetiva de "testemunhas confiáveis", além da profissionalização de instituições laicas (como o jury). Isso tudo, em um momento histórico em que a verdade objetiva divina revelada, tais como aquelas das provações e *trials by combat* perdia em sua capacidade de persuasão.

Com isso, já podemos ver a forma intrincada que as noções de verdade e validade podem assumir. Incidentalmente, existem estudos que analisam precisamente como a indignação pode ser a base de legitimação de sistemas jurídicos e políticos por excelência. Isso, pois ela seria precisamente a face negativa da "aclamação". Com efeito, Giorgio Agamben, em seu estudo *"Il Regno e la Gloria"* trata da aclamação positiva (uma manifestação coletiva de triunfo e aplauso) em conjunto com as aclamações adversas de descontentamento (*"acclamatio adversa"*) em seus argumentos sobre fundamentação de ordem jurídico-políticas (**Agamben, 2007, p. 189 s),** em sua consideração como expressão última de manifestação de vontade popular. A aclamação de descontentamento pode ser relacionada, aqui, como uma forma de conceituar a indignação coletiva ou pública. Aliás, Agamben trata da postura de Carl Schmitt em considerar que as aclamações seriam a forma mais pura de "expressão imediata do povo reunido em democracia" em sua forma mais direta, trabalhando a noção da aclamação como o fundamento constitucional em última instancia, onde a aclamação exprimiria o caráter imediato do povo como poder constituinte. (**Agamben, 2007, p.192** s) Esta obra, Agamben trabalha a liturgia simbólica da aclamação e seus elementos de teologia política da "gloria" como elemento fundante. Ele chega a considera, inclusive, com referência a outros autores, que "as aclamações são indispensáveis à estratégia emotiva própria dos regimes fascistas" (**p. 209 s; p. 214 s).**

Comentando tal obra, Byung-Chul Han afirma Agamben considera as aclamações como zonas de transição em que a política e a teologia se tornam indistinguíveis: tal como as liturgias doxológicas do domínio de Deus, as aclamações profanas não seriam meros ornamentos do poder, senão constituiriam seu fundamento e justificação. (**Han, 2010, p.1**) Han, contudo, traz o debate para os tempos contemporâneos da sociedade do espetáculo (termo de Guy Debord) e os novos meios de comunicação onde a legitimação do poder político pela aclamação estaria retornando. Ao contrário de Agamben, contudo, Han encara a aclamação – e em outros contextos também a "indignação" (*Empörung)* como o oposto da política. Han considera, ao contrário de Luhmann, que a indignação não gera normas, mas a raiva das massas, sim. Seu argumento resulta de sua análise da indignação ou aclamação adversa de descontentamento nos contextos das novas redes sociais. Han argumenta que, enquanto o descontentamento das massas e sua raiva

("Wut") era algo direcionado à comunicação política, com pretensão de se tornar alguma forma de direito ou tema generalizável, a omnipresente indignação espetacularizada e fragmentada das "shitstorms" das redes sociais – que se assemelhariam a "enxames" – não teriam a capacidade de se condensar em comunicações verdadeiramente políticas por si só. **(Han, 2013)**.

Munidos destas considerações, podemos ver como a indignação apresenta uma pretensão de legitimação simbólica de verdades e validade de constructos normativos. Com efeito, ao nos indignarmos coletivamente, sentimos um "efeito de verdade" e realidade e se produz uma sensação de legitimidade coletiva. Apesar das críticas de que a indignação das redes sociais não seria algo verdadeiramente politizável, tal como afirma Han, temos que se trata antes de uma postura normativa do autor perante seu conceito de política. O que nos resta desta discussão é notar como a indignação, pelo modo da aclamação adversa, apresenta-se como um modo específico de legitimação simbólica do poder e do direito. Com efeito, como veremos abaixo, isso se torna possível pela forma comunicacional do escândalo.

3 O "lado inverso da justiça": Escândalos e indignação como "big-bang simbólico" de gênese normativa na teoria luhmanniana

Uma das teses mais impactantes de Luhmann sobre direitos humanos, entre muitas outras, é que os escândalos das violações dos direitos humanos devem ser entendidos, paradoxalmente, como sendo o fundamento de validade (*Geltungsbegründung*) destes mesmos direitos **(1992a, 27f, 1993a, 574f; 1995b, 222f)**.[32] Considerando-o como um dos "indicadores mais significativos do sistema jurídico de uma sociedade mundial" **(1993a, 574)**, tal "paradoxo contemporâneo dos direitos humanos ganharia relevância nas

---

[32] Luhmann **(1991, 273f, 1995b, 218)** distingue as justificações de validade das condições de validade. A justificação e "legitimação" incluiria tanto a produção de validade (*Herstellung von Geltung*) como a apresentação de razões (*Angabe von Gründen*) **(1995b, 218)**. As condições de validade, por sua vez, pressuporia a diferença entre direito válido e direito inválido, sendo entendida como a positividade do próprio direito - como a circularidade simbólica do "símbolo-validade" como algo que mantém a continuidade na descontinuidade, ou seja, a operacionalidade do próprio sistema jurídico. **(1991, 280f, 1993a, 114f).**).

turbulentas relações mundiais **(1993a, 581),** Luhmann afirma que

"(...) O que se observa é uma forma muito elementar (*ürsprungliche*) de génese normativa baseada em acontecimentos escandalosos que são noticiados em todo o mundo pelos meios de comunicação em massa. (...) Não se está então obrigado a comparar texto legal e comportamento para extrair daí a conclusão se algo violou ou não o direito. A um nível muito mais *imediato*, o próprio escândalo pode gerar uma norma (que nem sequer foi formulada de antemão). (…) Apenas e de forma primária e direta, pela sua violação e a correspondente indignação (*Empörung*) de um *colère publique mondial* à moda de Durhkeim, os direitos humanos adquirem a sua justificação de validade. (...) Uma formatação jurídica, uma regulamentação de direito público internacional, podem ao máximo ligar-se a ela, mas não assumem o papel de fonte jurídica (*Rechtsquelle*)". **(1992a, 27-28)**[33]

Luhmann lista então casos que seriam enquadrados como "experiências exemplares de injustiças" - ou seja, "injustiça ou ilegalidades, em todo o caso"! (*"Unrecht auf jeden Fall!"*), que se diferenciam "da mera raiva". O "critério diferenciador" seriam as experiências que corresponderiam às mais claras, "mais evidentes e chocantes violações das medidas mais básicas da dignidade humana". Ele afirma, ainda, que "a indignação evidente e flagrante

---

[33] Apesar de Luhmann parecer lidar com o paradoxo da violação de uma norma que não foi previamente formulada como sendo algo específico dos direitos humanos, ele estranhamente não relaciona a questão com as suas considerações sobre a "circularidade" da validade do sistema jurídico, apesar de seguir padrões semelhantes. Na verdade, ao escrever sobre a "evolução do sistema jurídico", Luhmann formula exatamente isto ao considerar as "variações" dentro do próprio sistema jurídico: "Isso acontece certamente retrospectivamente (*nachträglich*), por ocasião de um comportamento que, a posteriori, se mostra como uma frustração de uma expectativa. O caso torna a norma visível, uma norma que não existia como estrutura de comunicação social antes do caso. *Ex facto ius oritur* **(1993a, 257),** referindo-se na nota de rodapé à discussão dos direitos humanos. A diferença de ênfase entre os dois (especialmente após **Fischer-Lescano 2007, 2013**) parece ser que, no Direito positivo e no Direito público internacional, é o caso (*"ex facto"*) que torna a norma visível ("cria" ou "origina a lei" - *ius oritur*), enquanto que com os direitos humanos seria a violação (*iniuria*). A diferença, porém, não parece ser clara. Poder-se-ia dizer que a perspectiva "gênese" (*"oritur"*) pode dificultar a compreensão mais complexa tanto da validade como símbolo de circulação no Direito positivo como da validade dos direitos humanos, caindo de novo para uma semântica de "fontes jurídicas".

só poderia ser falada em relação aos direitos humanos (...). Aqueles que reagem nestes casos com indignação e exprimem as suas expectativas contrafactuais não precisam de esperar encontrar dissenso - quase como se o sentido normativo fosse coberto por um poder sacral". **(1992a, 28).**

Além disso, os fundamentos da sua validade não seriam claros, nem os seus textos precisos. A sua validade viria "da evidência da violação ao direito (*Evidenz der Rechtsverletzung*). Face a "cenas de horror de muitos tipos, novas discussões são supérfluas". A discussão de qual norma e, especificamente, em que textos se baseiam, não importa (1993a, 577)

Estes casos só constituiriam delitos de direitos humanos quando "experimentados de forma unificada em todo o mundo (*welteinheitlich erfahrenen*) por ocasião de ocorrências simplesmente inaceitáveis, (...)! **(1992a, 30).** Portanto, "visto cognitivamente, trata-se de paradoxos, que não são lógicos, mas de autobloqueio da cognição que são criativamente solvíveis. Visto normativamente, trata-se de escândalos com potência de geração de normas": *ex inuiria ius oritur*.[34]

---

[34] ver **Fischer-Lescano (2007, 85; 2013, 25):** "Se não for uma dessas violações de clara injustiça, o que mais, então, poderia transformar algo que era direito em algo ilícito (*Unrecht*)?". **Fögen (2003, 104)** afirma que o ilícito (ou até o injusto neste contexto específico: *Unrecht*) opera no sentido de "tornar o sistema jurídico "visível" e constituí-lo fundamentalmente. (...) "Direito lícito" ("*Recht*") não faz sentido se a "ilicitude" (*Unrecht*) não aparecer. O Direito (*Recht*) só pode então originar-se - como conceito, como comunicação, como sistema - quando o conceito oposto "ilícito" ("*Unrecht*") é conhecido. (...) É primeiro com um ato de ilegalidade (ou até de extrema injustiça *Unrechtsakt*) (...) que se cria a estrutura binária, da qual os sistemas sociais necessitam. Numa história fundadora do Direito, porém, a ilicitude (*Unrecht*) deve ser visível, incontornável (*unübersehbar*), *escandalosa*". Fögen vê alguns escândalos como o "big bang simbólico" dos sistemas de valores, funcionando como um lado invertido (*Kehrseite*) da justiça; como seu "mito fundacional" **(2003, 77;** Ver também **Luhmann, 1989, 49f.;** sobre a necessidade de mitos de origem para o sistema legal **Vesting, 2011, Koschorke, 2007, 7f).** Mais do que apenas fazer parte de uma "paragem de reflexão" epistemológico-normativa, "justificações ou mitos de origem" nos sistemas jurídicos e políticos são constantemente reinterpretados e acualizados em diferentes constelações históricas, sociais e culturais **(Assmann, 1999, 2013).** Mesmo que assumamos, como Fischer-Lescano corretamente demonstra, que os escândalos de direitos humanos podem fomentar a "circulação simbólica informal da validade dos direitos humanos" e uma estética sóciojurídica de contestação **(2013),** a tese dos escândalos de violações dos direitos humanos diz muito pouco sobre os condicionamentos destas violações,

(1992a, 31-32) Ele considera ainda que os direitos humanos não podem ser geridos como uma unidade de uma norma, nem como um valor. "No entanto", afirma, "parece constituir aqui uma sensibilidade específica e mundial de aplicação (*weltweit durchsetzende Empfindlichkeit*)" **(1993a, 580)**

Esta objeção e indignação estrutural mundial iria além da "tradição europeia", indicando que se pode esperar que toda a "sociedade mundial se deixe escandalizar suficientemente pela intolerância drástica, e construa sobre ela um quadro de normas que sejam independentes das tradições regionais e dos interesses jurídico-políticos regionais". **(1993a, 582)** Além disso, isto seria baseado num "bom gosto jurídico" partilhado (*Rechtsgeschmack*)[35]: "seria de mau gosto (*geschmacklos*), depois de enfrentar tais atrocidades, ir buscar em textos ou na ordem jurídica localmente válida para perguntar, se algo assim é permitido ou não. O problema reside na comunicação de tais violações e na manutenção da atenção pública face à escala maciça e à reprodução contínua dos fenómenos". **(1995b, 221).**

Luhmann, contudo, é um pouco céptico em relação às dificuldades da instauração deste sistema mundial-legal de direitos humanos. Ele considera que a "aquisição evolutiva" denominada constituição, entendida como um acoplamento estrutural entre direito e política, não tem um equivalente funcional na sociedade mundial (1993a, 582, 470f), sendo o "segundo" paradoxo dos

---

e muito menos sobre as conquistas evolutivas da aplicação e desenvolvimento dos direitos humanos que ocorreram sem escandalização. No caso específico dos direitos humanos, a iconografia das violações dos direitos humanos abrange os "corpos" feridos (corpos e almas traumatizados), que poderiam eventualmente alimentar uma resposta a "traumas culturais" **(Joas, 2011)**, tornando "plausível" **(Luhmann, 1997, 500f)** uma semântica cultural e jurídica de "reivindicações universais (ou inclusivas) semelhantes às legais. Sobre isso, ver o estudo de **Ribeiro e Egio, no prelo,** além de **Ribeiro, 2020.**

[35] "(...) também se poderia recorrer ao julgamento em questões de bom gosto jurídico (*Rechtsgesmack*) para deixar claro que não se trata de uma questão meramente cognitiva, nem de um emprego de razão prática sob a forma de lei moral" **(1993a, 557).** Além disso, Luhmann fala de um apelo a critérios, que não estão enraizados na razão. Ele considera as ideias estéticas, que teriam, no entanto, o problema de não estarem ligadas à construção de consensos". **(1995b, 225).** Ver, mas de forma mais "conceptual" e menos sociológica, embora trabalhando com "mimese estética" e direitos fundamentais e humanos, **Fischer-Lescano, 2013, 90f, 107.**

direitos humanos a necessidade de tornar positivos os direitos suprapositivos, uma prova da sua dependência da instituição do estado territorial. O sistema jurídico mundial, sem equivalentes funcionais à constituição e ao Estado, correspondentemente, seria mais semelhante às "formas de organização das sociedades tribais" **(1993a, 574, 1995b, 221).**[36] Isto tornaria a situação dos direitos humanos dependente do "desdobramento" mais contemporâneo do seu paradoxo: da mesma forma que "os produtos civilizacionais são reconhecíveis nos seus limites", "a forma mais atual da reivindicação dos direitos humanos poderia também ser a mais primitiva. As normas são reconhecidas na sua violação. Da mesma forma que as expectativas são geralmente tornadas conscientes primeiro após a sua frustração, também as normas são reconhecidas na sua violação". De facto, Luhmann vai suficientemente longe para sugerir que talvez fosse tempo de encontrar novas formas ou paradigma para desdobrar (e invisibilizar) este paradoxo, uma vez que parece "insuficiente", e, devido à crescente inadequação das medidas estatais e ao aumento da atenção pública a este tipo de questões, o paradoxo tornou-se "demasiado" evidente **(1995b, 221-222),** incorrendo nos perigos da "inflação ideológica" da semântica dos direitos humanos.[37]

Não se pode abordar aqui todas as questões da abordagem da teoria de sistemas sobre direitos humanos,[38] âmbito no qual as

---

[36] A ordem jurídica mundial seria semelhante às formações "tribais", porque teria de renunciar tanto à "autoridade sancionatória organizada" como às "definições autênticas de violações legais com base em regras conhecidas". **(1995b, 222)**

[37] " As "violações das normas" no modus "escândalo" são também um dos "seletores" do sistema dos meios de comunicação de massas, que pela sua difusão, ressonância e escalada, incita os sentimentos de consternação e indignação comuns. São geralmente associados à criação de uma atmosfera de "extraordinariedade", espetáculo e moralização. Os escândalos também gerariam o efeito da revelação da verdade, porque o conhecimento comum sabe que o que é dito em privado é normalmente mais sincero do que o que é dito na esfera pública. Não obstante, este seletor de "escandaloso/não escândaloso" permanece ele próprio invisível. **(ver 2017[1995], 44f, 59, 141).** Os "temas" também podem tornar-se mais propensos ao escândalo **(1990a, 175-6).**

[38] **Teubner (por exemplo, 2006, 2012) e Fischer-Lescano (2007, 2013)** desenvolvem uma concepção mais ampla dos direitos humanos no quadro da teoria dos sistemas, desenvolvendo ainda mais a noção de escândalo e *colère publique mondial* no processo de formações jurídicas para além do Estado nacional, incluindo aí a ordenação privada. Para uma crítica da "tese da

considerações luhmannianas sobre o escândalo ganham seus contornos mais conhecidos para a sociologia jurídica. Estes elementos, contudos, podem ser extrapolados e trabalhados para outros contextos da relação entre direito e esfera pública. O que nos interessa, aqui, é como se trabalha a noção que indignações coletivas dadas pela formula escândalo são tratadas pela teoria luhmanniana para demonstrar a evidencia e a plausibilidade[39] de violações, fornecendo um fundamento de validade e uma força de persuasão que opera como uma "paragem de reflexão" direta, ou seja, que dispensa discussões, procedimentos ou argumentos para sua demonstração. Assim, a experiência mais "evidente" e chocante com a violação, gera, cria (quase *ex nihilo*) a própria norma, conferindo-lhe validade, revestindo-lhe de um efeito de realidade e verdade por uma forma direta e primitiva.

A tese dos escândalos de violação de direitos humanos como fundamento de sua validade a partir da indignação coletiva dentro da teoria luhmaniana já é conhecida na literatura da sociologia jurídica principalmente pelos trabalhos de Teubner, Fischer-Lescano e Marcelo Neves (ver nota 38, acima). Ademais, um estudo pioneiro e menos conhecido que apresenta uma abordagem sociológica luhmanniana utilizando "escândalos" para analisar a história do

---

escandalização", ver **Ladeur/Augsberg, 2008, 105f.** Para o conceito de direitos humanos e a sua força simbólica ambivalente, distinguindo "públicos fortes e fracos" e "formas" jurídicas fortes e fracas do potencial de escandalização dos direitos humanos, **Neves, 2007 e 2013**. Para a história das três formas de desdobramento do paradoxo dos direitos humanos de Luhmann, ver **Luhmann 1995b, 1993a, 574f.** Por seu turno, **Verschraegen, 2002,** segue um "ponto de vista sociológico" e não parece diferenciar os direitos fundamentais dos direitos humanos. Finalmente, ver também **Moeller, 2008**, onde analisa a concepção "não-humanista" de Luhmann dos direitos humanos, a diferenciação da semântica (valor das normas indispensáveis) e a função (estrutura - manter o futuro aberto aos sistemas sociais) dos direitos humanos. Considera-os como "adorno semântico da indiferença estrutural". Para os direitos humanos como "inclusão" no (sistema jurídico da) sociedade mundial, ver por exemplo **Moeller, 2008, 135f, Neves 2007**

[39] As ideias são plausíveis quando esclarecem diretamente (*unmittelbar einleuchten*) e não precisam de ser mais substanciadas com razões (*begründet*) no processo de comunicação. Pode-se falar de evidencia (*Evidenz*), quando algo clarifica (*einleuchtet*) sob a exclusão de alternativas" **(1997, 548f).** O nível metafórico de "evidência" (tanto como prova e obviedade ou auto-evidência) como o acesso sensorial ao mundo por visão deve ser claro mesmo na etimologia do termo (evidentia, "vedere", "ver").

Direito Romano e a evolução do sistema jurídico foi apresentado por Marie Therés-Fögen, quem argumenta que os escândalos são apenas um momento de "variação". O problema da "seleção" ("o calvário da decisão") é maior e depende da co-evolução dos sistemas sociais e da semântica. Para ela, nos casos muito contingentes em que os escândalos são seguidos por seleções bem sucedidas, os escândalos podem marcar um "evento" (*Ereignis*) para um sistema, ou seja, uma distinção relevante "antes/depois". Os escândalos podem, portanto, funcionar de forma semelhante ao conceito de crise de **Koselleck (1992):** ou seja, apresentam uma cisão (*eine Scheidung*) que deve ser decidida (*ent-schieden werden*). Neste sentido, os escândalos podem por vezes funcionar como uma "marcação negativa" para "valores" ou "normas", trazendo a sua suposta violação ou perigo para o centro da "semântica condensadora" da atenção. Podem participar, como marcadores negativos, na cristalização de "valores", sendo este último uma "paragem de reflexão" **(Fögen, 2003).** Na sua função justificadora e legitimadora, os escândalos podem (em muitos poucos casos) funcionar, em relação a um determinado sistema, como "uma narrativa dos começos" ou como "*big bang simbólico*", especialmente introduzindo performativamente o início do lado negativo do código. Para o sistema jurídico, o escândalo significa, pois, a emergência de seu lado negativo, "*Unrecht*". Daí o motivo pelo qual Fögen afirma que escândalos coletivos de indignação percebida representam "a outra face da justiça" (*die Kehrseite der Gerechtigkeit*). **(Fögen, 2003)**

Com efeito, nota-se que o enfoque das considerações luhmannianas acima acerca do escândalo, principalmente voltadas ao âmbito dos direitos humanos (e generalizada para a instituição simbólica de sistemas normativos por Fögen), focam-se na noção de "gênese normativa". Trata-se de demonstrar como indignações coletivas, cuja forma é dada pelo escândalo, fundamentam a validade de pretensões normativas criando a percepção de uma violação direta e imediata, evidente, que funciona como um "big bang simbólico" e instaura uma percepção de "injustiça violada". Tal processo, pois, funciona como uma legitimação simbólica de construções normativas ao gerar também uma relação de evidência, de verdade, da sua violação. Aqui, o elemento negativo ganha precedência na plausibilização e legitimação de construções normativas.

Como veremos, contudo, ademais de esta "gênese normativa",

estudos contemporâneos da sociologia do escândalo apontam, ademais para outros elementos que vão além da mera gênese de normas. Com efeito, o escândalo como forma de relação entre esfera pública, normatividades sociais e direito tem grande espaço em reflexões que vão desde a teologia, passando por institucionalização no direito canônico e seguem até estudos contemporâneos. Apesar de grande diversidade dos diversos textos que tratam da noção de escândalo em contexto jurídico, um elemento desta literatura resta muito claro: seja na teologia, seja nos usos institucionais do termo no direito canônico, seja em estudos de caso contemporâneo, o escândalo sempre atua no direito como um momento em que os procedimentos jurídicos entram em cheque e se cria uma necessidade ou oportunidade para adotar decisões ou posturas anti-procedimentais. Ou seja, mais do que a mera gênese de normas, os estudos especializados sobre o escândalo no direito apontam muito mais para o deslocamento simbólico das comunicações jurídicas de procedimentos rotineiros para considerações anti-procedimentais.

4 Escândalos como oportunidades de deslocar o procedimento: Elementos de uma sociologia jurídica do escândalo e sua gerência

Um estudo já clássico sobre a história do conceito de "escândalo" foi realizado pelo teólogo Gustav **Stählin (1930, 1961),** cuja análise aponta para uma história complexa principalmente através da análise de traduções bíblicas **(em inglês, ver Thompson, 2000, 11f).** Em resumo, os primeiros usos profanos do termo encontram-se numa comédia de Aristófanes. Aqui, relativamente a um procedimento judicial, o discurso de acusação "espetacular" foi metaforicamente comparado com um "escândalo"*(Σκανδαληθρον - Skandalethron),* em uma palavra denotava o pedaço de madeira, um gatilho (ou mola), utilizado em armadilhas (*Stellholz*) para capturar e aprisionar animais. **(1961 p: 339, 1930, para inglês, Maltby, 1830, 603; Bryan, 1998, 8f).** Mas foi com a tradução Septuaginta do Antigo Testamento que o termo ganhou a sua conotação religiosa mais ampla e mais complexa. Stählin defende a tese de que teve lugar uma "assimilação conceptual secundária" **(1930, 130; 1961, 341),** assimilando dois significados hebraicos diferentes (מוֹקֵשׁ and מִכְשׁוֹל) na tradução do grego Greek "Skandalon" (Σκάνδαλον) resultando num conceito religioso de obstáculo no caminho, uma colisão, uma pedra de tropeço (*Stolperstein e Stein des Anstoßes*) e também a "ocasião de ruína religiosa".[40]

O boom do conceito e os seus usos ambivalentes é atribuído ao Novo Testamento. Na Vulgata, o termo adquiriu um significado muito mais diferenciado. Se no Antigo Testamento, o escândalo era entendido como uma rede associativa de violações legais, vergonhas e pecados em oposição semântica à "justiça e costumes", no Novo Testamento o termo adquiriu uma característica de um pecado de "queda espiritual" resultando numa grave ameaça à vontade de Deus e à fé cristã". Foi também visto como um teste para a comunidade cristã, que deveria reagir com indignação de violações prejudiciais.[41] Teologicamente o termo adquiriu uma grande diferenciação em relação às escandalizações "positivas e negativas" (ver por exemplo **Foussier, 2009, Aquino, 1947**).[42]

Entre os séculos I e VIII o termo empreendeu então uma moralização crescente, popularização e psicologização, segundo a qual o termo passou a significar ultraje, indignação, perturbação social na consciência e na sociedade (**Stählin 1961, Brunkhardt 2005, 67f, Käsler, 1991, 70f**). Um ponto muito importante é que, no domínio discursivo alemão, este é o uso mais proeminente do termo, especialmente após a tradução de Martin Luther do "escândalo" como "*Ärgernis*" ("indignação", "ultraje", ver **Seil, 1971 504-5**), algo que sublinha principalmente a parte externa e ativa do conceito

---

[40] Stählin (1961:340) afirma ter ocorrido um conjunção de significado de dois conceitos ou "quadros de significado" diferentes: **(ver Stählin, 1930, 88ff)**. A questão é que, na Septuaginta, as palavras hebraicas *Môqesch* (מוֹקֵשׁ) e *Mikschôl* (מִכְשׁוֹל) são ambas traduzidas para o grego σκάνδαλον **(1961:341)**. O termo adquire então um "excedente de significado", um significado religioso. Como ocasião da ruína espiritual e do impacto causado. Aqui o impacto, o obstáculo e o impulso são amalgamados. Seria possível compreender que o impacto pode ser entendido como uma "violação" e perigo para a fé e por vezes um estímulo à necessidade de expiação (*Anstoß zum göttlichen Gericht*), i.e. Juízo Final ou escatologia **(1961 : 341)**.

[41] **Stählin 1930, 1961, Thompson, 2000, 12f, Burkhardt, 2015, Käsler, 1991, 69f.** Para "testes contemporâneos", ver **De Blic/Lemieux 2005.**

[42] Da mesma forma que o era no Antigo Testamento, "σκάνδαλον ainda denota no Novo Testamento, uma relação com Deus: é tanto um obstáculo à fé como uma causa para perder a fé. Semelhante ao Antigo Testamento, é tanto causa de culpa como de queda; "porque a queda da fé é a queda mais significativa". **(p. 345)** Se o VT estava mais relacionado com a violação de costumes e leis, o Novo Testamento acrescenta o significado de ocasiões sedutoras para o pecado e a queda. **(1961: 347-8)**. Para outros usos, ver Stählin, **1961, 352 f.**

teológico e que de certa forma impediu a recepção dos debates teológicos sobre o conceito.

Nos séculos XII e XIII o termo adquiriu uma relevância teológica e moral notável **(Seil, 1971, Nemo-Pekelmann, 2007, Foussier, 2009, Bryan, 1998, 315)**. A par de outras obras de destaque, o tema ganhou destaque pela extensa classificação e desenvolvimento empreendidos por Tomás de Aquino (**1947[1272]**) **Summa Theologiae (II, IIa, cuastio 43)**. São Tomás de Aquino trata extensivamente escândalos como um pecado "contra a beneficência" e "contra a caridade" (isto é, "uma injustiça contra o amor do próximo"[43]) porque pode constituir a perda de "pontos de referência morais comuns" e a possibilidade permanente de indisciplina e desordem. O ponto principal aqui é a ligação entre escândalos e o carácter de *exemplaridade* (referência a um terceiro - o "vizinho" - *proximum*) e trazer a "ruína espiritual ao seu vizinho e a toda a comunidade".

Esta tradição teológica, é possível afirmar, teve grande influência inclusive na filosofia. Veja-se, por exemplo, os usos que Kant faz da teologia do escândalo em seu texto "Para a Paz Perpétua", tal como argumentado por **Pievatolo 2013**. Tais contornos teológicos do conceito já são conhecidos e estudados por sociólogos de escândalo (por exemplo **Käsler, 1991, Brunkhardt, 2015**). No entanto, para além dos conhecimentos que a história e etimologia do termo podem oferecer, a importância do escândalo na teologia e filosofia moral, no entanto, não fazem justiça à maior relevância social que o termo adquirido como "terminologia jurídica" **(Seil, 1971)** e "categoria jurídica" **(Fossier, 2009)** nas doutrinas do Direito Canónico,

---

[43] ... *"beneficentiae opponuntur"*,... *"contra caritatem"*, ... *"iniuste proximum"* (**São Tomas de Aquino, 1947**). Para um estudo de referência sobre a "teologia política da vizinhança" na abordagem dos direitos fundamentais, ver a proposta de **Vesting, 2014**. Para o tema dos direitos humanos, de uma forma algo paralela a este ensaio, ver as análises de **Hauke Brunkhorst, 2005, cap. 1.**, onde ele desenvolve algumas pré-formulações da terminologia da solidariedade em semântica semelhante da caritas e da fraternidade na Idade Média. Segue-se então uma genealogia semântica da solidariedade e dos direitos humanos. No entanto, uma "teologia política do escândalo" parece ser problemática, porque "escândalos" não são nem "conceitos da teoria do Estado", como proposto por Carl Schmitt, nem institucionalizados no sentido estudado por Ernst Kantorowicz no seu "Os Dois Corpos dos Reis". Há, no entanto, alguma tentativa de desenvolver uma espécie de "teologia (sociológica) política" de escândalo: ver **Girardi (2014)**.

especialmente pelas suas aplicações e interpretações do mandato teológico tornado proeminente nestes séculos: "evite o escândalo!" - *"proter vitandum scandalum"*.

Como afirma Leveleux-Teixeira **(2013, 202)**, foi sobretudo com os canonistas, mais do que com os teólogos, que *"l'horreur du scandale"* se manifestou mais presentemente e tomou formas institucionais. Para ela, "enquanto os teólogos estavam mais concentrados nas questões morais", e "mesmo que os aspectos morais estejam também incontestavelmente presentes nos discursos dos canonistas", estes últimos "privilegiaram a questão da organização coletiva e da identidade comunitária" ao tratar do escândalo. Historicamente, um elo potencialmente produtivo para o alargamento sociológico da nossa compreensão do escândalo parece ser o Direito Canónico.

É possível resumir alguns resultados destes estudos: Após o boom teológico da teologia do escândalo dos séculos XI e XII, a Lei Canónica incorporou menções ao "escândalo" na sua doutrina. A propósito, o escândalo está presente em muitos artigos do Codex Iuris Canonici (**CIC 1917, 51 entradas, CIC 1983, 28 entradas; ver Naz, 1965**) e o mandato "evitar o escândalo" (*propter vitandum scandalum*) é dito por alguns ser até um critério ou marco normativo no Direito Canónico. Neste sentido, foi aplicado como um "significante solto e vazio", como um "puro significado" e "noção de conteúdo variável" - *"une interface juridique flottante"* - para que "normas de conhecimento popular e comum pudessem ser ligadas ao Direito". **(Nemo-Pekelman, 2007, 491, Leveleux-Texeira, 2013, 200f).**

Em sua crescente utilização e significado, o conceito foi fortemente utilizado no sistema disciplinar do Direito Canónico. Sobretudo no domínio da normalização do comportamento dos clérigos **(Foussier, 2009, Nemo-Pekelman, 2007, Meyer, 2011)**. Aqui, a missão dos clérigos coloca-os numa posição de destaque, e o seu comportamento público deve ser um de dar bons exemplos. Isto encontra correspondência tanto na teologia (como em Tomas de Aquino) como na sociologia contemporânea do escândalo **(Ebbighausen, 1989)**, de que as posições de "atenção condensada ou proeminência", representação e poder são normalmente mais propensas a escândalos, sendo a exemplaridade uma característica definidora. Teologicamente, a imagem da Santa Igreja, a sua missão divina, e o mandato teológico *propter vitandum escandalum* (cuja própria emergência poderia causar a ruína espiritual e consumar um pecado mortal), estavam especialmente em risco quando a imagem pública dos clérigos estava em jogo. No entanto, a relevância jurídica do termo escândalo foi progressivamente alargada para incluir a "disciplinarização" da população cristã e, mais tarde, até dos leigos **(Foussier, 2009, Meyer, 2011, Foucault; 2014, 175 f.).** Foi assim, pois o que estava em jogo pelo surgimento de escândalos era o próprio laço (espiritual) da comunidade. Tal como em Tomás de Aquino, nem a intenção nem a veracidade são primordiais na constituição de escândalos, mas sim a exemplaridade. O "instituto jurídico disciplinar" do escândalo tornou-se progressivamente um marco para as medidas disciplinares de conduta pública na Europa do século XIII **(Foussier, 2009, Astigueta, 2012, Naz 1965, Bryan, 2008).** Isso teria sido transladado para a "administração pública" da Europa do século XII **(Meyer, 2011)** e para o "*derecho indiano*" das colónias espanholas do século XVII (**Agüero, 2008**). Tal "carácter disciplinar" da doutrina do escândalo canónico foi fundamental para moldar as relações dos poderes canónicos e disciplinares públicos. Isso poderia ser visto inclusive nas "Cartas do Rei (cedulas reales)" dirigidas tanto a Bispos como a funcionários públicos (**Agüero, 2008** e **Escriche, 1863**).

Além disso, foi dito que o conceito era crucial para a diferenciação entre "pecados e crimes". Funcionou neste contexto como um "marco legal" para distinguir, por um lado, "pecados e crimes privados" - que eram regulados em foros privados com penitência privada, confissões, deslocação forçada de clérigos de uma paróquia para outra -; e, por outro lado, pecados e crimes públicos, cuja penitência e punições, ou rituais de expiação, se realizavam publicamente (Ver comentários em **Naz, 1965**). Estudiosos como Christoph **Meyer (2011, 133, 145)**, afirmam que esta diferenciação, poderia ser pensada até para marcar o início do desenvolvimento da "esfera pública (*Öffentlichkeit*) já na Idade Média", em que o "conceito de escândalo" era um conceito operativo central na co-evolução da política, religião e direito (na altura ainda não diferenciado), no sentido de que através de rituais, procedimentos e casos jurídico-canónicos, os escândalos fariam a diferença público/secreto (*Öffentlichkeit/Geheim* - Ver também **Foucault, 2014**). **Foussier (2009), Bryan (2008)** e **Nemo-Pekelman (2007)** afirmam que a "doutrina do escândalo" e o mandato "*propter vitandum scandalum*" foram fundamentais para atribuir maior destaque ao desenvolvimento da instituição do "confessionário". O mandado de se evitar o escândalo foi tanto uma justificação como uma "linha de orientação" (manuais) da confissão distribuída aos clérigos.

Por último, o escândalo e a argumentação (jurídica) dos escândalos são também uma forma de "obtenção de provas e de verdade" para o sistema jurídico da época. Partindo da noção de que o "escândalo" é per se um "mal" completo e consumado, cujas consequências imediatas poderiam levar à ocasião da ruína espiritual do vizinho através de um "mau exemplo", só a mera aparência de escândalo poderia ser suficiente como meio de constituir prova. (**Meyer, 2011, 133**).

O próprio aparecimento de um escândalo significou imediatamente a sua consumação como um pecado perigoso contra a fé e a comunidade. O escândalo é então simultaneamente a prova de um pecado e de um pecado em si mesmo. Não é por acaso que a busca da verdade e da prova do direito através da "argumentação do escândalo" aparece ao lado de outras formas públicas de "produção de verdade e prova" no direito, tais como o julgamento por combates, por Deus ou por provações (*Ordalien*), que foram substituídas pela tortura (**Foucault; 2014, Agüero 2008, Lepore, 2016**) e pelo julgamento pelo júri. Todos eles constituem procedimentos de produção de provas ou de verdade legal, baseados em procedimentos públicos ritualizados. No entanto, também em relação à verdade foi um escândalo ambivalente. Era por vezes um fenómeno produtor de provas, constituindo performaticamente um pecado ou ofensa perante a Lei e fornecendo simultaneamente provas deste pecado. Noutros casos, a oposição à verdade era tão grave, que o escândalo devia ser ponderado (**Leveleux-Texeira, 2013, 196**). O mandato para evitar o escândalo significava muitas vezes ocultar a verdade, algo que era teologicamente e canonicamente problemático, especialmente considerando a doutrina da "tripla verdade" ou *triplex veritas* (**ver Nemo-Pekelmann, 2007, Bohlen 1836, p 97**).

Contudo, considerando a necessidade de "evitar escândalos", o que o instituto apresentou foi *uma maior margem de apreciação e abertura para decisões casuísticas*: "O paradoxo é que este mesmo escândalo, que em alguns casos leva a um reforço do controle social pelo direito, pode também resultar em outras hipóteses, num fenómeno de desregulamentação ou desrespeito pela lei" (**Leveleux-Texeira, 2013, 210** ver também, **Agüero, 2008, 169f**).

Com esta pequena incursão acerca de elementos específicos da sociologia jurídica do escândalo já podemos ver que mais do que meramente "gênese de normas", o escândalo como forma de comunicação apresenta uma relação mais complexa com a normatividade jurídica. Com efeito, o próprio Luhmann já havia trabalhado em outros contextos tanto o caráter de pressão às instituições que o escândalo gera e a relação do escândalo em deslocar o contexto da comunicação jurídica para terceiros não envolvidos, ou seja para um público real ou imaginado. (**Luhmann, 1972, p. 61 s**). Vemos que o escândalo foi, ademais, utilizado como instrumento disciplinar e constitutivo para noções de ordem pública e, tendo em vista seus contornos de larga carreira teológica, como elemento articulador para proteger a ordem moral e coesão supostamente ameaçada de comunidades específicas. Em quase todas as análises do escândalo, contudo, o que aparece, muito mais do apenas uma gênese normativa, é o deslocamento dos procedimentos rotineiros para um momento "extraordinário e perigoso", em que é necessário contornar o procedimento e adotar posicionamentos consequencialistas. A conclusão a que chegamos é que além da fundamentação simbólica de gênese normativa, o que a forma comunicacional do escândalo opera é, acima de tudo e para o bem o para o mal, uma pressão ou obstáculo para os procedimentos e sua legitimação.

5 Considerações finais: da constitucionalização simbólica ao constitucionalismo no escândalo

Creio que esta hipótese teórica, aqui introduzida como uma passagem do primado da legitimação simbólica por procedimento para uma legitimação por escandalização, ainda que algo ainda tímida, poderia eventualmente contribuir em algumas direções: em primeiro lugar, no espírito deste livro coletivo que celebra as obras de Marcelo Neves, propondo um argumento paralelo, secundário, subsidiando ou desenvolvendo sobre as noções de Neves da ambivalência da força simbólica dos direitos humanos (e da democracia constitucional) e das suas dificuldades ou crises contemporâneas (**Neves, 2007 e 2003**). Em segundo lugar, chamando a atenção para a literatura algo esquecida sobre o escândalo e apontando, portanto, algumas insuficiências dos argumentos atuais que ainda não desenvolvem a questão em profundidade nem a desenvolvem a um nível conceptual, ao mesmo tempo que a consideram como um elemento principal da sociologia dos direitos humanos. Em terceiro lugar, poderia também ser o primeiro passo para propor um novo ponto de vista teórico ao abordar a chamada crise do constitucionalismo na sua percepção de perda de força simbólica. Um quarto ponto possível poderia também consistir em apresentar alguns argumentos que abordem a necessidade de uma maior conceptualização e discussões sobre a ligação entre escandalização e normatividade, tanto dentro da teoria dos sistemas sociais luhmannianos como externamente, ou seja, como uma questão independente de relevância sociológica (e provavelmente também sociopolítica).

Com efeito, uma das principais características das obras de Neves sobre a temática acima referida é a complexidade com que concebe o carácter simbólico carregado dos direitos humanos e fundamentais. Neves evita o enquadramento dualista conceptual algo habitual do reino simbólico da normatividade versus o reino da concretização empírica ou factual da facticidade. Não há, por um lado, qualquer exaltação de uma "força normativa da constituição" à la Hesse ou de algumas possíveis "forças sociais e estéticas" no Direito (ver, por exemplo, **Fischer-Lescano, 2013**) a ser encontrada na sua obra. Também não existe, por outro lado, uma completa refutação do reino simbólico do ponto de vista de uma *Realpolitik* ou de um estruturalismo unidireccional que tudo determina.

Partindo do ponto de vista do âmbito simbólico, eixo deste ensaio, poder-se-ia interpretar os esforços de Neves como abordando a complexa interação de simbolismo e concretização - ou de validade, concretização e eficácia - sempre no contexto de outras variáveis, principalmente: inclusão/exclusão; esfera(s) pública(s) pluralista(s), assimetrias em regiões da sociedade mundial e formas fracas/forte de direitos. É esta característica do seu trabalho que permitiu uma teoria consistente tanto para a dura crítica ao "constitucionalismo simbólico", especialmente em contextos da América Latina, como para a noção de que os direitos humanos consistem num "imperativo normativo" da sociedade mundial moderna.

Talvez, as contribuições deste ensaio, ainda que contem com limitações e necessitem de maior investigação, possam contribuir para um elemento que aponte que ademais dos problemas da constitucionalização simbólica, com sua estrutura de mera fachada seletiva, esteja agora enfrentando outro obstáculo que parece minar precisamente esta dimensão simbólica: as pressões exercidas pelas indignações coletivas da esfera pública desagregada que, por suas pressões por legitimação pela indignação, terminam por minar a legitimação pelo procedimento, tão central ao constitucionalismo democrático.

Referências bibliográficas

AGAMBEN, Giorgio (2007) *Il Regno e la Gloria*: Per una genealogia teologica dell`economia e del governo (Homo sacer, n,2) Neri Pozza

AGÜERO, Alejandro (2008) Castigar y perdonar cuando conviene a la República La justicia penal de Córdoba del Tucumán, siglos XVII y XVIII. Madrid, Centro de Estudios Políticos y Constitucionales.

ALMOND, Gabriel and VERBA, Sidney (1963). *The Civic Culture*: political attitudes and democracy in five nations. Princeton University Press, 1963

AQUINO, Sao. Tomas (1947[1272]) *The Summa Theologica*. (translated by the Fathers of the English Dominican Province). Benziger Bros. Eedition, 1947. (availiable in: http://dhspriory.org/thomas/summa/SS/SS043.html#SSQ43 OUTP1)

ASSMANN, Aleida (1999) *Erinnerungsräume*. Formen und Wandlungen des kulturellen Gedächtnisses. München. C.H. Beck Verlag

ASTIGUETA, Damián G. (2012) „Escándalo" in Javier Otaduy/ Antonio Viana/Joaquín Sedano (Eds.) *Diccionario General de Derecho Canónico*. Vol. III. (Demanda judicial – Filiación). Instituto Martín de Azpicuelta. Universidad de Navarra. . p693-696

BAECKER, Dirk (2007) *Studien zur nächsten Gesellschaft*. Frankfurt a.M. : Suhrkamp

BINDER, Werner (2013) *Abu Ghraib und die Folgen Ein Skandal als ikonische Wende im Krieg gegen den Terror*. Bielefeld, 2013,

BOBBIO, Norberto (2004) *A Era dos Direitos*. Nova ed. Rio de Janeiro: Elsevier, 2004

BOHLEN, P. von. (1836) "Die Genesis" in Allgemeines Repertorium für die theologische Litteratur und kirchliche Statistik. (Rheinwald, *Georg Friedrich Heinrich* Ed.. Volume 14,

Heft 2, 1836 p. 97-103

BRUNKHORST, Hauke (2005) *Solidarität*: von der Bürgerfreundschaft zur globalen Rechtsgenossenschaft, Frankfurt, 2005,

BREDOW, Wilfired von (1992): "Legitimation durch Empörung. Vorüberlegungen zu einer politischen Theorie des Skandal". In Julius H SCHOEPS (Ed.). *Der politische Skandal*. Stuttgart-Bonn Burg p.190-208

BURKHARDT, Steffan. (2015) *Medienskandale*: Zur moralischen Sprengkraft öffentlicher Diskurse. 2. Ed. Köln: Halem

BRYAN Lindsay (1998) *"Vae Mundo a Scandalis"*: The Sin Of Scandal In Medeval England. A thesis submitted for the degree of Doctor of Philosophy, 1998 by Lindsay Bryan, Graduate Department of History, University of Toronto. CANADA UNIVERSITY LIBRARY. http://www.collectionscanada. gc.ca/obj/s4/f2/dsk2/tape17/PQDD_0002/NQ35118.pdf

De BLIC, Damien and LEMIEUX, Cyril (2005) : "Le scandale comme épreuve: Éléments de sociologie pragmatique" in Politix 2005/3. Volume 18 (No71), p. 9-38.

EBBIGHAUSEN, Rolf (1989) „Skandal und Krise. Zur gewachsenen ‚Legitimationsempfindlichkeit" staatlicher Politik" In Rolf Ebbighausen und Sighard Neckel (Hg..) *Anatomie des politischen Skandals*. (1989): Frankfurt a.M. ; Suhrkamp. S.. 171-200

ESCRICHE, Don Joaquín (1863) „Escándalo" in ídem: Diccionario Razonado de Legislación y Jurisprudencia. Paris :Librería de Rosa y Bourbet. (p. 627-628)

ESPOSITO, Elena (1999) „Das Problem der Reflexivität in den Medien und in der Theorie" in Albrecht Koschorke und Cornelia Vismann (Hrsg.) *Widerstände der Systemtheorie*: Kulturtheoretische Analysen zum Werk Niklas Luhmann. – Berlin : Akad. Verlag. S113-120

ESPOSITO, Elena (2017) "Critique without crisis: Systems theory as a critical sociology" in *Thesis Eleven* 2017, Vol. 143(1) 18–27

FISCHER-LESCANO, Andreas (2005) *Globalverfassung*: Die Geltungsbegründung der Menschenrechte, 2005, Weilerswist :Velbrück Wissenschaft.

FISCHER-LESCANO, Andreas (2013) *Rechtskraft*. Berlin August Verlag

FÖGEN, Marie Theres (2003) *Römische Rechtsgeschichten*. Über Ursprung und Evolution eines sozialen Systems. Göttingen:

Vandenhoeck & Ruprecht

FOSSIER, Arnaud-Vivien (2009) „Propter vitandum scandalum. Histoire d'une categorie juridique (XIIe-XVe siecles). In Melanges de l'Ecole francaise de Rome - Moyen Age, Ecole francaise de Rome 2009, 121 (2), pp.317-348.

FOUCAULT, Michel. (2014). *Wrong-Doing, Truth-Telling*: The Function of Avowal in Justice. Ed. Fabienne Brion and Bernard Harcourt, trans. Stephen Sawyer. Chicago, IL: University of Chicago

GERHARDT, Volker (2012) *Öffentlichkeit*: Die politische Form des Bewusstseins. C.H. Beck : München

GIRARDI, René (2014) The One by Whom Scandal Comes (Studies in Violence, Mimesis, & Culture). (transl. by B. M. de Bevoise). Michigan State University Press

GLÜCKMANN, Max (1963) "Gossip and Scandal" in *Current Anthropology* Jun 1963, Volume 4, Issue 3, pp. 307 - 316

HABERMAS, Jürgen. (1999) *Wahrheit und Rechtfertigung: philosophische Aufsätze*. Frankfurt, Surhkamp.

HAN, Byung-Chul (2011) „Politik ist ein anderes Wort für Gewalt. Rezension – Giorgio Agamben, Herrschaft und Herrlichkeit" in Frankfurter Allgemeine Zeitung F.A.Z.(29.07.2011)

HAN, Byung-Chul (2013) *Im Schwarm*: Ansichten des Digitalen Berlin : Matthes & Seitz

HUNTINGTON, Samuel P. (1991) The Third Wave: Democratization in the Late Twentieth Century. Front Cover. University of Oklahoma Press, 1991

JACOBSSON, Kerstin and LÖFMARCK, Eric: (2008) "A Sociology of Scandal and Moral Transgression: The Swedish 'Nannygate' Scandal" in *Acta Sociologica*, Vol. 51, No. 3 (Sep., 2008), pp. 203-216

JOAS, Hans (2011) *Die Sakralisierung der Person*. Eine neue Genealogie der Menschenrechte Suhrkamp : Frankfurt am Main

KÄSLER, Dirk (1989) "Der Skandal als "Politisches Theater": Zur schaupolitichen Funktionalität politischer Skandale In Rolf Ebbighausen und Sighard Neckel (Hg..) *Anatomie des politischen Skandals*. (1989): Frankfurt a.M. ; Suhrkamp. S. 307-333

KÄSLER, Dirk (1991) *Der politische Skandal*: zur symbolischen und dramaturgischen Qualität von Politik. Opladen. Westdeutscher Verlag.

KOHLRAUSCH, Martin (2005) *Der Monarch im Skandal*. Die Logik der Massenmedien und die Transformation der wilhelminischen Monarchie. Berlin : Akademie Verlag

KOSCHORKE, Albrecht (2007) „Zur Logik kultureller Gründungserzählungen" In: Zeitschrift für Ideengeschichte. 1(2), pp. 5-12

KOSELLECK, Reinhart (1992) *Kritik und Krise* - Eine Studie zur Pathogenese der bürgerlichen Welt. Suhrkamp : Frankfurt am Main

LADEUR, Karl-Heinz (2007) *Das Medienrecht und die Ökonomie der Aufmerksamkeit.* Medienpraxis 2007

LADEUR, Karl-Heinz and AUGSBERG, Ino (2008) Die Funktion der Menschenwürde im Verfassungsstaat. Humangenetik – Neurowissenschaft – Medien. Tübingen: Mohr Siebeck

LEPORE, Jill. (2016) "After the Fact: In the history of truth, a new chapter begins." In The New Yorker . March 21st 2016

LEVELEUX-TEXEIRA, Corinne (2013) "Le droit canonique médiéval et l'horreur du scandale" in Cahiers de recherches médiévales et humanists, Journal of medieval and humanistic studies, vol 25, 2013, p. 193-211

LOUGHLIN, Martin (2019) The Contemporary Crisis of Constitutional Democracy. *Oxford Journal of Legal Studies*, Vol. 39, No. 2 (2019), pp. 435–454

LUHMANN, Niklas (1972). *Rechtssoziologie* 1. Rowohlt Taschenbuch Verlag. Hamburg 1972.

LUHMANN, Niklas (1978) *Legitimation durch Verfahren,* Frankfurt1993.

LUHMANN, Niklas (1981a) *Gesellschaftsstruktur und Semantik:* Studien zur Wissenssoziologie der modernen Gesellschaft. Band 02. Frankfurt am Main : Suhrkamp Verlag. Vol. 2

LUHMANN, Niklas (1981b) Subjektive Rechte: Zum Umbau des Rechtsbewußtseins für die moderne Gesellschaft, in: Niklas Luhmann (Hg.), *Gesellschaftsstruktur und Semantik*, Band 2, Frankfurt 1981, S. 45 ff.,

LUHMANN, Niklas (1989): "Am Anfang war kein Unrecht". In Niklas Luhmann. *Gesellschaftsstruktur und Semantik*. Vol. 3. P. 11-64

LUHMANN, Niklas (1990a): *Ökologische Kommunikation*: Kann die moderne Gesellschaft sich auf ökologische Gefährdungen einstellen? 3. Auflage. Westdeutscher Verlag

LUHMANN, Niklas (1990b): "Weltkunst". In Niklas LUHMANN,

Frederick D. BUNSEN und Dirk BAECKER. *Unbeobachtbare Welt:* Über Kunst und Architektur. Bielefeld: Verlag Cordula Haux, pp.7-45

LUHMANN, Niklas (1991): "Die Geltung des Rechts" Rechtstheorie 22 (1991), p. 273 – 286 Duncker & Humblot, Berlin 41

LUHMANN, Niklas (1992): *Gibt es in unserer Gesellschaft noch unverzichtbare Normen?* Heidelberg : Müller, Heidelberger Universitätsreden, Bd 4. 1992

LUHMANN, Niklas (1993a): *Das Recht der Gesellschaft.* Frankfurt, Suhrkamp

LUHMANN, Niklas (1995) Das Paradox der Menschenrechte und drei Formen seiner Entfaltung in ders. Soziologische Aufklärung 6: Die Soziologie und der Mensch. Opladen 1995 S

LUHMANN, Niklas (1997): *Die Gesellschaft der Gesellschaft.* Frankfurt am Main : Suhrkamp

LUHMANN, Niklas (2000) *Die Politik der Gesellschaft.* Frankfurt : Suhrkamp.

LUHMANN, Niklas (2017[1995]): *Die Realität der Massenmedien.* 5th Edition. Wiesbaden : Springer

MALTBY, Edward. (1830) A new and complete Greek Gradus, or Poetical Lexicon, or The Greek Language. An English-Greek vocabulary and a Treatise on some of the principal rules for ascertaining the quantities of syllables. London : G. Woodfall (digitalized by Virginia University and Google-Books)

MEYER, Christoph (2011) „Das Publicum als Instrument spätmittelalterlicher Justiz" In M. Kintzinger, & B. Schneidmüller (Eds.), Politische Öffentlichkeit im Spätmittelalter. Ostfildern: Thorbecke. 2011. (pp. 87-145)

MOELLER, Hans-Georg (2008): "Human Rights Fundamentalism" The Late Luhmann in Human Rights. Soziale Systeme 14 (2008), Heft 1, S. 126-146

NAZ, Raoul. (1965) „Scandale" in NAZ, R. Dictionnaire de Droit Canonique. I-VII, col. Encyclopédie des sciences ecclésiastiques. Paris. Letouzey & Ané p. 877-878

NECKEL, Sighard (1989) "Das Stellhölzchen der Macht: Zur Soziologie des politischen Skandals". In Rolf Ebbighausen und Sighard Neckel (Hg..) *Anatomie des politischen Skandals.* (1989): Frankfurt a.M. ; Suhrkamp. S.55-82

NECKEL, Sighard (1989) „Machen Skandale apatisch?" In Rolf

Ebbighausen und Sighard Neckel (Hg..) *Anatomie des politischen Skandals.* (1989): Frankfurt a.M. ; Suhrkamp. S. 234-257

NEMO-PEKELMANN, Capucine (2007) "Scandale et vérité dans la doctrine canonique médiévale (XII e - XIII e siècles)". Revue historique de droit français et étranger (1922-) Vol. 85, No. 4 (2007), pp. 491-504

NEVES, Marcelo (2003) A Força Simbólica dos Direitos Humanos. *Revista Brasileira de Direito Público*, Belo Horizonte, v. 03, p. 139-174, 2003.

NEVES, Marcelo (2006) *Entre Têmis e Leviatã*: uma relação difícil. O Estado Democrático de Direito a partir e além de Luhmann e Habermas. [tradução do autor] Martins Fontes: São Paulo.

NEVES, Marcelo (2007) *A Constitucionalização Simbólica*. São Paulo: Martins Fontes.

NEVES, Marcelo (2009) "A Constituição e a esfera pública: entre diferenciação sistêmica, inclusão e reconhecimento". In BENEVIDES, Maria Victória de Mesquita; BERCOVICI, Gilberto; MELO, Claudineu de. *Direitos Humanos, Democracia e República*: homenagem a Fábio Konder Comaparato. São Paulo : Quartir Latin.

NEVES, Marcelo (2013) *Transconstitutionalism*. Oxford/Portland Oregon: Hart

NEVES, Marcelo (2017): From Transconsitutionalism to Transdemocracy. *European Law Journal.*Volume23, Issue5, September 2017. P.380-394

NEVES, Marcelo (2019) Constituição de Weimar, presente!. *Rechtsgeschichte* (Frankfurt), v. 2019, p. 443-446, 2019.

NOELLE.NEUMANN, Elisabeth (1996) *Öffentliche Meinung*: Die Entdeckung der Schweigespiurale. Ulstein : Frankfurt

NÚÑEZ, Gerardo (2014) Escándalo y canon 1399. Tutela penal del celibato sacerdotal. Comentario a la Sentencia del Tribunal de la Rota Romana de 9 de julio de 2004. Ius Canonicum / VOL. 54 / 2014 / 741-754

PALMA RESENDE, Maurício e ZAIDAN, Douglas (2020) Juristas contra a democracia: usos do direito e desintegração democrática no Brasil pós-2014 in *Rev. Urug. Cienc. Polít.* vol.29 no.1 Montevideo 2020 Epub 01-Jun-2020

PIEVATOLO, Maria Chiara (2013) "Scandalum Acceptum and Scandalum Datum: Kant's Non-Interventionism In The Fifth Preliminary Article of the Perpetual Peace". *Scienza & Politica*, 24

(48), 2013.

RIBEIRO, Pedro Henrique (2012) "Entre Eclusas e Espelhos" tese de mestrado defendida na Faculdade de Direito da Universidade de Sao Paulo disponíve em *https://teses.usp.br/teses/disponiveis/2/2134/tde-25062013-091439/pt-br.php*

RIBEIRO, Pedro Henrique (2019) "Reconceptualizing "systemic corruption" in/for Latin America: a legal-sociological essay on Niklas Luhmann's changing visions . *REVISTA UDEM*. 2019 V 30

RIBEIRO, Pedro Henrique (2020) "Das Recht im Skandal seiner Irrtümer Der Skandal als eine Plausibilisierungsform der Rechtsfehlersemantik aus einer rechtssoziologischen, systemtheoretischen Perspektive". In : R. Fritsche/ R. Cadore et. Al. (Orgs.), Unsicherheiten des Rechts. Von den sicherheitspolitischen Herausforderungen für die freiheitliche Gesellschaft bis zu den Fehlern und Irrtümern in Recht und Rechtswissenschaft. Archiv für Recht- und Sozialphilosophie (ARSP-B) Beiheft 162. 2020

RIBEIRO, Pedro Henrique and EGIO, José Luis. (no prelo) " Von Las Casas zu Luhmann " in Sigrid Köhler and Matthias Schaffrick. Wie kommen die Rechte des Menschen in die Welt? (Winter Universitätsverlag in der Reihe Siegen. Beiträge zur Literatur-, Sprach- und Medienwissenschaft. Eine Schriftenreihe der Universität Siegen. Herausgegeben von Walburga Hülk, Georg Stanitzek und Niels Werber.)

RIBEIRO, Pedro Henrique and PALMA RESENDE, Maurício. (2017) "Apresentacao" in FISCHER-LESCANO, Andreas Forca de Direito (bras. Übers- vom "Rechtskraft")

SEILS, Martin (1971) "Ärgernis", in Joachim Ritter et all (Eds)*Historisches Wörterbuch der Philosophie*. Darmstadt, Wissenschaftliche Buchgesellschaft. P.504-505

SHAPIRO, Barbara (2000). A Culture of Fact. England, 1550-1720. Cornell University Press, 2000

STÄHELI, Urs. (1998) „Die Nachträglichkeit der Semantik - Zum Verhältnis von Sozialstruktur und Semantik", Soziale Systeme 4 (1998), p.2, S. 315-340

STÄHLIN, Gustav (1930) *Skandalon*. Die Geschichte eines biblischen Begriffs. Gütersloh, 1930

STÄHLIN, Gustav (1961) „Σκάνδαλον" In Kittel, G. (ED.)

Theologisches Wörterbuch zum Neuen Testament, Vol. 7 (1961)

TEUBNER, Gunther (2006) *Die anonyme Matrix:* Menschenrechtsverletzungen durch „private" transnationale Akteure". Der Staat 45, 2006, 161-187

TEUBNER, Gunther (2012) *Verfassungsfragmente*: Gesellschaftlicher Konstitutionalismus in der Globalisierung. Suhrkamp : Frankfurt am Main 2012.

THOMPSON, John B. (2000) *Political Scandal*: Power and Visibility in the Media Age. Nortfolk : Polity Press

VERSCHRAEGEN, Gert (2002): Human Rights and Modern Society: A Sociological Analysis from the Perspective of Social Systems Theory. In Journal of Law and Society. Volume 29, Number 2, June 2002

VESTING Thomas (2007) *Rechtstheorie*: Ein Studienbuch. C.H. Beck : München

VESTING, Thomas (2011) "Ende der Verfassung? Zur Notwendigkeit der Neubewertung der symbolischen Dimension der Verfassung in der Postmoderne. In: Thomas Vesting and Stefan Korioth (Eds.) Der Eigenwert des Verfassungsrechts. Was bleibt von der Verfassung nach der Globalisierung? Mohr Siebeck, Tübingen, 2011, pp. 71-94

VESTING, Thomas (2013) *Die Medien des Rechts* Bd. 3: Buchdruck.Velbrück Wissenschaft, Weilerswist,

VESTING, Thomas (2014) *Nachbarschaft*: Grundrechte und Grundrechtstheorie in der Kultur der Netzwerke". In: Thomas VESTING, Stefan KORIOTH and Ino AUGSBERG (Eds.) Grundrechte als Phänomene kollektiver Ordnung: Zur Wiedergewinnung des Gesellschaftlichen in der Grundrechtstheorie und Grundrechtsdogmatik. Tübingen: Mohr Siebeck

VESTING, Thomas (2015) *Die Medien des Rechts* Bd. 4: Computernetzwerke Velbrück Verlag : Weilerswist

VESTING, Thomas (2018) *Staatstheorie*: Ein Studienbuch. C.H. Beck : München

VESTING, Thomas (2019) "Die Veränderung der Öffentlichkeit durch künstliche Intelligenz", in: S. Unger/A. Ungern-Sternberg (Hrsg.), Demokratie und künstliche Intelligenz, Tübingen: Mohr Siebeck, S. 33–49

VOßKUHLE, Andreas (2016) *Die Verfassung der Mitte*. Carl Friedrich von Siemens Stiftung : Munique.

A periferia do direito e o direito na periferia. Constitucionalização simbólica como teoria pós-colonial do direito na periferia da sociedade mundial

MARIA EDUARDA BORBA DANTAS

1 Introdução

De modo geral, teorias produzidas nos centros da sociedade mundial são recepcionadas de modo pouco crítico no ensino e na pesquisa nas faculdades e pós-graduações de direito no Brasil. Talvez o maior exemplo disso seja a teoria constitucional produzida e disseminada no país, que, no período pós-1988, esteve dominada por teorias da efetividade constitucional. Nos últimos trinta anos, o debate constitucional *mainstream* no país tem orbitado em torno das perguntas sobre como efetivar as "promessas" da constituição de 1988 e sobre quais seriam os "entraves" à sua concretização. Essas não são perguntas irrelevantes; longe disso. Mas há algo que elas sugerem: que problemas sociais abrangentes e complexos, típicos das periferias da sociedade mundial, marcadas por desigualdades estruturais extremas, são, essencial ou primordialmente, problemas jurídicos, relacionados a uma insuficiente efetividade das normas constitucionais. A partir daí, as soluções sugeridas costumam convergir para a necessidade de "leis melhores" – seja na forma de um *makeover* legislativo ou constitucional, no modo de uma reforma nos mecanismos e estruturas de seleção das e dos fazedores das leis, ou, em último caso, na maneira de interpretar essas normas, por meio de novas técnicas hermenêuticas ou da reconfiguração do papel social esperado de seus intérpretes.

Ao fim e ao cabo, o resultado tende a concentrar poder e legitimidade nas mãos de um pequeno grupo, a elite de bacharéis que habita a burocracia pública, então vista como uma força transformadora da sociedade, quase que mandatários de algo como uma *volonté générale*. O fato de o neoconstitucionalismo e a principiologia terem se transplantado e multiplicado tão proficuamente no Brasil fala tão ou mais sobre a sua adequação e reforço de uma realidade social em que as estruturas produtoras da

"

cidadania estiveram sempre – mesmo antes de 1988 – concentradas nas mãos dessa elite de sobre-integrados, do que sobre o próprio mérito ou demérito das próprias teorias. No Brasil, são raras e raros as e os juristas que fazem o caminho inverso, isto é, que partem da realidade das periferias da sociedade mundial, com suas assimetrias e relações abissais de inclusão/exclusão, para a partir daí produzir teoria sobre o direito e sobre a constituição. Nesse sentido, há, portanto, um déficit de teoria no Brasil: de certo modo, aqui, pensar o direito *na* periferia é, paradoxalmente, uma periferia do direito. Essa constatação não é um aceno a um debate sobre *autenticidade* – antes, é um lembrete sobre a necessidade de observar e descrever a realidade das periferias da sociedade mundial com os pés *na própria periferia*, isto é, sem partir da autodescrição do centro para, a partir dela, observar, descrever e julgar a modernidade fora da Europa. Em outras palavras, trata-se de conferir centralidade à periferia como lugar de teorização.

Na contramão do debate constitucional hegemônico no país, a obra de Marcelo Neves, desde o início dos anos 1990, é marcada pelo impulso de identificar padrões especificamente periféricos de funcionamento do direito e de compreender como desigualdades sociais estruturadas afetam a reprodução do sistema jurídico em países como Brasil – problema a partir do qual ele cria o importante conceito de "alopoiese" do sistema jurídico. Como pensar o direito e falar sobre ele a partir da periferia da sociedade mundial é, portanto, a maior pergunta que Neves tem respondido por meio do seu trabalho. Nesse sentido, a tese da constitucionalização simbólica não é apenas uma teoria constitucional – ela é também uma teoria do direito nas periferias da sociedade mundial, que ademais movimenta uma narrativa sobre a modernidade que poderia ser caracterizada como pós-colonial. É sobre esses dois pontos que se dedica este capítulo.

2 Constitucionalização simbólica como teoria do direito na periferia da sociedade mundial – o conceito de alopoiese

Do ponto de vista da teoria dos sistemas sociais, teorias são observações de segunda ordem; narrativas que os subsistemas contam a si mesmos, sobre si mesmos. Teorias só são possíveis como observações da sociedade pela sociedade (Luhmann, 1998, p. 36; 2004, pp. 426-424), uma operação desempenhada concretamente que, como tal, reivindica tornar visíveis distinções previamente invisíveis apenas por meio de uma nova distinção que, por sua vez, permanece invisível como uma condição *sine qua non* e *per quam* de qualquer observação (Luhmann, 2002, 2006a, 2006b). Auto-observações são operações imprescindíveis para que o sistema mantenha controle sobre suas condições de conectividade, garantindo a seletividade de suas operações e, desse modo, preservando a fronteira que o distingue do ambiente (Luhmann, 2006b, p. 49). Auto-observações reflexivas influenciam as operações, a identidade e as possibilidades de evolução dos sistemas sociais: o que é usado como autodescrição do sistema jurídico guia a observação interna do sistema, e o que o sistema enxerga quando olha para si próprio é relevante porque influencia a reprodução das suas estruturas internas e a forma como ele irrita outros sistemas sociais e reage às irritações do ambiente. Por isso, disputar o modo como o sistema jurídico descreve a si próprio não é algo irrelevante, e é essa a razão pela qual fazer teoria tem importância e consequência.

Neves associa o fenômeno da constitucionalização simbólica a um problema típico das periferias da sociedade mundial. A premissa por trás dessa constatação é, obviamente, a de que é possível observar uma distinção entre os seus centros e periferias (Neves, 2011, p. 191). Muito embora o potencial explanatório do par centro/periferia possa ser questionado (Ribeiro, 2013, p. 115), essa diferença indica o fato de que "o advento da sociedade moderna está intimamente vinculado a uma profunda desigualdade econômica no desenvolvimento inter-regional, trazendo consequências significativas na reprodução de todos os sistemas sociais, principalmente no político e no jurídico, estatalmente organizados" (Neves, 2011, p. 171). Não se trata, portanto, de explorar a distinção centro/periferia como uma questão de "sociedades tradicionais" *versus* "sociedades modernas", ou, mesmo, como uma diferença de antes/depois. Pelo contrário, o que se destaca por meio dessa distinção é o fato de que se trata de uma única, mesma e sincrônica sociedade mundial que, não obstante isso, está marcada por desigualdades, contradições e assimetrias em seu desenvolvimento.

Assim, a assimetria entre centro e periferia, traduzida por Neves como uma "bifurcação no desenvolvimento da sociedade moderna (mundial)" (Neves, 2011, p. 172), tem por consequência que, nos países periféricos, o veloz aumento no nível de complexidade social característico da modernidade não foi seguido pela emergência de sistemas estruturados, capazes de transformar complexidade em redundância. Essa característica "nos põe diante de uma complexidade desestruturada e desestruturante" (Neves, 2008, p. 238), das quais adviriam problemas sociais mais graves e intrinsecamente distintos daqueles enfrentados em países centrais, porque, naqueles, a sociedade reproduz-se sob a forma de relações de subintegração e sobreintegração generalizadas em relação aos seus sistemas sociais, pondo em xeque, desde o início, o princípio da inclusão, base sociológica do Estado Democrático de Direito. Isso significa que "não há um funcionamento satisfatório da Constituição como 'acoplamento estrutural' entre direito e política, ou seja, como mecanismo de interpenetração e interferência entre dois sistemas autônomos". Em vez disso, existe "um bloqueio recíproco, principalmente no sentido da politização desdiferenciante do sistema jurídico" (Neves, 2011, pp. 173-174). Em outras palavras, o controle e a limitação exercidas pela aplicação do código lícito/ilícito como o segundo código do sistema político não é verificada de forma suficiente ou satisfatória, e a própria constituição não se desenvolve como horizonte normativo do sistema político.

O problema que cerca as constituições simbólicas, como a de 1988, não está restrito ao debate quanto à *constitucionalidade* do direito; a questão jaz, antes, na própria *juridicidade da constituição*, ou seja, em sua normatividade jurídica escassa (*idem*, pp. 184-185). Se é verdade que o caráter simbólico e contrafático da constituição é um poderoso recurso empregado pelos críticos da realidade do poder – e o direito é e sempre será um campo social de disputa –, por outro lado, cabe também observar em que medida a invocação das disposições constitucionais são encampadas, no discurso político, por "propostas permanentes e repetidas de reformas constitucionais abrangentes" que, mais uma vez, reiteram e retroalimentam a própria hipertrofia simbólica constitucional (*idem*, p. p. 186-187).

Escapar dessa armadilha – desse modo de falar sobre e de debater o constitucionalismo em uma sociedade periférica como a brasileira – pressupõe deixar de compreender a constitucionalização simbólica como fenômeno exclusivamente jurídico ou, mesmo, jurídico-político. Essa perspectiva tem pouco a dizer acerca das dificuldades específicas enfrentadas pelos países da periferia da sociedade mundial: o direito permanece sendo compreendido como o *locus* privilegiado a partir do qual é possível agir, a fim de modificar a reprodução de padrões e dinâmicas sociais excludentes. Desse modo, o debate em torno de questões sociais prementes – como a corrupção, a violência perpetrada pelo Estado, as desigualdades sociais abissais, incluindo suas dimensões de gênero, raça, classe e etnia – ficaria reduzido às possibilidades de sua normatização: que leis seriam "melhores" ou "mais adequadas" ou "mais eficientes" para reagir a esses problemas? Sob a retórica do reformismo constitucional, "programas de governo ficam reduzidos a programas de reforma da Constituição", que, por sua vez, "são frequentemente executados (quer dizer, as emendas constitucionais são aprovadas e promulgadas), contudo as respectivas estruturas sociais e relações de poder permanecem intocáveis" (*idem*, p. 187).

Uma das consequências mais perversas da constitucionalização simbólica consiste, precisamente, no fato de que o sistema jurídico se torna cúmplice das relações de poder assimétricas que deveriam, ao menos declaradamente, ser por ele reguladas. Isso porque, em primeiro lugar, "por meio do discurso constitucionalista, da referência retórica ao texto constitucional, torna-se possível, com êxito maior ou menor, construir perante o público a imagem de um Estado ou governo identificado com os valores constitucionais, apesar da ausência de um mínimo de concretização das respectivas normas constitucionais" (Neves, 2011, p. 151); em segundo lugar, porque, nesse passo, a constituição acaba "servindo antes para imunizar o sistema político contra outras alternativas", colocando o seu peso a favor da perpetuação inalterada de relações que deveriam, a princípio, ser normatizadas à luz das respectivas normas constitucionais. Esses cenários não se excluem uns aos outros e, pelo contrário, estão em constante disputa, assim como está a própria constituição, ainda que em contextos de constitucionalização simbólica: "não se deve interpretar a constitucionalização simbólica como um jogo de soma zero na luta política pela ampliação ou restrição da cidadania" (Neves, 1996a, p. 328). O simbólico incorpora, também, o espaço que possibilita criticar os modelos normativos existentes, não se reduzindo, portanto, à dimensão puramente "ideológica" ou "retórica": "a força simbólica de atos, textos, declarações e discursos de caráter normativo serve tanto à manutenção da falta de direitos quanto à mobilização pela construção e realização dos mesmos" (Neves, 2005, p. 5). O direito pode – e deve – ser parte da solução de problemas sociais, mas a miopia que acompanha perspectivas excessivamente instrumentalistas do direito pode ter um preço: a diminuição da relevância do sistema jurídico diante do mundo social.

Do ponto de vista teórico, o conceito mais interessante introduzido por Neves para descrever a reprodução do sistema jurídico nas periferias da sociedade mundial é o de alopoiese. Se autopoiese é a autoprodução ou autocriação de um sistema social (Luhmann, 2006a, pp. 44-45), a alopoiese seria o seu antônimo: "derivada etimologicamente do grego **alo** ('outro', 'diferente') + **poiesis** ('produção', 'criação'), a palavra designa a (re)produção do sistema por critérios, programas e códigos do seu meio. O respectivo sistema é determinado, então, por prescrições diretas do mundo exterior, perdendo significativamente a própria diferença entre sistema e meio ambiente. Por outro lado, o bloqueio alopoiético do sistema é incompatível com a capacidade de reciclagem (abertura cognitiva) e, por consequência, com a própria noção de referência ao meio ambiente como interrupção da interdependência dos componentes sistêmicos" (Neves, 1996c, p. 413). Ao falar da constitucionalização simbólica como *alopoiese* do sistema jurídico – e do direito periférico como sistema *alopoiético* – , Neves reporta-se à circunstância de que, em países como o Brasil, há um fechamento operacional insuficiente do direito, dificultando a construção de sua identidade própria e da sua diferenciação em relação tanto aos demais subsistemas sociais, como também ao próprio ambiente da sociedade (Neves, 2011, p. 146; 1996c, p. 416): "se tal identidade pode ser vista, eventualmente, no plano da estrutura dos textos normativos, ela é destruída gradativamente durante o processo de concretização jurídica" (Neves, 1996b, p. 99). As fronteiras entre sistema jurídico e ambiente social não só se enfraquecem, mas desaparecem: "a própria distinção entre lícito e ilícito é socialmente obnubilada, seja por falta de institucionalização (consenso) ou de identificação do sentido das normas" (Neves, 1996b, p. 99).

Neves concebe a alopoiese como afetando os três momentos da autodeterminação consistente do sistema – a autorreferência de base (elementar), a reflexividade (meta-processos) e a reflexão (identidade) –, além de atingir também a heterorreferência do direito, acarretando problemas relacionados a sua função – relação com a sociedade – e prestação – relação com os demais subsistemas sociais (Neves, 2011, p. 147). Em um primeiro plano, Neves argumenta que princípio da legalidade "não se realiza suficientemente através da conexão consistente das comunicações jurídicas", com base exclusivamente no código-diferença lícito/ilícito (*idem*, pp. 154-155). Assim, a legalidade, que deveria implicar a igualdade perante a lei, converte-se fundamentalmente em uma figura de retórica do discurso do poder – não só daqueles interessados na manutenção do *status quo*, mas também dos grupos que visam a uma transformação real das relações de poder (*idem*, p. 156).

Para além da legalidade (autorreferência de base), a constitucionalidade (reflexividade) é, também, imprescindível para a reflexão consistente sobre a identidade do sistema jurídico, da qual se encarregam a dogmática e a teoria do direito (*idem*, p. 156). No caso da constitucionalização simbólica, também esse momento da autopoiese sistêmica fica prejudicado – e, porque a reflexão se relaciona com a legitimidade do sistema, surge aqui uma potencial fonte para uma crise de legitimação do direito em contextos periféricos: em caso de constitucionalização simbólica, a orientação ou reorientação das expectativas normativas conforme critérios e procedimentos próprios do sistema jurídico, especialmente do direito constitucional, não se realiza de maneira generalizada e permanente: do figurino constitucional não decorre a legitimação do sistema jurídico no sentido de Luhmann (*idem*, p. 158).

No que tange à heterorreferência, a constituição simbólica é deficitária tanto ao orientar de modo congruente e generalizado as expectativas normativas (função), quanto ao resolver conflitos que não podem ser resolvidos no âmbito de cada um dos outros subsistemas sociais (prestação mais genérica do sistema jurídico) (*idem*, pp. 158-159). Para Neves, o modelo constitucional desenvolvido nos países centrais perde demasiadamente seu significado empírico em contextos de constitucionalização simbólica, na medida em que a própria concretização insuficiente do texto constitucional aponta para a incapacidade do sistema jurídico de responder às demandas e exigências do seu ambiente (*idem*, pp. 160-161). De acordo com ele, portanto, os problemas com as prestações e as funções do direito estão umbilicalmente ligados à alopoiese do sistema jurídico: "nesse contexto, a questão da heterorreferência é, primariamente, um problema de (insuficiente) autorreferência" (*idem*, pp. 161-162).

Assim, como teoria do direito, constituição simbólica pode ser descrita tanto como (1) questão de diferenciação deficiente do sistema jurídico em relação ao ambiente e aos demais subsistemas da sociedade – falta de autorreferência suficiente –, quanto (2) problema de heterorreferência inadequada do sistema jurídico – falhas na prestação e na função do direito enquanto subsistema social –, como também à maneira de (3) uma sobreposição do sistema político ao sistema jurídico – exploração de "Têmis" por um "Leviatã" pulverizado e infiltrado por interesses particulares (Neves, 2008).

3 O ângulo pós-colonial da constitucionalização simbólica

Desenvolver uma interpretação pós-colonial da tese da constitucionalização simbólica esbarra em algumas dificuldades. A primeira é o desafio teórico que os pós-colonialismos representam, em face de experiências coloniais e reações heterogêneas à colonização, dando azo a críticas tão variadas como as que são abrigadas sob o guarda-chuva da pós-colonialidade (cf. Hall, 1996; Costa, 2006) – e isso, principalmente, quando recai sobre ele a suspeita de modismo ou de ter-se convertido em *commodity* acadêmica. O segundo obstáculo consiste em que, estritamente falando, Marcelo Neves *não é* um autor pós-colonial – esse é um termo que não aparece em suas obras, nem é utilizado, por si ou por outros, para caracterizar o seu trabalho. A situação é bem e exatamente outra: comentadores têm enxergado em Neves o conservadorismo e a eurocentricidade que geralmente se associa à teoria dos sistemas de Niklas Luhmann (Gonçalves, 2010, 2013; Souza, 2013). Um terceiro ponto consiste ainda na seguinte pergunta: poderia a própria teoria dos sistemas abarcar a crítica pós-colonial?

Stuart Hall é perspicaz ao sugerir que talvez a melhor forma de compreender o que é o pós-colonialismo – o que está incluído ou excluído de sua moldura e quais são as implicações de suas críticas – é olhar para as objeções feitas a ele: que se cometeriam inúmeros "pecados conceituais", utilizando categorias a-históricas e universalizantes que implicam, no fim das contas, uma ambiguidade política e teórica e uma posição apolitizante; que ele pretende uniformizar e homogeneizar experiências, histórias e narrativas de colonização que foram profundamente diversas, como a da Austrália e do Canadá, a da América Latina e do Caribe, a da Ásia e a da África; que ele pretende "suspender a história" e o "pós-" em "pós-colonialismo" sugeriria uma periodização marcando o fim dos estudos sobre a colonização e seus efeitos, tratando-a como algo "passado"; ou ainda que o prefixo, assim como quaisquer outros discursos que se pretendem pós-*alguma coisa*, em vez de lograrem uma ruptura, acabam apenas proliferando e colocando de volta ao centro do debate aquilo que pretendem superar; que ele seria fruto de uma celebração do suposto fim do colonialismo; que ele eliminaria a distinção entre colonizadores e colonizados, dissolvendo a possibilidade de emergência de uma *politics of resistance*; que seria apenas um discurso pós-fundacionalista e pós-estruturalista, o qual encobriria a crítica marxista com uma linguagem à moda da virada linguística; que haveria uma hipocrisia no campo pós-colonial, formado por intelectuais do terceiro mundo que construíram suas carreiras acadêmicas em *Ivy Leagues* e, portanto, seria mais uma linguagem do primeiro mundo com pretensões epistemológicas universalizantes; que, assim como o pós-estruturalismo e o anti-fundacionalismo, o pós-colonialismo não teria condições de lidar com um conceito como o de "capitalismo" ou de abarcar a estruturação do mundo moderno por esse modo de produção; que, relacionado a isso, ele seria apenas mais uma forma de "culturalismo", preocupado demais com a questão da *identidade* e do *sujeito* para dar conta de um mundo *externo* ao indivíduo; ou, por fim, que as críticas pós-coloniais ao eurocentrismo sugerem o abandono do legado Europeu e da modernidade, abraçando um nativismo ingênuo e cego à estruturação *global* do mundo contemporâneo.

O ponto a que quero chegar não é o de rebater essas críticas, mas partir delas para elaborar uma abordagem própria sobre o pós-colonialismo. Como qualquer delimitação teórica, esta também implica seleção, viés e parcialidade, e está sendo feita para, bem ou mal, servir ao argumento maior que desenvolvo no meu trabalho – portanto, ela não é completa nem isenta de críticas. Existe uma grande diversidade nas vertentes teóricas pós-coloniais, que se distinguem significativamente em um número de dimensões: geograficamente – pode-se falar sobre a América ou Caribe, sobre a África ou Ásia, sobre a Oceania ou Oriente Médio –; historicamente – presta-se atenção ao descobrimento da América ou à expansão europeia sobre o Oriente Médio, ao século dos "descobrimentos" ou à expansão neocolonial sobre o continente africano–; teoricamente – utilizam-se abordagens marxistas e estruturalistas tanto quanto as pós-fundacionalistas e pós-estruturalistas –; e academicamente – fazem-se críticas literárias tanto quanto as históricas ou econômicas, por exemplo.

Existem, portanto, inúmeras vertentes de pós-colonialidades. Mignolo, por exemplo, prefere o termo "pós-ocidentalismo" para referir-se à experiência específica das Américas, notando que as teorias e críticas "pós-coloniais" dialogam mais com intelectuais escrevendo em inglês sobre o domínio do Império Britânico e suas ex-colônias (Mignolo, 2012, p. 91; Mendieta, 2008, p. 301; Ribeiro, 2000a, p. 5), além de, também, estarem mais atreladas a críticas culturais. Outros preferem "pós-imperialismo", referindo-se à colonização especificamente latino-americana e problematizando "o poder das corporações (privadas e estatais) de dar forma aos destinos de atores sociais coletivos ou individuais sob a hegemonia do capital flexível em um mundo globalizado e transnacionalizado" (Ribeiro, 2000a, p. 15). O "pós-orientalismo" de Said (Said,1994) diz respeito à colonialidade sobre o "Oriente Médio". Os *Subaltern Studies* estão profundamente atrelados à experiência colonial na Índia e, se surgem inicialmente como uma crítica interna ao marxismo, convertem-se posteriormente em revolução epistemológica, ao depararem-se com as limitações do marxismo para a compreensão da historiografia indiana (Mendieta, 2008, p. 299; Chakrabarty, 2000, pp. 47 e ss). Assim, "a pergunta do pós-colonialismo em si ganha endereços múltiplos e contestados em trabalhos daqueles estudando o sudeste asiático, a Ásia oriental, a África ou Pacífico" (Chakrabarty, 2000, p. 17). Nesse sentido, a perspectiva pós-colonial de que me aproximo no meu trabalho privilegia a análise de elementos estruturais da sociedade mundial – mas isso não implica, de modo algum, tomar o colonialismo como um fenômeno monolítico.

Uma decisiva vantagem das críticas pós-coloniais, não obstante sua cornucópia de temas, enfoques e marcos teóricos, diz respeito à possibilidade de compreender a *colonialidade como um produto da modernidade* e, reversamente, a *modernidade como produto da colonialidade*: "não há modernidade sem colonialidade e colonialidade é constitutiva, e não derivativa, da modernidade" (Mignolo, 2012, p. ix); "eu compreendo aqui a 'colonialidade', bem simplesmente, como o lado reverso e inevitável da 'modernidade' – o seu lado sombrio, como a parte da Lua que não vemos quando a observamos da Terra" (*idem*, p. 22); "modernidade e colonialidade são os dois lados do sistema mundial moderno" (*idem*, p. 52); "a modernidade foi também colonial desde seu ponto de partida" (Quijano, 2005). Em outras palavras: a modernidade, definitivamente, *não é* uma exclusividade europeia. Com isso, destaca(m)-se o(s) encontro(s) colonial(ais) como o(s) momento(s) em que as fronteiras entre colonizador/colonizado, centro/periferia ou modernidade/colonialidade são estabelecidas. A problematização dessas distinções, que Mignolo chama de "pensamento de fronteira" ("*border thinking*"), é, portanto, uma das suas atividades principais. Também Chakrabarty chega a uma expressão feliz para descrever essas manobras críticas da pós-colonialidade: "provincializar a Europa". "Tentar provincializar essa 'Europa' é ver o moderno como algo inevitavelmente contestado" (Chakrabarty, 2000, p. 46). Questionar essa modernidade, por sua vez, implica documentar como a emergência da racionalidade e da universalidade da Europa, que nem sempre foi auto-evidente, se tornou uma verdade inconteste e uma realidade óbvia – e isso se deu por meio de ambivalências, contradições, uso de força, tragédias e ironias: "a repressão e a violência são tão instrumentais na vitória do moderno quanto o poder persuasivo de suas estratégicas retóricas" (Chakrabarty, 2000, p. 44).

O que se propõe, então, não é um relativismo cultural, ou um nativismo histórico – uma crítica pós-colonial não é uma saída *à la Policarpo Quaresma*. Em vez disso, a agenda pós-colonial é trazer à tona as estratégias repressivas e práticas silenciadoras empregadas nas próprias narrativas de assimilação dos projetos da modernidade, o que só pode ser feito a partir da experiência da modernidade fora dos centros da sociedade mundial. Por isso, Chakrabarty reconhece que "provincializar a Europa" não implica concluir pela necessidade de rejeição do pensamento europeu: "o pensamento europeu é, ao mesmo tempo, indispensável e inadequado em nos ajudar a compreender as experiências da modernidade política em nações não-ocidentais, e provincializar a Europa torna-se a tarefa de explorar como esse pensamento – que é agora a herança de todos e que afeta a todos nós – pode ser renovado a partir de e para as margens" (Chakrabarty, 2000, p. 16). Essa é uma conclusão não muito distante da de Roberto Schwarz: "é inevitável esse desajuste, ao qual estávamos condenados pela máquina do colonialismo, e ao qual, para que já fique indicado o seu alcance mais que nacional, estava condenada a mesma máquina quando nos produzia. Trata-se enfim de segredo muito conhecido, embora precariamente teorizado. Para as artes, no caso, a solução parece mais fácil, pois sempre houve modo de adorar, citar, macaquear, saquear, adaptar ou devorar estas maneiras e modas todas, de modo que refletissem, na

sua falha, a espécie de torcicolo cultural em que nos reconhecemos"
(Schwarz, 2005, p. 26).

A teoria dos sistemas sociais possui algumas características que a tornam, talvez mais do que qualquer outra sociologia disponível atualmente, porosa às críticas pós-coloniais, principalmente: (1) a tese de que a sociedade moderna constitui-se como uma sociedade mundial – sincrônica e simultânea, resultado de uma única e mesma evolução; (2) o aspecto *labiríntico* (Bachur, 2010) da sociedade que emerge como funcionalmente diferenciada: sem topo e sem centro, sem nenhum lado de "fora" e, absolutamente, sem controle algum sobre si própria. A mundialidade da sociedade mundial torna a teoria dos sistemas sociais receptiva ao argumento central de críticas pós-coloniais, no sentido de que a colonialidade é *interna* à modernidade e, consequentemente, as periferias da sociedade mundial são estritamente tão *modernas* quanto os seus centros. Isso torna a teoria dos sistemas aberta à realidade de que a Europa não tem qualquer primazia como "o local" ou "a protagonista" por excelência da modernidade, brindando a teoria com uma enorme plasticidade. A possibilidade de recepcionar a pós-colonialidade no marco teórico da sociologia dos sistemas sociais conduz a rupturas e tensionamentos de teses centrais ao pensamento de Luhmann, abrindo horizontes para a teoria.

Nesse ponto, o trabalho de Neves é consequencial não só por haver contribuído para trazer o tema da desigualdade para o centro da teoria dos sistemas sociais – mas também porque, pela introdução do conceito de alopoiese, ele consolida uma refutação poderosa de uma das principais teses da teoria dos sistemas sociais: a da diferenciação funcional como forma primária de reprodução da sociedade mundial – o primado da diferenciação funcional. É verdade que Luhmann não ignora as hierarquias existentes na sociedade mundial, com fundamentos, principalmente, políticos e econômicos – mas havia, ao menos inicialmente, uma grave subestimação das implicações dessa diferença para a tese do primado, bem como para a utilidade ou adequação da sua sociologia ao descrever situações *fora* dos centros da sociedade mundial (Neves, 2015a, p. 118). Neves fundamenta-se no fato empírico da exclusão e da desigualdade periféricas para, a partir daí, sustentar a inadequação do primado da diferenciação funcional como forma de descrever a modernidade nas margens da sociedade mundial. O objeto de sua crítica, reforço, não é o suposto "atraso" da periferia em relação aos centros da sociedade mundial, mas, sim, o próprio Niklas Luhmann e as limitações empíricas de sua sociologia da modernidade; também é descabido cogitar uma oposição entre "pré-moderno/moderno" como duas formas de diferenciação social no trabalho de Neves, sendo uma típica das sociedades "avançadas" e outra das "periféricas" (Souza, 2013, p. 167) – a tese de uma sociedade mundial única e sincrônica, a qual Souza desacredita, seria, inclusive, um argumento favorável a este ponto: Neves aponta, justamente, que a modernidade não é uma exclusividade do centro e não pode ser descrita tendo apenas a "velha Europa" como referência.

Acredito que a faceta mais produtiva do trabalho de Neves não é percebida quando o reduzimos ao debate sobre se, afinal, na sociedade moderna *haveria ou não* a primazia da reprodução por funções sistêmicas – a diferenciação funcional. O que há de mais interessante na refutação do primado da diferenciação funcional é, decisivamente, o propósito de usar de modo estratégico e subversivo a teoria dos sistemas sociais, a fim de dar conta de um outro lado da modernidade excluído e não considerado pela teorização *luhmanniana*. Em vez de tomar a alopoiese do sistema jurídico e a generalização de relações de exclusão, simplesmente, como variáveis explicativas na tese da constitucionalização simbólica, essas características específicas da modernidade periférica são, antes, o seu ponto de partida, a posição de observação assumida por si e o pano de fundo contra o qual se movimenta o seu trabalho. É essa característica que, além de denotar a enorme criatividade teórica de Marcelo Neves, confere à tese da constitucionalização simbólica uma dimensão pós-colonial: a periferia converte-se em um espaço teórico de onde parte uma crítica potente à descrição da sociedade moderna com base na experiência do centro.

Uma intepretação pós-colonial da tese da constitucionalização simbólica implica compreendê-la como uma estratégia de *provincialização* da teoria dos sistemas sociais, no sentido sugerido por Chakrabarty: uma forma de contestar e descentrar as narrativas da modernidade do seu palco habitual, a Europa – e fazer isso a partir de uma perspectiva bastante específica e marcada, que é a da experiência da modernidade em um contexto não-europeu, não-central, *periférico*. A apropriação inovadora da forma inclusão/exclusão e sua respectiva articulação com a distinção centro/periferia permite a Neves realizar uma autêntica crítica à diferenciação funcional da sociedade moderna (Bachur, 2012;

Ribeiro, 2013), desde um ponto de vista periférico. É o fato de ocupar esse lugar teórico que permite a Neves *descentrar* a teoria dos sistemas sociais, fazendo da tese da constitucionalização simbólica também uma teoria periférica do direito, que, inclusive, tomada como agenda de pesquisa, pode se mostrar bastante produtiva para uma análise do constitucionalismo global e do Estado Democrático de Direito nos centros da sociedade mundial.

4 Conclusão

O objetivo deste capítulo foi o de apresentar a constitucionalização simbólica como uma teoria pós-colonial do direito na periferia da sociedade mundial. Com isso, quero dizer, primeiramente, que a constitucionalização simbólica pode ser também interpretada como uma autodescrição interna do sistema jurídico em países periféricos, como o Brasil, e que tem como ponto de partida a assimetria e a desigualdade profunda da sociedade mundial, enunciada por meio da apropriação heterodoxa da distinção centro/periferia. Em segundo lugar, isso significa que a tese da constitucionalização simbólica aponta para narrativas distintas, não-hegemônicas – porque não baseadas na experiência da modernidade nos centros –, sobre a evolução da sociedade moderna como sociedade mundial e sobre a diferenciação e reprodução dos subsistemas sociais como o direito, a política, a ciência ou a economia. O conceito de alopoiese e a refutação do primado da diferenciação funcional são os eixos que condensam esse debate.

Teorias são autodescrições, e autodescrições são, estritamente, observações. Como qualquer outra observação, a teoria assinala um lado e é cega a outro, produzindo espaços não-marcados que permanecem invisibilizados a não ser que se faça uma nova distinção que, por sua vez, cria outros espaços não-marcados e assim por diante: "nenhuma tematização da sociedade alcança consigo uma transparência total do mundo" (Luhmann, 2006a, p. 700). Diante disso, o que um pensamento rigoroso sobre a sociedade pode fazer – inclusive diante dos paradoxos e contradições produzidas pela diferenciação funcional – não é muito mais do que refletir as condições estruturais de sua posição de observadora de segunda ordem. Todavia, isso torna possível novos deslocamentos – *displacements*, *différances* –, que podem reorientar as atenções e as sensibilidades dentro da sociedade. Não se escapa do paradoxo, porém, de que todos os critérios para julgar o que é bom ou ruim, verdadeiro ou falso, funcional ou disfuncional, assim como as críticas à sociedade, acontecem dentro da própria sociedade e, muito mais do que dizerem algo *sobre* a sociedade moderna, são *parte* dela, exercendo um papel de desparadoxificação das distinções sociais.

A crítica pós-colonial e os seus correlatos projetos de descolonização da ciência não são uma fantasia idealista de uma *subaltern consciousness* (Spivak, 1988, 2010), mas, talvez bem pelo contrário, sirvam muito mais como um lembrete constante da realidade da colonização e da irreversibilidade das suas tragédias – que é o que torna qualquer modelo, projeto ou espaço de teorização pretensamente incólume de europeidade rigorosamente impossível e inacessível. Uma crítica pós-colonial não indica nenhuma saída fácil do eurocentrismo; pelo contrário, ela aponta para a própria *impossibilidade* de saída – o "espaço em branco inacessível" (Spivak, 2010, p. 83) –, potencialmente reinscrevendo na tese sistêmica da *inescapabilidade do social* uma nova dimensão que, nessa medida, permite ressaltar a perspectiva periférica: é precisamente nessa inescapabilidade/impossibilidade que jaz a *possibilidade* da crítica pós-colonial. Não por outra razão, aquilo que de melhor se pode esperar de uma crítica pós-colonial é o ímpeto de expor esses limites, estando consciente das complexidades e das contradições que envolvem todo discurso ou teorização que ocupe a margem como seu *locus* de enunciação. Mesmo assim – ou talvez por isso mesmo–, compreender e tatear os limites do constitucionalismo – e as aporias e os paradoxos escondidos na distinção entre o direito e a política – impõe-se como uma necessidade.

Fazer teoria do direito na periferia da sociedade mundial – e estar ciente dessa circunstância – deve implicar a sensibilidade sobre o quão profundamente a experiência do constitucionalismo é determinada pela evolução de uma sociedade mundial única e sincrônica – de cuja história a colonização faz parte. Essa circunstância reveste a concretização do modelo de Estado Democrático de Direito de desafios, problemas e complexidades que estão dados por fatores que ultrapassam as fronteiras dessas regiões territorialmente delimitadas – conquanto estejam também firmemente arraigadas e localizadas nos territórios dos Estados nacionais (Sassen, 2002). A tese da constitucionalização simbólica desloca, descentra e relativiza o próprio constitucionalismo e as hipóteses clássicas das "teorias da democratização" de regiões periféricas, como a América Latina e o Brasil, tão frequentemente são expostas a explicações rasas e superficiais de modernização, desenvolvimento e transição (Maia, 2011, p. 78).

Como autodescrição periférica do direito, a tese da constitucionalização simbólica também aponta para uma agenda de pesquisa constitucional e indica determinadas possibilidades de giros teóricos. O primeiro deles seria uma mudança na tônica das discussões em torno da teoria constitucional, dando menos ênfase à autonomia do sistema jurídico para debruçar-se sobre os efeitos recíprocos entre constitucionalismo e exclusão. O segundo seria a necessidade de enfrentar a condição periférica como elemento relevante para as descrições do constitucionalismo nas periferias da sociedade mundial, reconhecendo que nem a exclusão social nem a própria evolução social do constitucionalismo podem ser adequadamente descritas como restritas às fronteiras do Estado-nação, mas estão inevitavelmente imbricadas na sociedade mundial.

Por isso, é importante questionar o significado da diferenciação funcional para as periferias da sociedade mundial, expondo os paradoxos, as contingências e as artificialidades escondidas no constitucionalismo. Em última instância, é esse exercício que permitirá que a constituição possa ser levada a sério. No âmbito da academia, se esse movimento não vier da parte dos teóricos do direito, cujo ofício é o de traçar, retraçar e fazer moverem-se as linhas imaginárias sobre as quais se ergue o direito, de quem mais isso pode ser esperado?

Referências

BACHUR, João Paulo. *Às portas do labirinto*: para uma recepção crítica da teoria social de Niklas Luhmann. São Paulo: Azougue Editorial, 2010.

BACHUR, João Paulo. "Inclusão e exclusão na teoria dos sistemas sociais: um balanço crítico" in *BIB*, n. 73. São Paulo: 2012.

CHAKRABARTY, Dipesh. *Provincializing Europe:* post-colonial thought and historical difference. Princeton e Oxford: Oxford University Press, 2000.

COSTA, Sérgio. "Desprovincializando a sociologia: a contribuição pós-colonial" in Revista Brasileira de Ciências Sociais, vol. 21, nº 60. 2006.

GONÇALVES, Guilherme Leite. "Função interpretativa, alopoiese do direito e hermenêutica da cordialidade" in *Direito e Práxis*, vol. 1, n. 1. 2010.

GONÇALVES, Guilherme Leite. "Pós-colonialismo e teoria dos sistemas: notas para uma agenda de pesquisa sobre o direito" in DUTRA, Roberto Torres e BACHUR, João Paulo (Org.). *Dossiê Niklas Luhmann*. Belo Horizonte: Editora UFMG, 2013.

HALL, Stuart. "The West and the Rest" in *Formations of Modernity*. London: Polity Press, 1993.

HALL, Stuart. "When was 'the post-colonial'? Thinking at the limit" in CHAMBERS, Iain e CURTI, Lidia (Org.). *The post-colonial question*: common skies, divided horizons. Nova Iorque: Routledge, 1996.

LUHMANN, Niklas. "Tautology and the paradox in the self-description of modern society" in *Sociological Theory*, vol. 6, n. 1. 1988.

__________. *Theories of distinction*: redescribing the descriptions of modernity. Stanford: Stanford University Press, 2002.

__________. *Law as a social system*. Oxford: Oxford University Press, 2004.

__________. *La sociedad de la sociedad*. Ciudad de Mexico: Herder, 2006a.

__________. "System as Difference" in *Organization*, vol. 13, n. 1. Londres: SAGE Publications, 2006b.

__________. "Inclusão e exclusão" in DUTRA, Roberto e BACHUR, João Paulo (Org.). *Dossiê Niklas Luhmann*. Belo Horizonte: Editora UFMG, 2013.

NEVES, Marcelo. "Do pluralismo jurídico à miscelânea social: o problema da falta de identidade da(s) esfera(s) de juridicidade na modernidade periférica e suas implicações na América Latina" in *Revista do Instituto dos Advogados de Pernambuco - IAP,* vol. 1, n. 1. Recife: 1995.

__________. "Constitucionalização simbólica e desconstitucionalização fática: mudança simbólica da Constituição e permanência das estruturas reais de poder" in *Revista de Informação Legislativa*, a.33, n. 132. Brasília:1996a.

__________. "Luhmann, Habermas e o Estado de Direito" in *Lua Nova*, n. 37. São Paulo: 1996b.

__________. "De la autopoiesis a la alopoiesis del derecho" in *Doxa*, n. 19. Alicante: Universidad de Alicante, 1996c.

__________. "A força simbólica dos direitos humanos" in *Revista*

Eletrônica de Direito - REDE, n. 4. Salvador: 2005.

__________. *Entre Têmis e Leviatã*: uma relação difícil. São Paulo: Martins Fontes, 2008.

__________. *A constitucionalização simbólica*. São Paulo: WMF Martins Fontes, 2011.

__________. *Transconstitucionalismo*. São Paulo: WMF Martins Fontes, 2013a.

__________. "Marcelo Neves entre Hidra e Hércules" [13 de abril de 2013]. *Os Constitucionalistas*. Entrevista concedida ao Blog Crítica Constitucional. 2013b. Disponível em <http://www.osconstitucionalistas.com.br/marcelo-neves-entre-hidra-e-hercules>. Acesso em 09 de março de 2016.

__________. "A constituição e a esfera pública: entre diferenciação sistêmica, inclusão e reconhecimento" in DUTRA, Roberto e BACHUR, João Paulo (Org.). *Dossiê Niklas Luhmann*. Belo Horizonte: Editora UFMG, 2013.

__________. "Os Estados no centro e os Estados na periferia: alguns problemas com a concepção de Estados da sociedade mundial em Niklas Luhmann" in *Revista de Informação Legislativa*, ano 52, n. 206. 2015a.

__________. "Ideias em outro lugar? Constituição liberal e codificação do direito privado na virada do século XIX para o século XX no Brasil" in *Revista Brasileira de Ciências Sociais*, vol. 30, n. 88. 2015b.

QUIJANO, Aníbal. "A colonialidade do poder: eurocentrismo e América Latina" in Edgardo Lander (org), *A colonialidade do saber*: eurocentrismo e ciências sociais: perspectivas latino-americanas. Buenos Aires: CLACSO, 2005.

MAIA, João Marcelo E. "Ao sul da teoria: a atualidade teórica do pensamento social brasileiro" in *Revista Sociedade e Estado*, vol. 26, n. 2. 2011.

MAIA, João Marcelo E. "A imaginação da terra: o pensamento brasileiro e a condição periférica" in *Tempo Social*, vol. 25, n. 2. São Paulo: 2013.

MENDIETA, Eduardo. "Remapping Latin American Studies: post-colonialism, Subaltern Studies, post-occidentalism and globalization theory" in MORAÑA, M., DUSSEL, E. e JÁUREGUI, C.A. (Org.). *Coloniality at large*: Latin America and the postcolonial debate. Durham e Londres: Duke University Press, 2008.

MIGNOLO, Walter D. *The Idea of Latin America*. Oxford: Blackwell Publishing, 2005.

MIGNOLO, Walter D. *Local Histories/Global Designs*: coloniality, subaltern knowledges, and border thinking. Princeton: Princeton University Press, 2012.

RICUPERO, Bernardo. "Da formação à forma: ainda as 'ideias fora do lugar'" in *Lua Nova*, n. 73. São Paulo: 2008.

RIBEIRO, Gustavo Lins. "Post-imperialismo: para una discusión después del post-colonialismo y del multiculturalismo" in *Série Antropologia*, n. 278. Brasília: 2000a.

RIBEIRO, Gustavo Lins. "Antropologias mundiais: para um novo cenário global na antropologia" in *Revista Brasileira de Ciências Sociais*, vol. 21, n. 60. 2000b.

RIBEIRO, Pedro Henrique. "Luhmann 'fora do lugar'? Como a 'condição periférica' da América Latina impulsionou deslocamentos na teoria dos sistemas in *Revista Brasileira de Ciências Sociais*, vol. 28, n. 83. 2013.

SAID, Edward. *Orientalism*. New York: Random House, 1994.

SASSEN, Saskia. "The state and globalization" in HALL, Rodney Bruce e BIERSTEKER, Thomas J (ed.). *The emergence of private authority in global governance*. Cambridge: Cambridge University Press, 2002.

SCHWARZ, Roberto. "As ideias fora do lugar" in *Ao vencedor as batatas*: forma literária e processo social nos inícios do romance brasileiro. São Paulo: Editora 34, 2005.

SOUZA, Jessé. *A Construção Social da Subcidadania*: para uma Sociologia Política da Modernidade Periférica. Belo Horizonte: Editora UFMG; Rio de Janeiro: IUPERJ, 2003.

SOUZA, Jessé. "Niklas Luhmann, Marcelo Neves e o 'culturalismo cibernético' da moderna teoria sistêmica" in DUTRA, Roberto e BACHUR, João Paulo (Org.), *Dossiê Niklas Luhmann*. Belo Horizonte: Editora UFMG, 2013.

SPIVAK, Gayatri Chakravorty. "Subaltern Studies: deconstructing historiography" in GUHA, Ranajit e SPIVAK, Gayatri Chakravorty. *Selected Subaltern Studies*. Nova Iorque e Oxford: Oxford University Press, 1988.

SPIVAK, Gayatri Chakravorty. *Pode o subalterno falar?* Belo Horizonte: Editora UFMG, 2010.

A constitucionalização simbólica no ordenamento jurídico brasileiro: um estudo a respeito da sobreposição do sistema político ao sistema jurídico na Constituição de 1988 a partir dos pressupostos teóricos de Marcelo Neves

DANUZA FARIAS

1 Introdução

A Constituição geralmente é denominada como limitação jurídica ao Estado, e, consequentemente, ao governo - em uma acepção mais genérica –, também podendo ser considerada como declaração valores políticos e jurídicos inerentes à pessoa humana, carta programática, somatório dos fatores reais de poder vigentes na sociedade[1], como legislação instrumental - apontando limitações à normatividade[2] -,como produto da evolução da consciência moral no sentido de uma moral pós-convencional ou universal [3], ou ainda como estatuto composto por regras de convivência dos grupos das classes dominantes que busca certo apaziguamento dos conflitos sociais para manutenção do status quo[4].

Porém, essas denominações acima apresentadas não ensejam uma análise mais minuciosa acerca da Constituição, e, principalmente, acerca da relação entre o direito e a política, e como esta reflete no texto constitucional no Estado de bem-estar.

Para discutir através de um viés critico esta influência e a consequente ausência de concretização normativo-jurídica do texto constitucional, far-se-á necessário, portanto, uma nova

---

[1] LASSALLE, Ferdinand. *A essência da Constituição*. 5ª edição. Rio de Janeiro: Editora Lumen Juris, 2010.

[2] HESSE, Konrad. *A força normativa da Constituição*. Trad. Gilmar Ferreira Mendes. Porto Alegre: SAFe, 1991, p. 19

[3] NEVES, Marcelo. *A Constitucionalização Simbólica*. São Paulo: Martins Fontes, 2011, p. 65

[4] DUARTE. Osny Pereira. *Que é a constituição* - Cadernos do povo brasileiro. Rio de Janeiro: Editora Civilização Brasileira S. A, 1964, p.13

interpretação, que perceba a influência reciproca e desequilibrada entre o direito e a política, entendendo a Constituição Brasileira de 1988 como fator e produto da diferenciação funcional [5]entre direito e política, sendo consequência dessa diferenciação o processo de constitucionalização, e como consequência deste desequilibro o processo de constitucionalização simbólica. Para tal análise, utilizar-se-á a teoria da constitucionalização simbólica do professor Marcelo Neves, que faz uma releitura da teoria dos sistemas de Niklas Luhmann e seus desdobramentos perante o cenário constitucional brasileiro.

2 A autopoiese e a alopoiese na realidade constitucional brasileira

Para discutir a Constituição será necessário apresentar algumas premissas sobre o sistema jurídico. Pois bem, a primeira premissa a ser aqui apresentada é a de autopoiese. Tal conceito é definido, primariamente, como sistema que é construído pelos próprios componentes que o constroem. Ou seja, um sistema de autorreprodução ou autorreferente[6]. Pensar o sistema jurídico

---

[5]A ciência se diferencia em diversas disciplinas as quais reproduzem a função macroestrutural de produzir verdades/ não verdades, os partidos políticos são diferenciações que reproduzem a posse do poder, os diversos códigos jurídicos reproduzem o código legal/ilegal, as empresas reproduzem o código ter/ não ter, e assim por diante. *Diferenciações*, quaisquer que sejam, reproduzem *o código estrutural*, de outra maneira não poderiam pertencer ao sistema que as especificam. [...] Estes códigos estruturais *evoluíram* com a evolução da sociedade. São diferenciações no interior da sociedade e reproduzem funções específicas que trazem consequências para a evolução da sociedade. Luhmann (2007) indica os sistemas funcionais como sistemas sociais *autopoiéticos diferenciados no interior do sistema social total*, a sociedade. São eles: economia, ciência, direito, política, religião, sistema educacional, arte, amor, movimentos sociais, entre outros. O *processo chave* de entendimento da dinâmica formadora dos sistemas sociais é a *diferenciação funcional*. A diferenciação de um sistema deve ser entendida como uma construção recursiva de um sistema, em acordo com a perspectiva autopoiética do sistema sociais. Ou seja, desde si mesmo, um sistema se diferencia produzindo subsistemas parciais, os quais, desde o sistema original, são agora entorno. (RODRIGUES, Léo Peixoto; NEVES, Fabrício Monteiro. *A sociologia de Niklas Luhmann*. Rio de Janeiro: Editora Vozes, 2017, p. 134)

[6] "São sistemas capazes de estabelecer relações consigo mesmos e de diferenciar essas relações frente às de seu entorno [...] não se constituem apenas em uma categoria analítica, mas que existem concretamente". RODRIGUES, Léo Peixoto; NEVES, Fabrício Monteiro. *A sociologia de Niklas Luhmann*. Rio de Janeiro: Editora Vozes, 2017, p.29

enquanto sistema social é pensá-lo, em tese, justamente como um sistema autônomo, que se autorregula, se auto-observa e que se auto-mantém, tendo como substrato a comunicação[7].

Isto significa que um sistema autopoiético[8] concebe os próprios elementos que o compõe através destes próprios elementos[9]. Obviamente que tal conceito e explicações estão sendo aqui abordadas de forma simples, por não ser o objetivo geral do presente trabalho. Mas é crucial apontar que existem complexidades necessárias de serem aprofundadas para realizar um debate mais qualificado quando se trata de definir a autopoiese e discutir o direito enquanto sistema social.

Desta forma, uma diferença crucial para se pontuar aqui é a diferença do direito na pré-modernidade e na modernidade. O direito, na pré-modernidade, era sobredeterminado pela política, não sendo um sistema autorreferenciado, muito menos autopoiético. Na modernidade, o direito passa a possuir um código próprio autorreferenciado, autorregulatorio e que se mantêm através da positivação e do controle do código-diferença por ele estabelecido: o código lícito/ilícito. "Nesse sentido, a positividade é conceituada

---

[7] Ibidem, p.20

[8] "Em Luhmann, no entanto, o conceito adquire uma abrangência maior e deve ser lido a partir do processo de diferenciação do sistema em relação ao ambiente. Nesse sentido, a noção de autopoiese compreende três fases interdependentes: autorreferência de base, reflexividade e reflexão. A primeira refere-se a autorreprodução dos elementos. Para Luhmann, como um elemento só existe em relação a outros, eles se remetem necessariamente entre si como redes recursivas, que, ao se diferenciarem conforme as possibilidades de relação, reduzem as alternativas disponíveis no mundo (diminuição de complexidade) [...] a segunda etapa, por sua vez, consiste na capacidade de um processo referir-se a si mesmo. Luhmann denominou-a reflexividade, pois exprime a possibilidade de o processo se submeter aos seus meios para escolher seus atos. A terceira fase, denominada reflexão, diz respeito à autodescrição do sistema, isto é, à sua necessidade de se reconhecer como diverso [...] Quando essas três fases operam simultaneamente, tem-se a estabilização de um sistema autopoiético diferenciado de seu ambiente". (GONÇALVES, Guilherme Leite; FILHO, Orlando Villas Bôas. *Teoria dos sistemas sociais, direito e sociedade na obra de Niklas Luhmann*. São Paulo: Editora Saraiva, 2013, p.50)

[9] Marcelo Neves também descreve os três aspectos da caracterização da autopoiese de um sistema a partir de uma leitura luhmanniana. Aponta também a autorreferência de base, a reflexividade e a reflexão como seus elementos. Neste sentido, ratifica a ideia de que esses três elementos não reduzem a reprodução autopoiética à autorreferência, apenas fixam esta forma como mínima para sua caracterização. (NEVES, Marcelo. *A Constitucionalização Simbólica*. São Paulo: Martins Fontes, 2011, p. 133)

como autodeterminação ou fechamento operacional do direito"[10]. A positividade, vista como fechamento operacional ou normativo, teria o condão de impedir as nebulosas balbúrdias entre o sistema jurídico, outros sistemas sociais e seu ambiente/sociedade.

O direito positivo moderno passa a ser considerado, portanto, um subsistema funcional, autorreferencial e autopoiético, que compõe, ao lado de outros subsistemas funcionais (política, educação, economia, etc.), uma sociedade, entendida como sistema social global[11]. Isto significa que nas sociedades contemporâneas, o próprio direito prevê seus mecanismos de reprodução, reforma e adaptação às mudanças em relação ao que é exterior ao direito, reelaborando, portanto, as pressões externas em novos padrões internos, mantendo o subsistema do direito coeso frente à sociedade[12].

Assim, a Constituição desempenha o papel de interpenetração entre o direito e a política, atuando como acoplamento estrutural[13] entre os dois subsistemas sociais. Ou seja, a Constituição, em tese, diferencia o direito e a política, não os considerando isoladamente, e sim percebendo a influência recíproca entre eles. Porém, atua como filtro nesta relação intersistêmica, desempenhando, desta feita, uma "dupla função de incluir e excluir irritações reciprocas das operações

---

[10] NEVES, Marcelo. *A Constitucionalização Simbólica*. São Paulo: Martins Fontes, 2011, p. 135

[11] GONÇALVES, Guilherme Leite; FILHO, Orlando Villas Bôas. *Teoria dos sistemas sociais, direito e sociedade na obra de Niklas Luhmann*. São Paulo: Editora Saraiva, 2013, p. 103-104

[12] MASCARO, Allyson Leandro. *Introdução ao estudo do direito*. 5ª edição. São Paulo: Editora Atlas, 2015, p. 124

[13] A sociedade moderna é caracterizada pela autonomia estrutural de sistemas sociais e por não preço por um centro de controle que determina a todos os processos e, por isso, os sistemas sociais da sociedade se reproduzem, sem necessariamente encontrar uma simetria com seu entorno. A essa maneira específica de reprodução da sociedade, caracterizada por sistemas funcionais autorreferenciais fechados em seus próprios processos, Deve-se confrontar Teoricamente um conceito que trate de articular autorreferencialidade sistêmica com relacionamento entre sistemas. A esta relação, entre sistemas determinados por sua própria estrutura, dá-se o nome de acoplamento estrutural. [...] Acoplamentos estruturais ocorrem corriqueiramente na sociedade moderna levando os sistemas sociais a níveis maiores de complexidade e diferenciação. Alguns exemplos de acoplamentos estruturais entre sistema podem ser verificados nos impostos (acoplamento entre política e economia), na Constituição (direito e política), contrato (direito e economia) [...]. (RODRIGUES, Léo Peixoto; NEVES, Fabrício Monteiro. *A sociologia de Niklas Luhmann*. Rio de Janeiro: Editora Vozes, 2017, p. 138 – 139)

jurídicas e políticas"[14]. Por isso, Neves[15] define a função de acoplamento estrutural desempenhada pela Constituição[16] como uma via de prestações recíprocas, e, principalmente como "mecanismo de interpenetração (ou mesmo de interferência) entre dois sistemas sociais autônomos". Percebe-se que, no caso em tela, os sistemas sociais tratados são especificamente a política e o direito, no qual a Constituição traz uma possibilidade de "solução jurídica do problema de autorreferência do sistema político e, ao mesmo tempo, uma solução política do problema de autorreferência do sistema jurídico".

Logo, a Constituição se configura como um subsistema do sistema jurídico[17], principalmente no campo do direito constitucional. Desta forma, a Constituição fecha o sistema jurídico, de modo que qualquer tentativa de interferência do sistema político no sistema jurídico deveria ser mediatizada por normas jurídicas através da atividade legiferante e do respectivo procedimento

---

[14] GONÇALVES, Guilherme Leite; FILHO, Orlando Villas Bôas. *Teoria dos sistemas sociais, direito e sociedade na obra de Niklas Luhmann.* São Paulo: Editora Saraiva, 2013, p. 141

[15] NEVES, Marcelo. *A Constitucionalização Simbólica.* São Paulo: Martins Fontes, 2011, p. 65 - 66

[16] [...] Esse acoplamento serviria à promoção e filtragem de influências e instigações recíprocas entre sistemas autônomos diversos, de maneira duradoura, estável e concentrada, vinculando-os no plano de suas respectivas estruturas sem que nenhum desses sistemas perca sua autonomia. Os acoplamentos estruturais são filtros que excluem certas influências e facilitam outras. Há uma relação simultânea de independência e de dependência entre os sistemas acoplados estruturalmente. As estruturas de um sistema passam a ser, mediante os acoplamentos estruturais, relevantes e mesmo indispensáveis à reprodução das estruturas de um outro sistema e vice-versa. (NEVES, Marcelo. *Transconstitucionalismo.* São Paulo: Editora Martins Fontes, 2009, p. 35)

[17] [...] Porém, se a Constituição sob um ponto de vista jurídico-sociológico pode ser conceituada como subsistema do direito, então não se exclui uma leitura das normas constitucionais como expectativas de comportamento congruentemente generalizadas, contrafacticamente estabilizadas. Nesse sentido, A vigência das normas constitucionais não decorre simplesmente do procedimento constituinte e da reforma constitucional como o processo de filtragem especificamente orientados para tal fim, mas também da concretização constitucional como pluralidade de processo de filtragem. Por conseguinte, não se define a constituição apenas sob o aspecto estrutural (expectativas, normas), mas simultaneamente sobre o ponto de vista operativo: ela inclui as comunicações que, de um lado, fundamenta-se nas expectativas constitucionais vigentes e de outros servem de base a elas. (NEVES, Marcelo. *A Constitucionalização Simbólica.* São Paulo: Martins Fontes, 2011, p. 68)

legislativo. Assim, a Constituição fecharia operativamente o sistema jurídico através da sua positividade, sendo o sistema de validade de todo o ordenamento jurídico.

Ocorre que há um desequilibro acerca desta função desempenhada pela Constituição de 1988 enquanto filtro na relação de interpenetração intersistêmica entre direito e política. Desequilíbrio este que compromete o equilíbrio do ordenamento jurídico, pois compromete o seu fechamento operacional, visto que há uma "falha" na função desempenhada pela Constituição no caso do direito constitucional brasileiro.

Até o presente momento, neste trabalho, discutiu-se autopoiese, Constituição enquanto acoplamento estrutural, e direito enquanto subsistema (se referindo a sociedade – ambiente – ou sistema caso se refira a si mesmo e a outros sistemas), para inserir ao debate uma nova conceituação, a de alopoiese, para entender o desequilíbrio desta função de acoplamento estrutural da Constituição na realidade constitucional brasileira.

Segundo Marcelo Neves[18], a alopoiese[19] seria uma assimetria no plano de orientação normativa, ou seja, uma negação da autorreferência operacional do direito, que diante de tais condicionantes perderia seu significado e seria influenciado por injunções diretas do mundo exterior. Nesta casuística, a Constituição desempenha precariamente seu papel de filtro de interpenetração intersistêmica. Assim, há uma modificação do "agir e do vivenciar jurídico", desconstruindo a autorreferência do direito. O que acaba por ocasionar, consequentemente, a falha e falta da autonomia operacional do direito positivo estatal.

A partir destas premissas, Marcelo Neves define em sua teoria da constitucionalização simbólica que, o que existe na realidade constitucional brasileira, é justamente esta falta de autonomia

---

[18] NEVES, Marcelo. *A Constitucionalização Simbólica*. São Paulo: Martins Fontes, 2011, p. 142

[19] [...] quando falo de direito alopoiético, refiro-me ao próprio direito estatal, territorialmente delimitado. Procuro esclarecer que não se desenvolve, em determinados âmbitos de vigência espacial delimitados fixamente, a diferenciação funcional suficiente de uma esfera do agir e do vivenciar jurídico, ou seja, não se constrói um sistema autorreferencial apto a, de maneira congruentemente generalizada no domínio da respectiva sociedade, orientar as expectativas normativas irregular as conexões interpessoais de conduta. (NEVES, Marcelo. *A Constitucionalização Simbólica*. São Paulo: Martins Fontes, 2011, p. 145-146)

operacional do direito, e que esta ausência significa a sobreposição de outros códigos sistêmicos, principalmente o da política – através do seu código-diferença "poder/não poder" –, e o da economia com seu código "ter/não ter", "em detrimento da eficiência, funcionalidade e racionalidade do direito"[20]. O que, consequentemente, acaba por gerar o fenômeno da constitucionalização simbólica, principalmente no tocante aos direitos sociais.

3 A constitucionalização simbólica como consequência da sobreposição do sistema político ao sistema jurídico

No tópico anterior foram trabalhadas as premissas epistemológicas do direito enquanto sistema, e da Constituição enquanto acoplamento estrutural diante da realidade constitucional brasileira com base na teoria do professor Marcelo Neves. Tal debate fez-se necessário para conseguir uma compreensão do fenômeno que será tratado neste tópico: a constitucionalização simbólica, e como esta é consequência do desequilíbrio da Constituição enquanto acoplamento estrutural na relação intersistêmica entre direito e política.

Pois bem, a constitucionalização simbólica é definida por Marcelo Neves, como um problema da modernidade periférica[21], e tem sua origem justamente na falta de autonomia operacional do direito, que ocasiona, consequentemente, a hipertrofia da função político-simbólica do texto constitucional em detrimento de sua eficácia normativo-jurídica[22]. Justamente esta hipertrofia evidencia o primeiro sentido que será abordado da constitucionalização simbólica, o sentido negativo: a insuficiente concretização normativo-jurídica de forma generalizada do texto constitucional, caracterizando "uma ausência generalizada de orientação das

---

[20] NEVES, Marcelo. *A Constitucionalização Simbólica*. São Paulo: Martins Fontes, 2011, p. 147

[21] Como o tema de modernidade periférica não é o centro de análise do presente trabalho, recomenda-se a leitura, para fins de aprofundamento do tema, do livro "Constituição e Direito na Modernidade Periférica: uma abordagem teórica e uma interpretação do caso brasileiro" e em "Entre Têmis e Leviatã: uma relação difícil", em seu capítulo V (fls. 236), ambos do professor Marcelo Neves.

[22] NEVES, Marcelo. *A Constitucionalização Simbólica*. São Paulo: Martins Fontes, 2011, p. 2

expectativas normativas conforme as determinações dos dispositivos da Constituição[23]". Desta feita, ocorre, diante dessa ausência de orientação constitucional das expectativas – visto que o direito também tem a função de regular condutas -, um bloqueio permanente e estrutural da concretização normativo-jurídica da norma constitucional através injunção de outros códigos sistêmicos, de modo que estes se sobrepõem ao código do sistema jurídico[24] devido ao detrimento de sua eficácia normativo-jurídica.

Não obstante, a constitucionalização simbólica também possui um sentido positivo, caracterizado pelo papel político-ideológico que pode vir a desempenhar, podendo responder a exigências e objetivos políticos concretos, ao mesmo tempo em que é destituída de sua função instrumental.

A concretização do conteúdo normativo-jurídico, diante deste viés simbólico, só poderia ser materializada mediante condições sociais totalmente diversas, visto que o seu conteúdo (simbólico) tende a ocultar a realidade, bem como impossibilitar reais soluções que ensejariam a modificação do status quo. Ou seja, o sentido

---

[23] NEVES, Marcelo. *A Constitucionalização Simbólica*. São Paulo: Martins Fontes, 2011, p. 92

[24] [...] na visão da teoria dos sistemas, o âmbito da matéria (econômico, político, científico, religioso, moral etc.) - orientado por outros códigos-diferença (" ter/ não-ter", " poder/ não poder", " verdadeiro/ falso", " transcendente/ imanente", " consideração/ desprezo" etc), sejam estes sistemicamente estruturados ou envolvidos no " mundo da vida" - não estaria em condições de submeter-se a uma comutação seletiva por parte do código jurídico de diferença entre lícito e ilícito. Os procedimentos e argumentos especificamente jurídicos não teriam relevância funcional em relação aos fatores do ambiente. Ao contrário, no caso da constitucionalização simbólica ocorre o bloqueio permanente e estrutural da concretização dos critérios/ programas jurídico-constitucionais pela injunção de outros códigos sistêmicos e por determinações do " mundo da vida", de tal maneira que, no plano constitucional, ao código "lícito/ ilícito" sobrepõem-se outros códigos-diferença orientadores da ação e vivências sociais. Nessa perspectiva, mesmo que se admita a diferença entre constitucional e inconstitucional como código autônomo no interior do sistema jurídico, "o problema reside não apenas na constitucionalidade do direito, ele reside, primeiramente, já na juridicidade da Constituição". Pode-se afirmar que a realidade constitucional, enquanto ambiente do direito constitucional, tem relevância "seletiva", ou melhor, destrutiva, em relação a essa parte do sistema jurídico (NEVES, Marcelo. *A Constitucionalização Simbólica*. São Paulo: Martins Fontes, 2011, p. 92-94)

positivo da constitucionalização simbólica – seu papel político-ideológico -, faz, portanto, "referência à hipertrofia do uso simbólico-ideológico da legiferação em contradição com a função específica do sistema jurídico de orientar expectativas normativas e regular condutas"[25].

A constitucionalização simbólica também possui tipologia própria, baseada na tipologia do modelo tricotômico de Kindermann para caracterizar a legislação simbólica[26] - possuindo três formas básicas de manifestação: 1) a constitucionalização simbólica destinada à corroboração de determinados valores sociais; 2) a constituição como fórmula de compromisso dilatório; 3) a constitucionalização-álibi[27].

Em se tratando de corroborar determinados valores sociais, os dispositivos constitucionais confirmam as crenças e modos de vida de determinados grupos sociais, ainda que não haja relevância normativo-jurídica. A segunda hipótese trata dos compromissos fórmula-dilatórios, que intencionam o não alcance de uma decisão objetiva, cumprindo exatamente o objetivo de afastá-la e adiá-la. E, por último, a constitucionalização álibi[28], que acaba por

---

[25] NEVES, Marcelo. *Constituição e direito na modernidade periférica:* uma abordagem teórica e uma interpretação do caso brasileiro. São Paulo: Editora Martins Fontes, 2018, p. 148

[26] Tal discussão também se encontra presente na obra "A Constitucionalização Simbólica" do professor Marcelo Neves, no primeiro capítulo de seu livro, à pg. 31.

[27] NEVES, Marcelo. *A Constitucionalização Simbólica.* São Paulo: Martins Fontes, 2011, p. 102

[28] Trata-se aqui de uma conexão complexa de ações, mediante a qual se transmite um modelo constitucional que - como foi observado acima - só poderia ser realizado sob condições sociais inteiramente diversas. Dessa maneira, perde-se transparência no que concerne ao fato de que a situação social que teria de refletir o modelo constitucional simbólico só poderia tornar-se realidade por meio de uma profunda transformação das relações sociais. Ou figurino constitucional atua como ideal a ser atingido, por um lado, mediante a disposição e as boas intenções dos detentores do poder e, por outro, sem prejuízo para os grupos privilegiados. Pertencem ao discurso do poder a invocação do documento constitucional como estrutura normativa asseguradora dos direitos fundamentais, da divisão dos poderes e da eleição democrática e o recurso retórico a essas instituições como conquista do governo ou do Estado e como provas da existência da democracia no país. A fórmula ideologicamente carregada "sociedade democrática" é empregada regularmente com base no texto constitucional, como se estivesse *sob* uma

comprometer todo o sistema constitucional, pois nesta hipótese a "própria atividade constituinte, o texto constitucional e o discurso a ele referente funcionam como álibi para os legisladores constitucionais e governantes, como também para detentores de poder não integrados formalmente na organização estatal"[29]. Discutida a tipologia da constitucionalização simbólica, agora se dará o debate central do respectivo trabalho, a constitucionalização simbólica como sobreposição do sistema político ao sistema jurídico.

Conforme, já foi supramencionado, a constitucionalização simbólica aponta um "colapso" quando se analisa o direito enquanto sistema autorreferente, pois afeta as estruturas fundamentais da Constituição, que deveria como funcionar como acoplamento estrutural e, ao mesmo tempo, como fechamento operativo; mas, como não o faz, acaba por ocasionar um bloqueio político da reprodução operacionalmente autônoma do sistema jurídico[30].

Entretanto, far-se-á necessário pontuar que a constitucionalização simbólica não tem apenas um caráter negativo, ou seja, não é apenas mecanismo de bloqueio do direito pela política.

Constituição normativa. Mediante esses "enganos" ou "ilusões", que implicam uma distorção pragmática da linguagem constitucional, tensões sociais são atenuadas, vias para transformação da sociedade são obstruídas e o sistema político é imunizado contra outras alternativas. (NEVES, Marcelo. *Constituição e direito na modernidade periférica*: uma abordagem teórica e uma interpretação do caso brasileiro. São Paulo: Editora Martins Fontes, 2018, p. 149)

[29] NEVES, Marcelo. *A Constitucionalização Simbólica*. São Paulo: Martins Fontes, 2011, p. 103 - 104

[30] [...] A constitucionalização simbólica, que afeta as estruturas fundamentais da Constituição e não apenas determinados dispositivos constitucionais isolados, é um mecanismo que põe a autonomia do direito generalizadamente em questão. Deve-se observar aqui a abrangência dos temas constitucionais nas dimensões material, social e temporal: 1) o direito constitucional refere-se mediata ou imediatamente a todos os ramos do direito; 2) o consenso (" suposto") em torno da base constitucional é pressuposto da institucionalização das normas infraconstitucionais e respectivos procedimentos; 3) a continuidade normativa da Constituição é condição da alterabilidade juridicamente regulada e reciclagem permanente das normas infraconstitucionais às novas exigências do ambiente. Consequentemente, em não havendo suficiente relevância normativo-jurídica dos textos constitucionais, compromete-se o direito como um sistema autônomo fundamentado na congruente generalização de expectativas normativas nas dimensões material, social e temporal. (NEVES, Marcelo. *A Constitucionalização Simbólica*. São Paulo: Martins Fontes, 2011, p. 150)

Há de se considerar numa perspectiva positiva, principalmente ao considerar o discurso constitucionalista e a construção de uma imagem de Estado/governo identificado com os valores constitucionais, ainda que a ausência de concretização normativo-jurídica o contradiga. Porém, geralmente, ainda que em seu aspecto positivo, na constitucionalização simbólica configura-se a exploração do sistema jurídico pela política[31], principalmente nos casos de constitucionalização álibi.

O texto constitucional simbólico traz ainda problemas de reprodução do direito nos três momentos distintos de sua autorreferência – autorreferência de base, reflexão e reflexividade -, desta forma, têm como efeitos a falta de força normativa do texto constitucional – que conduz a uma legalidade e constitucionalidade insuficientes -, e a desconexão entre a práxis constitucional e a dogmática jurídica e a teoria do direito sobre o respectivo texto constitucional[32].

O princípio da legalidade não se realiza, portanto, de forma suficiente "através da conexão consistente das comunicações jurídicas (atos jurídicos) com base exclusivamente no código-diferença lícito/ilícito"[33]. Realiza-se através de argumento retórico do discurso de poder. O princípio da legalidade – mantenedor, em tese, da obediência aos procedimentos legalmente estipulados -

---

[31] Apesar das premissas epistemológicas opostas e métodos distintos, é possível traçar algum paralelo e similaridade entre as formulações de Marcelo Neves e de Alysson Mascaro em se tratando da interferência da política sobre o direito, e como esta interferência contribui para a ausência de concretização normativo-jurídica do texto constitucional. Ambos refutam com excelentes proposições a argumentação rasa e superficial sobre a imparcialidade do direito e sua suposta neutralidade. Alysson Mascaro afirma que a forma jurídica e a forma política estatal se originaram a partir das formas sociais mercantilistas, afirmando que aquelas formas são pilares estruturais do todo social, e que atuam em mútua implicação. Apesar de não trazer ao debate uma análise sistêmica, Mascaro também aponta a "simbiose" entre o direito e a política, ao afirmar que: "o Estado e o direito como ângulos distintos de um mesmo fenômeno, o contorno do jurídico é constituído pelo político"[31]. Perceptível a similiridade nos discursos de influência da política sobre o direito e vice-versa, porém não são equivalentes. (MASCARO, Alysson Leandro. *Estado e reforma política*. São Paulo: Editora Boitempo, 2013, p. 38)

[32] NEVES, Marcelo. *A Constitucionalização Simbólica*. São Paulo: Martins Fontes, 2011, p. 154

[33] NEVES, Marcelo. *A Constitucionalização Simbólica*. São Paulo: Martins Fontes, 2011, p. 155

também é influenciado pelo bloqueio do processo de concretização constitucional que é resultado, principalmente, da sobreposição dos códigos binários de preferência dos subsistemas político e econômico – através de seus códigos-diferença "poder/não poder" e "ter/não ter" - sobre o subsistema jurídico – com seu código "lícito/ilícito"[34]. Nesta perspectiva, a impossibilidade de concretização normativa congruentemente generalizada da Constituição significa que esta não consegue desenvolver-se como normatização mais compreensiva de processos de normatização dentro do sistema jurídico, nem garantir a observância aos seus procedimentos e atos normativos com base no princípio acima supramencionado.

O direito, então, enquanto subsistema autopoiético, no constitucionalismo brasileiro, perde seu significado empírico diante da insuficiente concretização normativo-jurídica do texto constitucional. Por consequência, os direitos fundamentais são constituídos, na práxis constitucional, como privilégios de minorias, enquanto para a maioria da população tais direitos têm sua existência limitada ao campo do discurso, ou "quase apenas na retórica político-social dos direitos humanos, tanto dos "ideólogos do sistema de dominação quanto dos seus críticos"[35].

Mais uma vez, portanto, a discussão de concretização normativo-jurídica das normas programáticas constitucionais é apontada para um futuro incerto, atuando como constitucionalização álibi - que permite a construção de um discurso de Estado identificado com os valores constitucionais, mas que não consegue materializá-lo por questões alheias a sua vontade, a exemplo do subdesenvolvimento

---

[34] [...] a referência dos sistemas sociais ao seu ambiente realiza-se através da *função* e da *prestação*. A função é a relação do subsistema social com a sociedade como um todo. A prestação apresenta-se como a referência de um subsistema a outro subsistema da sociedade. Com respeito ao sistema jurídico, a *função* realiza-se primariamente através da orientação congruentemente generalizada de expectativas normativas, embora também seja função do direito a regulação da conduta. A *prestação* mais genérica do sistema jurídico é a solução de conflitos que não se apresentam mais em condições de ser resolvidos com os critérios e diferenças de cada um de outros sistemas. Mas o direito também realiza prestações especificamente diferenciadas para os outros sistemas da sociedade [...]. (NEVES, Marcelo. *A Constitucionalização Simbólica*. São Paulo: Martins Fontes, 2011, p. 158 - 159)

[35] NEVES, Marcelo. *A Constitucionalização Simbólica*. São Paulo: Martins Fontes, 2011, p. 161

social. Logo, é perceptível que a sobreposição do sistema político ao sistema jurídico no ordenamento jurídico brasileiro e no Estado de bem-estar, com a consequente constitucionalização simbólica como fenômeno derivado, favorece uma concretização normativo-jurídica do texto constitucional limitada e excludente, principalmente no tocante aos direitos fundamentais e direitos sociais[36].

4 Considerações finais

O presente trabalho buscou, através de uma pesquisa bibliográfica e norteada pela perspectiva de Marcelo Neves, realizar uma análise minuciosa e crítica da Constituição, especificamente do porquê da ausência de concretização normativo-jurídica do seu texto constitucional.

Para isso, considerou as bases epistemológicas trabalhadas pelo supramencionado autor, que correlaciona a ausência de concretização normativo-jurídica ao "precário" desempenho da Constituição enquanto acoplamento estrutural na relação de interpenetração e interferência entre os sistemas político e jurídico (e como fator e produto de sua diferenciação funcional), que deveria ser, em tese, autônomo, autorreferente, auto mantenedor – ou seja, autopoiético.

Porém, este "precário" desempenho aponta a fragilidade do

---

[36] A falta de concretização normativa jurídica do texto constitucional está associada à sua função simbólica. A identificação retórica do Estado e do governo com o modelo democrático ocidental encontra respaldo no documento constitucional. Em face da realidade social discrepante, o modelo constitucional invocado pelos governantes como álibi: transfere-se a "culpa" para a sociedade "desorganizada" e "atrasada", "descarregando-se" de "responsabilidade" o Estado ou governo constitucional. No mínimo, transfere-se a realização da Constituição para um futuro remoto e incerto. No plano da reflexão jurídico-constitucional, essa situação repercute " ideologicamente", quando se afirma que a Constituição de 1988 é " a mais programática" entre todas as que tivemos e se atribui sua legitimidade à promessa e esperança de sua realização no futuro: " a promessa de uma sociedade socialmente justa, a esperança de sua realização". Confunde-se, assim, a categoria dogmática das normas programáticas, realizáveis dentro do respectivo contexto jurídico-social, com o conceito de constitucionalização simbólica, indissociável da insuficiente concretização normativa do texto constitucional. (NEVES, Marcelo. *A Constitucionalização Simbólica*. São Paulo: Martins Fontes, 2011, p. 186)

fechamento operacional do sistema jurídico, possibilitando o fenômeno da constitucionalização simbólica. Demonstra-se, assim, que a autopoiese não pode ser considerada como configurada, em seu sentido estrito, na realidade constitucional brasileira. Para contrapor a ideia de autopoiese, Marcelo Neves traz a análise da alopoiese à realidade constitucional brasileira, justamente pela sobreposição do sistema político ao sistema jurídico, explorando-o, como uma realidade ao cenário constitucional nacional.

Ao considerar a alopoiese uma negação da autorreferência operacional do direito, Marcelo Neves afirma a influência por injunções diretas do mundo exterior sobre o sistema jurídico, e, consequentemente, sobre a Constituição, que teria uma justificativa para a função precariamente desempenhada enquanto filtro de interpenetração intersistêmica. Desta forma, tem-se a "porta de entrada" para a legislação constitucionalmente simbólica no direito constitucional brasileiro – que pode ter um caráter positivo e negativo – mas que acabar por estremecer as bases de todo o sistema constitucional, visto que a atividade constituinte, o texto constitucional e o discurso a ele referente perdem sua perspectiva de concretização normativo-jurídica para ficarem restritos a um discurso retórico de poder, que funciona como álibi para os legisladores constitucionais, governantes, e detentores de poder não integrados formalmente na organização estatal.

Diante disto, percebe-se que as normas ditas programáticas – principalmente as que tratam de direitos fundamentais e direitos sociais – e que necessitam de uma mudança do status quo para sua real concretização serão analisadas, não diante de uma perspectiva jurídica de cumprimento dos pressupostos legais de sua aplicabilidade (eficácia) e efetivação, mas diante de um cenário de ausência de concretização normativo-jurídica respaldada pelo sistema político em detrimento do jurídico.

Logo, diante das formulações acima expostas, conclui-se que há uma intencionalidade política na falta de concretização normativo-jurídica do texto constitucional pelos governantes, principalmente a partir da utilização da constitucionalização álibi enquanto mecanismo retórico de comunicação e de poder para fins de controle e apaziguamento de conflitos sociais. Pois, tal legislação simbólica possibilita a transferência da culpa e da responsabilidade do Estado para a sociedade, justificando o adiamento desta concretização de normas programáticas – voltadas para o social – para um futuro incerto e longínquo. Desta forma, a promessa de efetivação do Estado de bem-estar, propriamente dito e consolidado, se dará no mesmo futuro incerto e longínquo, aproveitando-se da confusão da categoria dogmática das normas programáticas, que são possíveis de realização dentro de um contexto jurídico-social, para promovê-las como discurso constitucional simbólico, ou seja, constitucionalização simbólica, que é indissociável da precária, ineficaz e ineficiente concretização normativa do texto constitucional.

Referências bibliográficas

DUARTE. Osny Pereira. *Que é a constituição* - Cadernos do povo brasileiro. Rio de Janeiro: Editora Civilização Brasileira S. A, 1964

GONÇALVES, Guilherme Leite; FILHO, Orlando Villas Bôas. *Teoria dos sistemas sociais, direito e sociedade na obra de Niklas Luhmann.* São Paulo: Editora Saraiva, 2013

HESSE, Konrad. *A força normativa da Constituição.* Trad. Gilmar Ferreira Mendes. Porto Alegre: SAFe, 1991

LASSALLE, Ferdinand. *A essência da Constituição.* 5ª edição. Rio de Janeiro: Editora Lumen Juris, 2010.

MASCARO, Allyson Leandro. *Introdução ao estudo do direito.* 5ª edição. São Paulo: Editora Atlas, 2015

__________. *Estado e reforma política.* São Paulo: Editora Boitempo, 2013

NEVES, Marcelo. *A Constitucionalização Simbólica.* São Paulo: Martins Fontes, 2011

__________. *Constituição e direito na modernidade periférica*: uma abordagem teórica e uma interpretação do caso brasileiro. São Paulo: Editora Martins Fontes, 2018

__________. *Transconstitucionalismo.* São Paulo: Editora Martins Fontes, 2009

__________. *Entre Têmis e Leviatã:* uma relação difícil. São Paulo: Editora Martins Fontes, 2012.

RODRIGUES, Léo Peixoto; NEVES, Fabrício Monteiro. *A sociologia de Niklas Luhmann.* Rio de Janeiro: Editora Vozes, 2017

Reflexões acerca constitucionalismo latino-americano – entre a concretização do pluralismo cultural e a constitucionalização simbólica

FILIPE MENDES CAVALCANTI LEITE

1 Introdução

A necessidade de construir um Estado em sintonia com as tradições culturais e com a pluralidade que compõe a vida das instituições e da sociedade levou alguns países latino-americanos a redefinir os esquadros de suas experiências constitucionais. O constitucionalismo se estabelece como um dos eixos fundamentais sobre o qual se ergue a teoria política da modernidade aos dias atuais. A partir da reinserção do paradigma democrático nos sistemas políticos da América Latina, tem-se visto uma série de mudanças significativas nas relações entre Estado e sociedade, promovendo discussões acerca de ideias como soberania, povo, cidadania, sujeitos de direito, natureza e comunidades étnico-políticas.

A partir das constituições da Bolívia e do Equador, vê-se a tentativa de construção de paradigmas próprios de estruturação das relações institucionais, refletindo no soerguimento do Estado a partir de uma lógica própria e não-europeizante. Nesse sentido, este trabalho busca analisar algumas características do que vem sendo chamado de Novo Constitucionalismo Latino-americano, utilizando para isso, da contribuição de autores que pensam o sul global por meio de estratégias que objetivam revelar os traços europeus que ainda estão a conduzir desde a construção das subjetividades até as estruturas de funcionamento do Estado nos países da periferia do sistema-mundo.

As construções constitucionais materializadas nas Cartas dos países andinos guiarão, num segundo momento, a análise acerca das peculiaridades sistêmicas da modernidade periférica, a partir de Marcelo Neves. As contribuições do autor darão respaldo ao debate acerca das noções de sobre e subintegração, a fim de mobilizar as construções teóricas a respeito da Constitucionalização Simbólica. O texto trará, ainda, a multiplicidade do fenômeno da Constituição

Simbólica, a fim de tentar entender se as experiências do constitucionalismo andino, dentro do quadro do Novo Constitucionalismo Latino-americano, assim se consubstanciam ou se guardam consigo um caráter concretizante. Por fim, juntamente com essa análise, será feita uma reflexão sobre o constitucionalismo brasileiro, por meio da experiência de 1988, a fim de tecer paralelos com o fenômeno andino.

2 Perpetuação da dominação nas colônias espanholas após a independência e movimento de(s)colonial

A independência das colônias espanholas na América Latina não sinalizou exatamente um marco no sentido de construção de novos parâmetros éticos e políticos na condução dos Estados. A independência não foi produto de uma Sociedade nacional e politicamente organizada, mas sim do preponderante papel do Estado em definir a existência dos grupos sociais e das formas de sociedades nacionais[1]. Igualmente, perpetuaram-se estruturas de dominação que se adaptaram e reafirmaram princípios do ideário econômico capitalista, sob a ótica de um liberalismo individualista[2].A dominação não cessaria com o processo de descolonização, pois a soberania estatal conquistada não se firma em economias invariavelmente dependentes[3][4].

---

[1] WOLKMER, Antônio Carlos. Repensando a questão da historicidade do Estado e do Direito na América Latina. *PANÓPTICA-Direito, Sociedade e Cultura*, n. 4, v. 1, p. 82-95, 2006. p. 86.

[2] WOLKMER, Antônio Carlos. Pluralismo e crítica do constitucionalismo na América Latina. *In:* IX SIMPÓSIO NACIONAL DE DIREITO CONSTITUCIONAL, 2010, Curitiba. *Anais* [...]. Curitiba: ABDConst, 2011 p. 143-155, 2010. p.145.

[3] CARDOSO, Fernando Henrique. O Estado na América Latina. *In:* PINHEIRO, Paulo Sérgio (coord.). *O Estado na América Latina*. Rio de Janeiro: Paz e Terra, p. 79-89, 1977. p.80.

[4] O emprego do termo "dependentes" se insere dentro do quadro das Teorias da Dependência, elaboradas por teóricos latinos como Theotonio dos Santos, Ruy Mauro Marini, André Gunder Frank, Vânia Bambirra, Fernando Henrique Cardoso, Enzo Faletto entre outros, como uma leitura decorrente da análise da Teoria do Sistema-Mundo de Wallenstein, trazendo reflexões críticas ao modelo cepalino. Nesse sentido, Carlos Eduardo Martins explicita que: "As teorias da dependência constituem um paradigma decisivo para a análise do capitalismo periférico e mundial. Elas contribuem para resgatar a unicidade da

No mesmo sentido, o desenvolvimento do Direito na América Latina acaba por reproduzir as fontes clássicas do Direito Romano, Germânico e Canônico[5]. A absorção do direito europeu, por sua vez, veio no sentido de legalizar diversas condutas tidas como ilegais pelas leis e costumes dos povos tradicionais locais. Explica-se. Com a chegada dos espanhóis no continente americano houve a apropriação dos locais que já estavam ocupados por povos tradicionais que eram regidos por regramentos comunitários. O conflito se materializa à medida que se constrói um profundo contraste entre os imensos latifúndios espanhóis em regiões habitadas por povos que iam de encontro a tal tendência, o que representava até mesmo uma situação de ilegalidade dos espanhóis[6]. A legislação alienígena, assim, instala-se para tornar legal toda a forma de ligação do homem para com a terra, ainda que diametralmente oposta ao que já estava ali estabelecido.

Tal tendência se reverbera mesmo após a independência, sob as notas do liberalismo. Os Estados independentes passam a sufocar suas próprias identidades em virtude da absorção de padrões éticos e morais importados de localismos globalizados, como afirma Boaventura de Souza Santos[7]. Sob tal perspectiva, importam-se estruturas jurídicas de dominação que convivem pacificamente com o "desflorestamento e destruição maciça dos recursos naturais para pagamento da dívida externa"[8].

O processo desenhado na América Latina guarda semelhanças com os processos de colonização africana e indiana na medida em

---

economia-mundo rompendo com os cortes temporais elaborados pelo desenvolvimentismo que viam o subdesenvolvimento como atraso. Desenvolvimento e subdesenvolvimento se conjugam no espaço e no tempo de expansão da economia-mundo." (MARTINS, Carlos Eduardo. *Globalização, dependência e neoliberalismo na América Latina.* São Paulo: Boitempo, 2011. p.245.)

[5] WOLKMER, Antônio Carlos. Direito e humanismo na América Latina. *In:* BOMBASSARO, Luiz Carlos; DAL RI JÚNIOR, Arno; PAVIANI, Jayme (orgs.). *As interfaces do humanismo latino.* Porto Alegre: EDIPUCRS, p. 113-121, 2004. p.117.

[6] TORRE RANGEL, Jesús Antonio de la. *El derecho como arma de liberación en América Latina.* Sociología jurídica y uso alternativo del derecho. CENEJUS: Potosí, México. 2006. p. 88.

[7] SANTOS, Boaventura de Souza. For a multicultural conception of human rights. *Lua Nova*: Revista de Cultura e Política, São Paulo, n. 39, p. 105-124, 1997. p.109.

[8] Ibid, p.110.

que houve uma imposição de valores que principiaram uma cascata de estruturas normativas pós independência que guardavam relação direta com o direito europeu. O objetivo fora absolutamente claro: naturalizar sistemas de poder que superassem as contradições aparentes ante as realidades locais para que se pudesse afirmar a liberdade e a igualdade, ainda que praticando a opressão e a desigualdade.

Por entre tais veredas, entretanto, houve a assunção de um movimento reativo à perda de identidade dos povos submetidos ao processo de colonização, que ficou conhecido como "pós-colonialismo", surgindo sob uma conjuntura crítica do processo de homogeneização cultural europeu. Assim como afirma Arturo Escobar[9]: *"en última instancia, los límites de pluralizar la modernidad subyacen en el hecho de que se termina reduciendo todas las prácticas sociales a una manifestación de la experiencia y voluntad europea, no importa cuán cualificada sea"*[10]. Isso posto, o "pós-colonialismo" ou "descolonialismo" assume uma crítica à própria construção do pensamento intelectual importado da Europa.

Segundo Dussel[11], inclusive, pode-se argumentar que a própria modernidade europeia se ergue através de uma *práxis* de dominação diante do processo de colonização americana. Sob os ditames do eurocentrismo se construiu não apenas padrões visíveis de dominação, mas uma profunda relação de dependência, inclusive intelectual, e de qualificação e reverência apenas ao que era importado[12]. Esse padrão se mostra delicado, pois se perpetua numa

---

[9] ESCOBAR, Arturo. Mundos y conocimientos de otro modo: El programa de investigación de modernidad/colonialidad latinoamericano. *Tabula Rasa*, Bogotá, n.1, p. 51-86. 2003, p.58.

[10] "Em última análise, os limites da pluralidade da modernidade residem no fato de que todas as práticas sociais acabam sendo reduzidas a uma manifestação da experiência e vontade europeias, por mais qualificadas que sejam." (tradução livre).

[11] DUSSEL, Enrique. *1492 El encubrimiento del Otro*: Hacia el origen del" mito de la modernidad". La Paz: Plural Editores, 1994. p.62.

[12] Nesse sentido, vale a pena mencionar Aníbal Quijano quando afirma que o eurocentrismo não se configura apenas como uma perspectiva cognitiva/epistemológica dos povos europeus, mas também se encontra enraizada nas construções de todos aqueles influenciados por essa marca: "O eurocentrismo não é exclusivamente, portanto, a perspectiva cognitiva dos europeus, ou apenas dos dominantes do capitalismo mundial, mas também

relação que é alimentada incessantemente pelos próprios dominados na construção do conhecimento a partir dos referenciais teóricos assumidos.

Destarte, os povos tradicionais passaram por um processo de objetificação que se casa muito coerentemente com o modo de produção capitalista. Esse processo é operado a partir da ideia eurocêntrica que se tem de "sentido comum" como aquele de matriz europeia que passa a ser o parâmetro de racionalidade e também de humanidade[13]. O que está fora de tal padrão é bárbaro porque desconhece a filosofia tradicional europeia.

É na mesma inclinação de reconhecimento da perpetuação de tal relação de dominação que o pós-colonialismo traça críticas contundentes à falaciosa ideia de independência das colônias africanas e indianas, pois havia um ocultamento de relações de dominação que se prolongariam indefinidamente. Assim como argumenta Mignolo[14], há a necessidade de se reconhecer que existe uma colonização do saber e do ser que implica, imediatamente, na repressão das subjetividades dos povos dominados. Nesse sentido, o pensamento descolonial, reconhecendo os processos de formação monoculturais da racionalidade dominante atingem tanto os povos colonizados como os colonizadores, enfoca tanto na "descolonização" do colonizado quanto do colonizador, na medida em que estes detêm as rédeas do controle da economia[15].

Em meio a tal conjuntura histórica vivenciada pelo continente latino-americano e em meio à efervescência das críticas

---

conjunto dos educados sob a sua hegemonia. E embora isso implique um componente etnocêntrico, este não o explica, nem é a sua fonte principal de sentido. Trata-se da perspectiva cognitiva durante o longo tempo do conjunto do mundo eurocentrado do capitalismo colonial/moderno e que naturaliza a experiência dos indivíduos neste padrão de poder. Ou seja, fá-las entender como naturais, consequentemente como dadas, não suscetíveis de ser questionadas." (QUIJANO, Aníbal. Colonialidade do poder e classificação social. *In:* SANTOS, Boaventura de Sousa; MENESES, Maria Paula. *Epistemologias do Sul.* São Paulo: Cortez, 2010. p.86).

[13] DUSSEL, Enrique. *1492 El encubrimiento del Otro:* Hacia el origen del" mito de la modernidad". La Paz: Plural Editores, 1994. p.61.

[14] MIGNOLO, Walter. *Desobediencia epistémica: retórica de la modernidad, lógica de la colonialidad y gramática de la descolonialidad.* Buenos Aires: Del Signo, 2010. p.112.

[15] MIGNOLO, Walter. *Desobediencia epistémica: retórica de la modernidad, lógica de la colonialidad y gramática de la descolonialidad.* Buenos Aires: Del Signo, 2010. p.23.

pronunciadas pelo movimento descolonial, situa-se uma nova forma
de percepção do direito Constitucional na América Latina, que será
tratada no próximo ponto.

3 O Constitucionalismo andino e a construção de uma nova ideia de cidadania através das lentes do Direito da Natureza e do Pluralismo Cultural

Uma nova forma de se raciocinar o Direito Constitucional na
América Latina principia a partir de toda a conjuntura exposta, como
uma questão de necessidade. As Cartas Constitucionais, de modo
geral:

> [...] en América Latina no cumplen com las expectativas esperadas
> em los tempos que transcurren. Algunas sociedades
> latinoamericanas, al calor de procesos sociales de reivindicación y
> protesta que han tenido lugar en tiempos recientes, han sentido con
> fuerza esa necesidad que se ha traducido en lo que podría conocerse
> como una nueva independencia, doscientos años después de la
> política. Independencia que esta vez no alcanza sólo a las élites de
> cada país, sino que sus sujetos son, principalmente, los pueblos[16] [17].

Tal desejo por uma nova independência conflita e supera a ideia
de progresso e desenvolvimento construída pelos EUA, que cria a
categoria de subdesenvolvimento encarcerando o cone sul
americano[18]. Os movimentos populares emergentes passaram a
defender os valores que eram preteritamente caros à população,

---

[16] "[...] Na América Latina, não atendem as expectativas esperadas nos
tempos que ocorrem. Algumas sociedades latino-americanas, no calor dos
processos sociais de reivindicação e protesto que ocorreram nos últimos
tempos, sentiram fortemente essa necessidade que foi traduzida para o que
poderia ser conhecido como uma nova independência, duzentos anos após
a política. Independência de que, desta vez, não só atinge as elites de cada
país, mas seus assuntos são, principalmente, os povos" (tradução nossa).

[17] DALMAU, Rúben Martínez. El nuevo constitucionalismo
latinoamericano y el proyecto de Constitución del Ecuador. *Alter Justicia*, n.
1. Guayaquil, p. 17-27, 2008. p.23.

[18] GUDYNAS, Eduardo; ACOSTA, Alberto. El buen vivir o la disolución
de la idea del progreso. In: ROJAS, Mariano. (coord). *La medición del progreso
y del bienestar–Propuestas desde América Latina*. Ciudad de México: Foro
consultivo científico y tecnológico. 2011. p.104.

proporcionando o surgimento de Constituições que trouxeram matizes de cunho ambiental bastante relevante.

Foram três as ondas do constitucionalismo pluralista latino apontadas por Fajardo[19]: (a) o Constitucionalismo multicultural, através do qual se permitiu contestar no modelo de Estado-nação eurocêntrico, monocultural e homogeneizante, reconhecendo a diversidade cultural, mas mantendo, ainda, o monismo jurídico; (b) o Constitucionalismo pluricultural que inova, nos anos 90, assimilando o caráter multicultural da nação ao definir a natureza pluricultural do próprio Estado, questionando, ainda, o monismo jurídico através da construção de fórmulas de pluralismo jurídico interno; (c) o Constitucionalismo plurinacional, a que pode-se também denominar de Novo Constitucionalismo Latino-Americano, presente no atual século XXI, em que se reconhece aos povos indígenas a capacidade de autodeterminação a partir da ideia de pluralismo jurídico igualitário.

O terceiro ciclo trazido inova não apenas na ideia de diversidade cultural, pois esta traz um matiz estático, superado pelo princípio da interculturalidade, materializando a ideia do reconhecimento do próprio direito das comunidades tradicionais[20]. Tal virada no Direito Constitucional traz a ascensão de uma consideração bastante peculiar no tocante à relação do homem com a natureza que ditará a forma de concretização dos ideais de cidadania na região latina. A Constituição Boliviana de 2009 e a Equatoriana de 2008, assumem uma concepção ética que reconhece um valor intrínseco à natureza[21].

---

[19] FAJARDO, Raquel Z. Yrigoyen. El pluralismo jurídico en la historia constitucional latinoamericana: de la sujeción a la descolonización. *Seminário Pluralismo jurídico e multiculturalismo*. Brasília: ESMUPE, 2010. Disponível em: https://pt.scribd.com/doc/194283842/3-Ryf-2010-Constitucionalismo-y-Pluralismo-Br. Acesso em: 10 maio. 2020. p.2.

[20] FAJARDO, Raquel Z. Yrigoyen. El pluralismo jurídico en la historia constitucional latinoamericana: de la sujeción a la descolonización. *Seminário Pluralismo jurídico e multiculturalismo*. Brasília: ESMUPE, 2010. Disponível em: https://pt.scribd.com/doc/194283842/3-Ryf-2010-Constitucionalismo-y-Pluralismo-Br. Acesso em: 10 maio. 2020. p.23.

[21] WOLKMER, Antônio Carlos; WOLKMER, Maria de Fátima S.; FERRAZZO, Debora. Direito da natureza: para um paradigma político-constitucional desde a América Latina. *In*: DINNEBIER, Flávia França; MORATO LEITE, José Rubens (Org.). *Estado de Direito Ecológico*: Conceito, Conteúdo e Novas Dimensões para a Proteção da Natureza. São Paulo: Inst. O direito por um Planeta Verde, 2017. p.232.

Rompe-se com a ideia de dualidade entre homem e ambiente, trazendo a proteção ao ambiente não mais como dependente da defesa da dignidade da pessoa humana, mas por meio de um valor que existe paralelamente ao atribuído à humanidade. Homem e ambiente passam a assumir valores distintos, mas comunicantes. O ponto de contato é representado pela cultura, tratando-se da lente a partir da qual a defesa do meio ambiente é percebida e defendida.

A ideia do *buen vivir*, em sintonia com tal nova feição do Direito Constitucional, é positivada na Constituição do Equador trazendo a perspectiva de complementariedade e harmonia com a "Mãe Terra" e toda a sociedade, sem desigualdades ou elementos de dominação[22]. De igual modo se percebe tal tendência na Bolívia, acentuando o fato de que a emergência da defesa dos direitos dos povos indígenas sob um ângulo plurinacional passa a conviver, de igual modo, com uma quebra da relação de dependência da natureza para com o homem, distanciando-se do direito europeu antropocêntrico[23].

É preciso reforçar que essa virada conceitual está imersa na cosmovisão dos povos tradicionais e caminha em sintonia não apenas com a defesa da pluralidade cultural, mas também com a construção da ideia de autodeterminação dos indígenas. Sob tal perspectiva, que aceita e prestigia a existência de nações com poder de autodeterminação dentro de um mesmo Estado, não se mostra

---

[22] WOLKMER, Antônio Carlos; WOLKMER, Maria de Fátima S.; FERRAZZO, Debora. Direito da natureza: para um paradigma político-constitucional desde a América Latina. *In*: DINNEBIER, Flávia França; MORATO LEITE, José Rubens (Org.). *Estado de Direito Ecológico*: Conceito, Conteúdo e Novas Dimensões para a Proteção da Natureza. São Paulo: Inst. O direito por um Planeta Verde, 2017. p.232.

[23] Nesse sentido, Acosta e Brand afirmam que: "Existem na América Latina muitos conceitos de alternativas sistêmicas, mas decrescimento e pós-crescimento ainda não são parte substantiva deles. Há, contudo, outras opções. Especialmente nos países andinos, incorporado pelas constituições do Equador, em 2008, e da Bolívia, em 2009, juntamente com as noções de plurinacionalidade, autonomia dos povos indígenas e direitos coletivos, entre outros avanços fundamentais. No caso equatoriano, a carta magna reconhece também os Direitos da Natureza. Por outro lado, em países como o Brasil, por exemplo, estas visões não se tornaram relevantes, e o conceito que melhor caracteriza a diversidade das resistências e alternativas é o da justiça ecológica. (ACOSTA, Alberto; BRAND, Ulrich. *Pós-extrativismo e decrescimento*: Saídas do labirinto capitalista. São Paulo: Editora Elefante – Autonomia Literária, 2018. p.137.)

paradoxal a assunção de direitos não-humanos, em defesa de um policentrismo do Direito que respeite os ideais de solidariedade de maneira material e plena.

Segundo Gudynas[24] há, por conseguinte, três reflexos ou dimensões ao se dar tamanha valorização à proteção ambiental. O primeiro é ético, por meio do debate sobre os valores que cercam o ambiente não-humano, a sua legitimação. A segunda dimensão é moral, em razão da derivação de obrigações inerentes à preservação. O terceiro aspecto é político, manifestado pela positivação na Constituição de tais intenções. Isso posto, o movimento de ordem constitucional possui magnitude tal que sinalize uma nova concepção acerca da cidadania em tais Estados, em harmonia com a pluralidade cultural e mirando à proteção ambiental de maneira intrínseca.

Como se pretendeu demonstrar, o constitucionalismo andino reage ao multiculturalismo subordinado ao Estado que opera, em verdade, um pluralismo cultural fictício25. Por meio de novas construções jurídicas, ergue-se a voz de grupos sociais marginalizados por um processo de globalização excludente, alçando o reconhecimento das suas instituições a nível estatal[26].

Assume-se a defesa de "comunidade de direitos" que suplanta todas as construções jurídicas pretéritas de princípio único, revelando um "sistema de direitos" ajustado com a superação de tendências monoculturais impostas pelo Estado[27]. A cultura, por sua vez, passa a ocupar um papel emancipador das identidades nacionais, o que, na região da América Latina, implicou na assunção dos direitos da natureza, reforçando a defesa pela solidariedade e pela capacidade de os povos tradicionais poderem conviver com o meio ambiente sem que este se tornasse algo inferior ou cambiável, por exemplo.

---

[24] GUDYNAS, Eduardo. La ecología política del giro biocéntrico en la nueva Constitución de Ecuador. *Revista de estudios sociales*, Bogotá n. 32, 2009, p.37-39.
[25] SCHAVELZON, Salvador. Cosmopolítica constituinte da complexidade na Bolívia: a constituição "aberta" e o surgimento do Estado Plurinacional. *Revista de estudos em Relações Interetnicas*. v. 8. n.1., 2014, Brasília: Unb, 2014. p.18.
[26] SCHAVELZON, Salvador. *La assembleya Constituyente de Bolivia*: Etnografia del Nacimiento de um Estado Plurinacional. 2010. 648f. Tese (Doutorado em Antropologia Social) – Programa de Pós-Graduação da UFRJ, Rio de Janeiro, 2010. p. 25
[27] TAPIA, Luis. *La invención del nucleo común*: Ciudadanía y gobierno multisocietal. La Paz: CIDES – UMSA, 2006.

A emancipação cultural promovida pelo Constitucionalismo andino, em defesa do direito à cultura, caminha lado a lado com a concretização material do proposto no Pacto Internacional sobre Direitos Econômicos, Sociais e Culturais, em 1966.

Trazendo a discussão do constitucionalismo latino-americano para o processo de formação da ideia de cidadania na América hispânica, pode-se afirmar, primeiramente, que a ideia de cidadania não surge como uma sociedade de iguais, como ocorrera a partir da Revolução Francesa, mas sim como um campo de privilégios e vínculos corporativos28. Ainda que não se possa traçar com uniformidade a construção da ideia de cidadania de modo autêntico e independente em todos os Estados, pode-se afirmar que a gênese da figura do cidadão inicia a partir de regimes burocráticos ditatoriais e através de uma apropriação autoritária, caudilhismo, e tardia do tema das necessidades sociais, que lhes conferiu uma aplicação populista e clientelista – típica de "revoluções de cima para baixo" – por meio da concessão de direitos sociais para grupos políticos seletos[29]. Percebe-se a construção de uma identidade e unidade em torno da ideia de cidadania como fruto de reivindicações contrárias ao autoritarismo militar e suas medidas.

O Constitucionalismo andino, nesse sentido, através da ampliação da ideia de pluralismo para o campo de uma comunidade de direitos e o reconhecimento da multidão enquanto sujeito, altera a perspectiva da percepção que se tem acerca da cidadania. Prestigia-se um novo referencial epistemológico que se distancia do império único da dignidade da pessoa humana, para, em homenagem ao biocentrismo, trazer do conceito de cidadania ambiental, pluri e intercultural, em que o homem e a própria natureza são sujeitos de direitos30.

---

[28] GÓMEZ, Gonzalo Sánchez. Ciudadanía sin democracia o con democracia virtual: a modo de conclusiones. *In*: SABATO, Hilda. (coord.). *Ciudadanía política y formación de las naciones*: perspectivas históricas de América Latina. México D.F.: Fondo de Cultura Económica, 1999. p.441-442.

[29] BELLO, Enzo. *Política, cidadania e direitos sociais*: um contraponto entre os modelos clássicos e a trajetória da América Latina. 199 f. 2007. Dissertação (Mestrado em Direito) - Pontifícia Universidade Católica do Rio de Janeiro, Rio de Janeiro. Disponível em: https://cutt.ly/Ti9BmTl. Acesso em: 20 maio. 2020. p.122.

[30] BELLO, Enzo. O pensamento descolonial e o modelo de cidadania do novo constitucionalismo latino-americano. *Revista de Estudos Constitucionais,*

Assim, as demandas de grupos vulneráveis e de segmentos étnicos não surge apenas para sua inclusão no rol daqueles para quem o Estado direciona prestações, mas a partir do reconhecimento de novos tipos de direitos pluriculturais. Sendo assim, aos olhos do Novo Constitucionalismo Latino Americano, tem-se uma tentativa de readequação epistêmica, política e jurídica que objetiva garantir direitos aos grupos subalternizados, assim como aos recursos naturais, além da concretização direitos indígenas e de garantias de pluralidade étnica, em sociedades marcadas pela dependência que precisam repensar, recriar e ressignificar o que entendem por direito, justiça e dignidade31. É nessa medida que as iniciativas do constitucionalismo latino das últimas décadas têm a ensinar à experiência brasileira, uma vez que, tomadas as peculiaridades, há mais proximidades do que distinções entre as realidades coloniais e pós-coloniais dos países hispânicos da América Latina e do Brasil.

4 Constitucionalismo na periferia latino-americana – caminhos entrecruzados entre a experiência andina e brasileira a partir de Marcelo Neves

A experiência de remodelação dos parâmetros de reconhecimento constitucional dos direitos e da estruturação étnica e social do seu povo posta em prática, especialmente, pelas constituições da Bolívia e do Equador demonstrou que a dinâmica de desenvolvimento da sociedade mundial aconteceu de maneira desigual e assimétrica quando levada em conta a noção de centro/periferia. Nos países periféricos, a tessitura social se complexificou, mas esse aumento da complexidade não foi acompanhado de sistemas capazes de responder e dirimir seus próprios conflitos. Nesse sentido, Marcelo Neves afirma que:

> "na modernidade periférica, à hipercomplexidade social e à superação do 'moralismo' fundamentador da diferenciação hierárquica, não se seguiu a construção de sistemas sociais que,

---

Hermenêutica e Teoria do Direito, São Leopoldo, v. 7, n. 1, p. 49-61, 2015. Disponível em: http://revistas.unisinos.br/index.php/RECHTD/article/view/rechtd.2015.7 1.05. Acesso em: 20 maio 2020. p. 56.
31 BELLO, Enzo. *A cidadania no constitucionalismo latino-americano*. Caxias do Sul: Educs, 2012. p.128.

embora interpenetráveis e mesmo interferentes, construam-se autonomamente no seu *topos* específico. Isso nos põe diante de uma complexidade desestruturada e desestruturante"[32]

É em decorrência da percepção da não realização de uma esfera pública pluralista que esteja amparada na generalização institucional da cidadania que Neves afirma que a modernidade periférica pode ser definida como uma modernidade negativa.[33] É comum se apontar que os países latino-americanos não alcançaram a devida diferenciação funcional entre os sistemas políticos, econômicos e jurídicos, havendo invasões constantes do código econômico por sobre os procedimentos eleitorais e legislativos, levando à quebra do fechamento operacional da política, o que pode implicar, levando-se em conta do processo eleitoral e a falha do código lícito/ilícito como segundo filtro da política, numa deficiente legitimação pelo procedimento [34]. As falhas operacionais trazem dificuldades ao funcionamento e realização do Estado Democrático de Direito no Brasil uma vez que dão azo à exclusão social e ao que Neves chama de subintegração e sobreintegração, notadamente quanto ao acesso e dependência frente aos sistemas sociais.[35]

No entanto, o sistema jurídico não age sozinho para a diminuição da desigualdade, da exclusão social e da promoção da cidadania. Ao projetar um modelo constitucional que pressupõe condições sociais distintas daquelas em que a sociedade vive, adentra-se no âmbito da constitucionalização simbólica, fenômeno específico da modernidade periférica que tem como uma das suas piores consequências o fato de o sistema jurídico tornar-se, concomitantemente, "cúmplice e refém das relações sociais que deveriam, em vez disso, ser por el[a] reguladas", podendo acarretar, *in fine,* num esvaziamento da força normativa do texto

---

[32] NEVES, Marcelo. *Entre Têmis e Leviatã*: uma relação difícil. São Paulo: Martins Fontes, 2006. p.238.

[33] NEVES, Marcelo. *Entre Têmis e Leviatã:* uma relação difícil. São Paulo: Martins Fontes, 2006. p.237.

[34] NEVES, Marcelo. *Entre Têmis e Leviatã*: uma relação difícil. São Paulo: Martins Fontes, 2006. p.242.

[35] NEVES, Marcelo. *Entre Têmis e Leviatã:* uma relação difícil. São Paulo: Martins Fontes, 2006. p.248.

constitucional.[36] Essa legislação também pode servir, devido ao seu caráter simbólico, para confirmar valores sociais, demonstrar a capacidade de ação do Estado, além de estabelecer compromissos dilatórios que diminuem a pressão sobre os sistemas[37]. Cabe questionar, a partir dessa perspectiva, em que medida a recente constitucionalização levada a efeito pelos países latino-americanos estaria encaixada nos parâmetros simbólicos de Neves.

Antes, convém esclarecer que a adequação do uso teórico de Neves a uma análise pós-colonial/decolonial se dá na medida em que é reconhecida a sua originalidade frente aos paradigmas luhmannianos de análise do fenômeno social. Ainda que recorra a matrizes europeias de construção do seu pensamento, como a teoria dos sistemas, Marcelo Neves o faz com criticidade, apropriando-se de maneira única por meio do reconhecimento das vicissitudes da periferia mundial, em especial quanto aos pressupostos da diferenciação funcional dos sistemas em relação à perspectiva tradicional de Luhmann.

Isto posto, ao reconhecer que só é possível a densificação da cidadania por meio de um processo de subversão inclusive dos parâmetros produtivos, o constitucionalismo andino tentou articular projetos marcadamente anticapitalistas, por meio da defesa de mercados alternativos, baseados numa economia solidária e comunitária.[38] Com o objetivo de analisar as feições do Estado diante da percepção das mudanças institucionais, Martínez *et al*

---

[36] DANTAS, Maria Eduarda Borba. *Constitucionalismo periférico e teoria dos sistemas sociais:* por uma interpretação pós-colonial da tese da constitucionalização simbólica. Dissertação de Mestrado. Programa de Pós-Graduação em Ciência Política do Instituto de Ciência Política da Universidade de Brasília. Brasília: 2016. Disponível em: https://repositorio.unb.br/handle/10482/21033. Acesso em: 20 maio. 2020. p.15.

[37] DANTAS, Maria Eduarda Borba. *Constitucionalismo periférico e teoria dos sistemas sociais:* por uma interpretação pós-colonial da tese da constitucionalização simbólica. Dissertação de Mestrado. Programa de Pós-Graduação em Ciência Política do Instituto de Ciência Política da Universidade de Brasília. Brasília: 2016. Disponível em: https://repositorio.unb.br/handle/10482/21033. Acesso em: 20 maio. 2020. p.85.

[38] TARREGA, Maria Cristina Vidotte Blanco; FREITAS, Vitor Sousa. Novo constitucionalismo democrático latino-americano: paradigma jurídico emergente em tempos de crise paradigmática. *In: O Constitucionalismo democrático latino-americano em debate:* soberania, separação de poderes e sistema de direitos. Belo Horizonte: Autêntica, 2017.p.111.

realizaram pesquisas em países latino-americanos a fim de planificar a análise sobre a realidade constitucional nesses locais, a partir de estudos teóricos e entrevistas com comitês gestores. As autoras perpassam seus olhares pelas dificuldades e tensões existentes entre a ruptura e continuidade nos modelos de Estado propostos:

> As novas Constituições foram construídas em Assembleias Constituintes – ou seja, em espaços deliberativos onde várias forças políticas tinham representantes – e com uma ampla participação das organizações sociais. Havia uma institucionalidade amplamente democrática na aparência. 'A constituinte foi um acontecimento intercultural. Pela primeira vez, o país se encontrava com sua diversidade, olhando-se nos olhos e nos rostos e escutando-se em diversas línguas.' No entanto, pàra alguns entrevistados, o governo 'não entendia o que estava ocorrendo na Assembleia Constituinte, e o que fez foi desmantelar todas as capacidades e possibilidades que havia, incluindo a deliberação.' Recuperou-se também o puxa-e-afrouxa dos setores poderosos, suas disputas: 'Atores que estiveram tradicionalmente no poder e geram novos mecanismos de concentração na tomada de decisões.' [...] Os limites da institucionalidade estão marcados pelas tensões entre as rupturas e as continuidades, em que as posições que propõem rupturas parecem ter perdido força. Essa característica do Estado burguês continua mantendo instituições que não conseguem romper com essa velha história da burocracia centralista, lenta, ineficiente: instituições que acabam se homogeneizando, sem participação social.[39]

Nesse sentido, alertando para a possibilidade de o novo constitucionalismo latino-americano, devido ao caráter aberto de suas proposições, ser legado a um caráter simbólico que levaria ao seu esvaziamento pragmático e uma cooptação do texto pelas estruturas tradicionais do Estado. Almeida e Aguado afirmam que caberá aos vários intérpretes proporcionar maior concretude possível com vistas a materializar os direitos das forças contra hegemônicas que estiveram na base da concepção dessas novas feições de Estado. [40]

---

[39] MARTÍNEZ, Alexandra *et al.* O Estado como instrumento, o Estado como impedimento. *In: Descolonizar o imaginário*: debates sobre pós-extrativismo e alternativas ao desenvolvimento. São Paulo: Autonomia Literária, 2016. p.378.
[40] ALMEIDA, Angelo; AGUADO, Juventino de Castro. O novo constitucionalismo latino-americano: possibilidades de uma

A experiência constitucional brasileira de 1988 se encontra permeada de diversos momentos em que se lança como um verdadeiro álibi a fim de atestar as boas intenções do Estado ao garantir, por exemplo, possibilidade de reforma agrária, direitos dos povos indígenas às terras que habitam, criação de imposto sobre grandes fortunas, sem, no entanto, dispor de condições sociais capazes de viabilizar a concretização dessas garantias. A realização desse rol de direitos apenas seria possível numa realidade conjuntural muito distinta da que se vive no País.[41] Nesse sentido, fala-se em constitucionalização simbólica como álibi, mas também como veículo capaz de adiar a solução de conflitos, dilatando-os no tempo.

A realidade constitucional andina ainda se encontra em marcha de concretização. No entanto, o processo de acoplamento das estruturas sociais à experiência constitucional, por meio da participação ativa dos movimentos sociais nos debates constituintes e na construção de comitês que objetivam garantir a plenitude da cidadania, por meio da instrumentalização de condições dignas de participação política dos grupos não hegemônicos na tomada de decisão, ainda que em realidades presidencialistas, caminha para um horizonte político-institucional interessante. Pode-se dizer, a partir de Martínez, que:

> Pensar que poderiam ser sujeitos isolados aqueles que do governo conseguem as transformações seria, além de ingênuo, uma expressão de desconhecimento dos longos anos de organização e mobilização percorridos por nosso continente. As novas formas de governo, que poderiam ser disputadas a partir das velhas formas de Estado, vêm empurradas pelo diverso, pelo indígena, pelo popular, pelo camponês, pelo urbano, pelo feminista; pelas reivindicações específicas, mas também pelo impulso do "queremos tudo"; por colocar no centro do debate as discussões sobre formas inéditas de pensar a sociedade, pelo resgate e pela visibilização de práticas

---

constitucionalização simbólica. *In: Revista de Artigos do 1° Simpósio sobre Constitucionalismo, Democracia e Estado de Direito.* Marília, 2016. Disponível em: https://revista.univem.edu.br/1simposioconst/issue/view/46. Acesso em: 21 maio. 2020. p. 242.

[41] DANTAS, Maria Eduarda Borba. *Constitucionalismo periférico e teoria dos sistemas sociais:* por uma interpretação pós-colonial da tese da constitucionalização simbólica. Dissertação de Mestrado. Programa de Pós-Graduação em Ciência Política do Instituto de Ciência Política da Universidade de Brasília. Brasília: 2016. Disponível em: https://repositorio.unb.br/handle/10482/21033. Acesso em: 20 maio. 2020. p.86.

existentes, que estão exigindo novas instâncias, que nem sempre são entendidas nem desejadas por essas formas constituídas de Estado. Como transformar a sociedade com instâncias de tomada de decisões cada vez mais transparentes e mais participativas? Como o poder se democratiza radicalmente? Como os processos de mudança deixam de ser impulsionados por vanguardas em governos e se materializam cada vez mais nas lutas dos muitos? Esses *como?* são parte dos caminhos em construção.[42]

Assim, percebe-se que o caminho do constitucionalismo andino continua a busca por meios de concretização, mesmo com as instabilidades políticas e econômicas que historicamente marcam a trajetória dessa região. A marca jurídica da periferia do sistema-mundo se refaz constantemente por meio das tensões entre ruptura, manutenção e reestruturação dos sistemas. Ainda que a constitucionalização de Estados Plurinacionais, com subversão da lógica de direitos herdada da tradição europeia possa ser apontada como eminentemente simbólica, para Neves[43], longe de ser um jogo de soma zero, essa constitucionalização simbólica também pode trazer como reflexo a sua própria transmutação, no tempo, em meio de fomento de mudanças estruturais. A vivência recente dos países andinos frente ao respeito e proteção das suas populações tradicionais tem muito a ensinar à realidade brasileira. Em momentos de crise política em que há postura de Estado que indica desprezo e ódio às comunidades indígenas e quilombolas, as iniciativas bolivianas e equatorianas já parecem capazes de empoderar politicamente parte considerável da população desses países, demonstrando ao Brasil que, por mais que estejam na periferia do sistema-mundo, o caminho para a solidificação da cidadania parece ser um dos únicos capazes de subverter as condições estruturais de dependência na modernidade periférica.

5 Considerações Finais

O fenômeno constitucional latino-americano das últimas décadas

---

[42] MARTÍNEZ, Alexandra *et al.* O Estado como instrumento, o Estado como impedimento. *In: Descolonizar o imaginário:* debates sobre pós-extrativismo e alternativas ao desenvolvimento. São Paulo: Autonomia Literária, 2016. p.401.
[43] NEVES, Marcelo. *A Constituição Simbólica.* São Paulo: Editora Acadêmica, 1994. p.162.

tem apontado para a tentativa de materialização de experiências de Estado que indicam uma inovação frente às estruturas tradicionais do constitucionalismo de matriz euroamericana. Tenta-se alcançar a superação de condições históricas de subordinação por meio da construção de Estados plurinacionais e pluriculturais capazes de proteger e promover a vida dos cidadãos e a preservação da Natureza em estreita harmonia. Assim, comunidades étnico-políticas encontram espaço para potencializar a sua representatividade e influência decisória. Isso se faz a partir da construção de paradigmas epistemológicos e institucionais próprios que muito têm a ensinar à experiência brasileira.

Por mais amplos que sejam os dispositivos dessas constituições, a importância de suas iniciativas se assenta na possibilidade de ampliação da noção de cidadania nos países da periferia do sistema-mundo, pois ainda que se perfaçam como uma feição das constituições simbólicas da experiência latino-americana, há, a partir delas, a chance de surgimento de movimentos sociais que evoquem a concretização dos ideais democráticos defendidos em seus textos.

Referências

ACOSTA, Alberto; BRAND, Ulrich. *Pós-extrativismo e decrescimento*: Saídas do labirinto capitalista. São Paulo: Editora Elefante – Autonomia Literária, 2018.

ALMEIDA, Angelo; AGUADO, Juventino de Castro. O novo constitucionalismo latino-americano: possibilidades de uma constitucionalização simbólica. *In: Revista de Artigos do 1º Simpósio sobre Constitucionalismo, Democracia e Estado de Direito*. Marília, 2016. Disponível em: https://revista.univem.edu.br/1simposioconst/issue/view/46. Acesso em: 21 maio. 2020.

BELLO, Enzo. *A cidadania no constitucionalismo latino-americano*. Caxias do Sul: Educs, 2012.

BELLO, Enzo. O pensamento descolonial e o modelo de cidadania do novo constitucionalismo latino-americano. *Revista de Estudos Constitucionais, Hermenêutica e Teoria do Direito*, v. 7, n. 1, p. 49-61, 2015..

BELLO, Enzo. Política, cidadania e direitos sociais: um contraponto entre os modelos clássicos e a trajetória da América Latina. 199 f. 2007. Dissertação (Mestrado em Direito) - Pontifícia

Universidade Católica do Rio de Janeiro, Rio de Janeiro. Disponível em: https://cutt.ly/Ti9BmTl. Acesso em: 20 maio. 2020

CARDOSO, Fernando Henrique. O Estado na América Latina. *In:* PINHEIRO, Paulo Sérgio (coord.). *O Estado na América Latina.* Rio deJaneiro: Paz e Terra, 1977.

DALMAU, Rúben Martínez. El nuevo constitucionalismo latinoamericano y el proyecto de Constitución del Ecuador. *Alter Justicia*, n. 1. Guayaquil, oct. 2008, p. 17-27.

DANTAS, Maria Eduarda Borba. *Constitucionalismo periférico e teoria dos sistemas sociais*: por uma interpretação pós-colonial da tese da constitucionalização simbólica. Dissertação de Mestrado. 204f. Programa de Pós-Graduação em Ciência Política do Instituto de Ciência Política da Universidade de Brasília. Brasília: 2016. Disponível em: https://repositorio.unb.br/handle/10482/21033. Acesso em: 20 maio. 2020.

DUSSEL, Enrique. *1492 El encubrimiento del Otro:* Hacia el origen del" mito de la modernidad". La Paz: Plural Editores, 1994.

ESCOBAR, Arturo. Mundos y conocimientos de otro modo: El programa de investigación de modernidad/colonialidad latinoamericano. *Tabula Rasa*, Bogotá, n.1, p. 51-86. 2003.

FAJARDO, Raquel Z. Yrigoyen. El pluralismo jurídico en la historia constitucional latinoamericana: de la sujeción a la descolonización. *Seminário Pluralismo jurídico e multiculturalismo.* Brasília: ESMUPE, 2010. Disponível em: https://pt.scribd.com/doc/194283842/3-Ryf-2010-Constitucionalismo-y-Pluralismo-Br. Acesso em: 10 maio. 2020.

GÓMEZ, Gonzalo Sánchez. Ciudadanía sin democracia o con democracia virtual: a modo de conclusiones. *In:* SABATO, Hilda. (Coord.). *Ciudadanía política y formación de las naciones*: perspectivas históricas de América Latina. México D.F.: Fondo de Cultura Económica, 1999.

GUDYNAS, Eduardo; ACOSTA, Alberto. El buen vivir o la disolución de la idea del progreso. In: ROJAS, Mariano. (coord**).** *La medición del progreso y del bienestar—Propuestas desde América Latina.* Ciudad de México: Foro consultivo científico y tecnológico. 2011.

GUDYNAS, Eduardo. La ecología política del giro biocéntrico en la nueva Constitución de Ecuador. *Revista de estudios sociales*, n. 32, 2009..

MARTINS, Carlos Eduardo. *Globalização, dependência e neoliberalismo na América Latina*. São Paulo: Boitempo, 2011.

MIGNOLO, Walter. *Desobediencia epistémica:* retórica de la modernidad, lógica de la colonialidad y gramática de la descolonialidad. Buenos Aires: Del Signo, 2010.

NEVES, Marcelo. *Entre Têmis e Leviatã:* uma relação difícil. São Paulo: Martins Fontes, 2006.

NEVES, Marcelo. *A Constituição Simbólica*. São Paulo: Editora Acadêmica, 1994.

QUIJANO, Aníbal. Colonialidade do poder e classificação social. In: SANTOS, Boaventura de Sousa; MENESES, Maria Paula. *Epistemologias do Sul*. São Paulo: Cortez, 2010.

SANTOS, Boaventura de Souza. For a multicultural conception of human rights. *Lua Nova:* Revista de Cultura e Política, n. 39, p. 105-124, 1997.

SCHAVELZON, Salvador. Cosmopolítica constituinte da complexidade na Bolívia: a constituição "aberta" e o surgimento do Estado Plurinacional. *Revista de estudos em Relações Interetnicas*. v. 8. n.1., 2014, Brasília: Unb, 2014.

SCHAVELZON, Salvador. *La assembleya Constituyente de Bolivia:* Etnografia del Nacimiento de um Estado Plurinacional. 2010. 648f. Tese (Doutorado em Antropologia Social) – Programa de Pós-Graduação da UFRJ, Rio de Janeiro, 2010.

TAPIA, Luis. *La invención del nucleo común:* Ciudadanía y gobierno multisocietal. La Paz: CIDES – UMSA, 2006. Disponível em: <http://bibliotecavirtual.clacso.org.ar/ar/libros/bolivia/cides/tapia.pdf>. Acesso em 15 jun. 2020.

TARREGA, Maria Cristina Vidotte Blanco; FREITAS, Vitor Sousa. Novo constitucionalismo democrático latino-americano: paradigma jurídico emergente em tempos de crise paradigmática. *In:* AVRITZER, Leonardo *et al. Constitucionalismo democrático latino-americano em debate:* soberania, separação de poderes e sistema de direitos. Belo Horizonte: Autêntica, 2017.

TORRE RANGEL, Jesús Antonio de la. *El derecho como arma de liberación en América Latina. Sociología jurídica y uso alternativo del derecho.* CENEJUS, Centro de Estudios Jurídicos y Sociales P. Enrique Gutiérrez, Facultad de Derecho de la Universidad Autónoma de San Luis Potosí, México. 2006.

WOLKMER, Antônio Carlos; WOLKMER, Maria de Fátima S.; FERRAZZO, Debora. Direito da natureza: para um paradigma político-constitucional desde a América Latina. *In*: Flávia França Dinnebier; José Rubens Morato (Org.). *Estado de Direito Ecológico:* São Paulo: Inst. O direito por um Planeta Verde, 2017

WOLKMER, Antônio Carlos. Direito e humanismo na América Latina. BOMBASSARO, Luiz Carlos; RI JÚNIOR, Arno Dal; PAVIANI, Jayme (Orgs.). *As interfaces do humanismo latino*. Porto Alegre: EDIPUCRS, p. 113-121, 2004.

WOLKMER, Antônio Carlos. Pluralismo e crítica do constitucionalismo na América Latina. *Anais do IX Simpósio Nacional de Direito Constitucional,* p. 143-155, 2010.

WOLKMER, Antônio Carlos. Repensando a questão da historicidade do Estado e do Direito na América Latina. *PANÓPTICA-Direito, Sociedade e Cultura*, v. 1, n. 4, p. 82-95, 2006.

O "Pós-Positivismo" como expressão do constitucionalismo abusivo no Brasil

João Bezerra Filho

Apenas no final do ano de 2019, o termo constitucionalismo abusivo[1] foi expressamente mencionado no âmbito do Supremo Tribunal Federal por um de seus ministros. O fato ocorreu por ocasião do julgamento da Arguição de Descumprimento de Preceito Fundamental (ADPF 622), proposta pela então Procuradora-Geral da República, Raquel Dodge. A ação questionava o decreto nº 10.003/2019 da presidência da República que alterava a composição e a forma de escolha dos membros do Conselho Nacional dos Direitos da Criança e do Adolescente (Conanda)[2].

No entendimento da Procuradoria-Geral da República (PGR), as modificações que reduziram o número de assentos destinados à sociedade civil no conselho violaram o direito de participação popular direta e a proibição ao retrocesso institucional. Na ação, ocorreu pedido de deferimento de medida cautelar para suspender a eficácia da norma questionada. Para o órgão ministerial, o decreto nº

---

1   Para David Landau, que cunhou o termo, trata-se de fenômeno caracterizado pelo uso de mecanismos de mudança para corroer a ordem democrática. Essa conduta pode ser posta em prática tanto por meio de emendas constitucionais quanto pela própria substituição constitucional, terminando por minar a democracia com relativa facilidade. *In*: LANDAU, David. **Abusive Constitutionalism.** University of California, Davis Law Review, v. 47, n. 189, 2013, p. 189.

2 "Criado em 1991 pela Lei nº 8.242, o Conselho Nacional dos Direitos da Criança e do Adolescente (Conanda) foi previsto pelo Estatuto da Criança e do Adolescente como o principal órgão do sistema de garantia de direitos. Por meio da gestão compartilhada, governo e sociedade civil definem, no âmbito do Conselho, as diretrizes para a Política Nacional de Promoção, Proteção e Defesa dos Direitos de Crianças e Adolescentes. Além da definição das políticas para a área da infância e da adolescência, o Conanda também fiscaliza as ações executadas pelo poder público no que diz respeito ao atendimento da população infanto-juvenil". *in*: BRASIL. **Conanda: o que é?**

10.003/2019, que alterou o decreto nº 9.579/2018 para reduzir o número de assentos no conselho em questão gera desequilíbrio representativo profundo. Para a PGR, esse desequilíbrio chega ao ponto de desvirtuar a função do órgão colegiado. Destacou, ainda, que a destituição desmotivada de todos os então atuais membros, eleitos por processo eleitoral legítimo e com mandado em vigor, feria o princípio da segurança jurídica.

Outrossim, a ação apontou que as mudanças na forma de escolha dos membros e na periodicidade das reuniões prejudicam o desempenho regular da função deliberativa do órgão. Tal função é classificada como essencial à proteção dos direitos da criança e do adolescente, "uma vez que estabelece diretrizes de políticas voltadas para este público por meio de processo participativo, que envolve amplo debate e exame dessas políticas"[3].

A Procuradoria-Geral da República afirma, também, que a norma impugnada, na prática, esvaziou a participação da sociedade civil no conselho, em violação aos princípios da democracia participativa (arts. 1º, par. único, CF), da igualdade (art. 5º, I, CF), da segurança jurídica (art. 5º, CF), da proteção à criança e ao adolescente (art. 227, CF) e de vedação ao retrocesso institucional (art. 1º, caput e III; art. 5º, XXXVI e §1º; art. 60, §4º, CF).

No Supremo Tribunal Federal, a ADPF 622 foi distribuída ao ministro Luís Roberto Barroso. Em decisão monocrática, o ministro destacou que o objeto da ação – o Decreto nº 10.003/2019 – alterou as normas sobre a constituição e o funcionamento do Conselho Nacional da Criança e do Adolescente (Conanda)[4] e destituiu imotivadamente todos os seus membros, no curso dos respectivos mandatos. Foram vários os argumentos suscitados pela PGR[5] para

---

3 Cf. STF. **Ações questionam decretos que alteraram composição de Conselhos Nacionais da Criança e do Meio Ambiente.**

4 Art. 76 do Decreto nº 10.003/2019: O Conselho Nacional dos Direitos da Criança e do Adolescente – Conanda é órgão colegiado de caráter deliberativo, integrante da estrutura organizacional do Ministério da Mulher, da Família e dos Direitos Humanos, instituído pela Lei nº 8.242, de 12 de outubro de 1991.

5 (i) Destituição imotivada de todos os membros do Conanda no curso dos seus mandatos; (ii) Redução de 28 para 18 do número total de representantes do Conanda; (iii) Alteração do método de escolha de representantes das entidades da sociedade civil; (iv) Vedação à recondução ao mandato de representantes da sociedade civil; (v) Recusa de custeio público do deslocamento dos conselheiros que não residem no Distrito Federal e previsão de participação por videoconferência; (vi) Redução do número de reuniões; (vii)

requerer a inconstitucionalidade do decreto. O ministro Luís Roberto Barroso também requereu informações à presidência da República[6] e manifestação da Advocacia Geral da União (AGU)[7].

Importante evidenciar que várias entidades requereram ingresso no feito como *amici curiae*[8]. Todos se manifestaram pela

---

Atribuição de voto de qualidade ao presidente do Conanda e previsão de sua "designação" pelo presidente da República. O chefe do Executivo passaria, ainda, a decidir, por voto de qualidade, as diferentes matérias em que ocorra impasse. Cf. STF. **Arguição de Descumprimento de Preceito Fundamental (ADPF 622)**.

6 A presidência da República defende a validade do decreto afirmando que: (i) a destituição dos membros do Conanda decorre da redução do número de integrantes do Conselho, que, por sua vez, é fruto da reorganização por que passaram os Ministérios no início do governo; (ii) a alteração na forma de seleção dos representantes da sociedade civil, que passa a ocorrer por processo seletivo público, atende aos princípios da publicidade e da moralidade; (iii) a vedação à recondução dos representantes da sociedade civil observa a necessidade de alternância e pluralismo na representação; (iv) a recusa do custeio público do deslocamento dos membros da sociedade civil e a redução do número de reuniões se justificam com base no princípio da economicidade e da eficiência, dada a crise econômica por que passa o país; (v) a seleção do presidente do Conanda pelo Presidente da República decorre do fato de que o Conselho integra o conjunto de atribuições da presidência da República; e (vi) a conferência de voto de qualidade ao Presidente do Conselho prestigia o princípio da segurança jurídica e a necessidade de solucionar impasses. Subjacente às razões da Presidência está o argumento de que o decreto atacado constitui mera reestruturação de órgão da Administração Pública federal, de competência discricionária do Presidente da República. Cf. STF. **Arguição de Descumprimento de Preceito Fundamental (ADPF 622)**.

7 A Advocacia Geral da União defendeu, em caráter preliminar, a inadmissibilidade da ação, por se tratar de arguição de inconstitucionalidade reflexa, cujo juízo de mérito dependeria do confronto do Decreto nº 10.003/2019 com a Lei nº 8.242/1991 que criou o Conanda. Defendeu, ainda, na mesma linha do que foi sustentado pela presidência da República, que o chefe do Poder Executivo tem ampla discricionariedade para alterar políticas públicas e que o Poder Judiciário não pode apreciar o mérito de tais decisões, eminentemente políticas, sob pena de violação do princípio da separação dos poderes (art. 2º, CF). Cf. STF. **Arguição de Descumprimento de Preceito Fundamental (ADPF 622)**.

8 O Movimento Nacional de Direitos Humanos – MNDH, a Defensoria Pública do Estado do Rio de Janeiro, o Instituto Brasileiro de Ciências Criminais – IBCCRIM, a Associação Nacional dos Centros de Defesa da Criança e do Adolescente – ANCED, a Conectas Direitos Humanos, o Instituto ALANA, o Avante – Educação e Mobilização Social, a Casa de

inconstitucionalidade do decreto e afirmaram que ele compromete o adequado funcionamento do órgão, bem como a participação da sociedade civil. O ministro Luís Roberto Barroso fez questão de frisar, entre os arrazoados dos postulantes a *amici curiae*, a narrativa oferecida pelo Instituto Alana[9] e demais entidades que requereram ingresso conjunto com ele, no sentido de que o funcionamento do Conanda esteve comprometido desde o início do ano de 2019. Chega-se, agora, a um ponto fundamental na construção do voto do ministro. Como metodologia para decidir, ele se faz dois questionamentos preliminares: 1) Há norma constitucional exigindo a participação de entidades da sociedade civil na formulação e no controle da execução de políticas públicas em favor de crianças e adolescentes?; e 2) Havendo norma constitucional em tais termos, as medidas adotadas restringem tal participação, a ponto de comprometer o cumprimento da norma constitucional?

De início, o relator trata de afastar a arguição de inconstitucionalidade reflexa alegada pela Advocacia Geral da União. O ministro entendeu que a ação não se destina a confrontar o Decreto nº 10.003/2019 com qualquer norma legal. Ao contrário, tem por objeto a compatibilidade do decreto com os dispositivos constitucionais que alegadamente exigem a participação direta da sociedade civil na matéria[10]. Quanto a plausibilidade do direito, Luís Roberto Barroso indica que o constitucionalismo e as democracias

---

Cultura Ilé Asé d'Osoguiã, a Central Única dos Trabalhadores – CUT, a Confederação Nacional dos Trabalhadores Rurais Agricultores e Agricultoras Familiares – CONTAG, o Conselho Federal de Psicologia – CFP, o Conselho Federal de Serviço Social – CFESS, o Gabinete de Assessoria Jurídica às Organizações Populares – GAJOP, o Instituto Fazendo História, a Associação Internacional Mailê Sara Kalí – AMSK e o Centro de Educação e Cultura Popular – CECUP.

9 Os argumentos da entidade foram: (i) a extinção de cargos técnicos necessários ao funcionamento do órgão; (ii) o atraso na realização das assembleias; (iii) o não custeio do deslocamento dos representantes de entidades da sociedade civil mesmo antes da edição do decreto impugnado; (iv) o não comparecimento de representantes do Poder Público, inviabilizando a deliberação sobre o Fundo Nacional dos Direitos da Criança e do Adolescente; e, por fim (vi) o não encaminhamento da lista de presença das reuniões ou de ata contendo as suas deliberações e encaminhamentos.

10 Arts. 1º, par. único, c/c 204 e 227, §7º, CF, com o princípio da isonomia (art. 5º, I, CF), com o direito à proteção integral e prioridade absoluta de crianças e adolescentes (art. 227, CF) e com o princípio da vedação ao retrocesso (art. 1º, caput e III; art. 5º, XXXVI e §1º; art. 60, §4º, CF).

ocidentais têm se deparado com um fenômeno razoavelmente novo:

> Os retrocessos democráticos, no mundo atual, não decorrem mais de golpes de estado com o uso das armas. Ao contrário, as maiores ameaças à democracia e ao constitucionalismo são resultados de alterações normativas pontuais, aparentemente válidas do ponto de vista formal, que, se examinadas isoladamente, deixam dúvidas quanto à sua inconstitucionalidade. Porém, em seu conjunto, expressam a adoção de medidas que vão progressivamente corroendo a tutela de direitos e o regime democrático[11].

Segundo esclarece o ministro, esse fenômeno tem recebido, na ordem internacional, diversas denominações, dentre elas: constitucionalismo abusivo, legalismo autocrático e democracia iliberal. Para ele, todos esses conceitos aludem a experiências estrangeiras que têm em comum a atuação de "líderes carismáticos, eleitos pelo voto popular, que, uma vez no poder, modificam o ordenamento jurídico, com o propósito de assegurar a sua permanência no poder"[12].

O ministro segue a construção do seu raciocínio afirmando que a lógica de tal *modus operandi* de atuar reside no interesse de exclusão do espaço público todo e qualquer ato que possa criticar, limitar ou dividir poder com o líder autocrático, seja em momento presente ou futuro. Com isso, o líder político asseguraria o seu progressivo empoderamento e permanência no cargo. Para exemplificar, cita alguns exemplos, onde o fenômeno ocorreu ou está ocorrendo, tais como a Hungria, Polônia, Romênia e Venezuela. Conclui esta análise afirmando que o resultado de tal processo tende a ser a migração de um regime democrático para um regime autoritário, ainda que se preserve a realização formal de eleições.

---

11 Cf. STF. **Arguição de Descumprimento de Preceito Fundamental (ADPF 622).**

12 Para Luís Roberto Barroso, o modo de atuação de tais líderes engloba: (i) a tentativa de esvaziamento ou enfraquecimento dos demais Poderes, sempre que não compactuem com seus propósitos, com ataques ao Congresso Nacional e às cortes; (ii) o desmonte ou a captura de órgãos ou instituições de controle, como conselhos, agências reguladoras, instituições de combate à corrupção, Ministério Público etc; (iii) o combate a organizações da sociedade civil, que atuem em prol da defesa de direitos no espaço público; (iv) a rejeição a discursos protetivos de direitos fundamentais, sobretudo no que respeita a grupos minoritários e vulneráveis – como negros, mulheres, população LGBTI e indígenas; (v) o ataque à imprensa, sempre que leve ao público informações incômodas para o governo.

Existe um fragmento que merece destaque em seu voto, em que analisa a sua construção teórica sobre o assunto com o caso específico do Brasil. O ministro Luís Roberto Barroso assinala[13]:

> Embora não me pareça ser o caso de falar em risco democrático no que respeita ao Brasil, cujas instituições amadureceram ao longo das décadas e se encontram em pleno funcionamento, é sempre válido atuar com cautela e aprender com a experiência de outras nações. Nessa linha, as cortes constitucionais e supremas cortes devem estar atentas a alterações normativas que, a pretexto de dar cumprimento à Constituição, em verdade se inserem em uma estratégia mais ampla de concentração de poderes, violação a direitos e retrocesso democrático.

No que diz respeito a participação social na formulação e no controle de políticas públicas voltadas à proteção da criança e do adolescente, o ministro assevera que a participação de organizações representativas da sociedade civil nas ações governamentais constitui exigência constitucional expressa. Justifica, ainda, que a Constituição determina tratar-se de dever da família, da sociedade e do Estado assegurar à criança, ao adolescente e ao jovem, com absoluta prioridade, proteção integral (art. 227, CF)[14].

Ademais, esclarece que a Constituição determina que a formulação de políticas públicas para os referidos grupos e o controle das respectivas ações deve ocorrer com a participação da população, por meio de organizações representativas (art. 204, II, CF)[15]. Isto posto, não restam dúvidas de que a participação de

---

13 Cf. STF. **Arguição de Descumprimento de Preceito Fundamental (ADPF 622).**

14 Art. 227. É dever da família, da sociedade e do Estado assegurar à criança, ao adolescente e ao jovem, com absoluta prioridade, o direito à vida, à saúde, à alimentação, à educação, ao lazer, à profissionalização, à cultura, à dignidade, ao respeito, à liberdade e à convivência familiar e comunitária, além de colocá-los a salvo de toda forma de negligência, discriminação, exploração, violência, crueldade e opressão. (...) § 7º No atendimento dos direitos da criança e do adolescente levar-se- á em consideração o disposto no art. 204.

15 Art. 204. As ações governamentais na área da assistência social serão realizadas com recursos do orçamento da seguridade social, previstos no art. 195, além de outras fontes, e organizadas com base nas seguintes diretrizes: (...) II – participação da população, por meio de organizações

entidades representativas da sociedade civil constitui mandamento constitucional. Tal previsão tem por objetivo garantir a proteção integral e prioritária às crianças e adolescentes. Isso se dá por meio da incorporação de diferentes perspectivas e grupos na formulação e no controle de políticas públicas.

Uma das preocupações manifestadas no voto do ministro Luís Roberto Barroso se refere a constatação de que em um país de dimensões continentais e com uma diversidade tão acentuada, como é o caso do Brasil, as respostas do poder público devem ser específicas. Segundo esclarece, na formulação de tais políticas, devem ser levadas em consideração todas as infâncias, entre as quais: "a infância indígena, a ribeirinha, a fronteiriça, a quilombola, a negra, a cigana, bem como os povos e comunidades tradicionais entre outros". Para ratificar os seus argumentos, apresenta uma série de dados estatísticos apresentados pelos *amici curiae*[16].

A partir de sua interpretação sobre o processo, o ministro Luís Roberto Barroso deferiu parcialmente a cautelar, para suspender: (i) os artigos 79; 80, caput e §3º, e 81 do Decreto nº 9.579/2018, com a redação dada pelo Decreto 10.003/2019; bem como (ii) o art. 2º do Decreto 10.003/2019. Com isso, reestabeleceu o mandato dos antigos conselheiros até o seu termo final e a eleição dos representantes das entidades da sociedade civil em assembleia específica, disciplinada pelo Regimento Interno do Conanda. Ademais, determinou a realização de reuniões mensais pelo órgão, o custeio do deslocamento dos conselheiros que não residem no

---

representativas, na formulação das políticas e no controle das ações em todos os níveis.

16 Apresenta estudos que demonstram que o Brasil apresenta: i) a sétima maior taxa de homicídios do mundo para crianças entre 10 e 19 anos, sendo a maioria do sexo masculino e negras; ii) Que há uma escalada de mortes violentas de crianças em decorrência da ação policial; iii) Que o país apresenta um dos maiores índices do mundo de violência doméstica contra crianças e adolescentes, incluindo abusivo físico, sexual, psicológico, negligência emocional e física; iv) Que o Brasil encontra-se em primeiro lugar na América Latina e em quarto lugar no mundo em números de casamentos realizados na infância e na adolescência. Fato que repercute negativamente sobre o direito das meninas à saúde, à educação, ao trabalho e a renda; v) Que detém um sistema socioeducativo marcado pela violência; e vi) Que, enfrenta, ainda, problemas relacionados ao trabalho infantil, ao acesso à educação, a crimes virtuais e pornografia, entre outros.

Distrito Federal e a eleição do presidente do Conanda por seus pares, na forma prevista em seu Regimento Interno.

Quanto a possível relação entre os fenômenos do constitucionalismo abusivo e do "pós-positivismo", destaque-se que sobre o segundo já se escreveu muito no Brasil, especialmente a partir dos anos 2000. Um batalhão teórico de defensores rapidamente se estabeleceu por todos os cantos. Diversos perfis acadêmicos se uniram para levantar suas vozes a favor do que seria a salvação do direito pátrio. Nunca na história desse país o direito se apresentou de modo tão artístico. Enredos poéticos deram guarida ao novo conceito que se apresentava ao campo jurídico nacional. O palco rapidamente se montou. Era chegada a hora de expatriar o positivismo jurídico das terras da jabuticaba. Cenário social e político perfeitos. A era do pós-positivismo, enfim, havia chegado!

Por óbvio, tudo que se apresenta como novo, neo ou pós sugere algum tipo de superação. Posto isto, em um primeiro lance de olhar, presume-se que a primeira proposta do pós-positivismo seja a de superação teórico do positivismo jurídico (ou juspositivismo). À vista disso, preliminarmente, há que se examinar quais características fazem o positivismo jurídico ser o que é. Após, impõe-se analisar que aspectos dessa teoria do direito não fazem mais sentido atualmente, se tornaram inaplicáveis ou inválidas. Vencida essa etapa, verificar se e quais os pontos nos quais o pós-positivismo se mostrou inovador, se prestando a solucionar questões que o juspositivismo se imprestável. Como bem anunciado por Horbach[17], vários teóricos acreditam piamente que o direito constitucional brasileiro – após a Constituição Federal de 1988 – está de roupa nova[18]. Um "neo-constitucionalismo, que a partir de um novo marco

---

17 HORBACH, Carlos Bastide. A nova roupa do direito constitucional: neo-constitucionalismo, pós-positivismo e outros modismos, 2007, p. 2.
18 No conto "As roupas novas do imperador", Hans-Christian Andersen apresenta a história de um vaidoso monarca. Devido a uma característica peculiar, o rei trocava de trajes várias vezes ao dia, sempre ostentando modelos de luxo. Certo dia, chegaram ao reino dois espertalhões que, cientes das preferências do rei, espalharam a notícia de que eram especialistas em tecer um pano único, de cores e aspecto deslumbrantes. Segundo eles, o tecido tinha uma característica específica: era invisível às pessoas incompetentes e tolas. O rei ficou interessadíssimo na novidade e logo cuidou de encomendar uma peça. Os embusteiros o cobraram elevado valor pelo trabalho. Após alguns dias, o monarca resolve inspecionar os

teórico pós-positivista, abriria espaço para uma igualmente nova hermenêutica constitucional".

No mesmo sentido, Dimitri Dimoulis[19] defende que desde a virada para o atual século, prevalece a rejeição do positivismo jurídico. Para além disso, que diversos autores aderiram a uma visão de definição e interpretação do direito pós-positivista ou neoconstitucionalista. Ainda, e mais preocupante, é a postura de alguns magistrados que justificam a sua adesão a tais correntes teóricas como justificativa das chamadas decisões ativistas. É o que o autor caracteriza como retórica antipositivista.

A toque de caixa e como forma de desprestígio do positivismo jurídico, ala considerável de autores brasileiros se dedicam a escrever sobre o assunto. Um caso interessante desse alinhamento é o de Lenio Streck. O autor já experienciou uma fase de intensa crítica ao juspositivismo, se apresentando como um patrocinador da causa pós-positivista. Em trabalho de 2006[20], apresentou a suposta pouca importância dada pelo positivismo à teoria da interpretação.

---

trabalhos de confecção. Ao ser apresentado a encomenda, ficou deveras preocupado, afinal, exergou apenas o tear vazio e pensou: "tenho de dar um jeito para que não descubram a verdade". Afinal, ele não poderia parecer um monarca incompetente e que não merecia ocupar a distinta função. Era chegada a hora de apresentar-se ao reino vestido com a nova roupa. Quando desfilava pelas ruas, intermináveis elogios eram direcionados ao imperador. Por óbvio, ninguém admitiria não estar enxergando roupa alguma, para não se passar por bobo ou incompetente. Para surpresa geral, uma criança, ao ver a cena inusitada, exclama: "o rei está nu! Onde estão as novas roupas do imperador?". Pouco a pouco, em um tom de voz cada vez mais elevado e uníssono, o povo começa a repetir as palavras da criança e a rir do rei que, por sua vez, finge nada estar ocorrendo de estranho. A cada passo que dava, o imperador se convencia que havia sido enganado. Houvera caído em uma armação. A tão elogiada roupa nunca existiu. Os dos charlatões evadiram-se do reino e nunca mais foram vistos. O imperador, então, aprendeu importante lição: a vaidade é a pior inimiga do reino. No dia seguinte ao acontecimento, o rei demitiu boa parte dos funcionários da Corte e passou a levar uma vida mais humilde e sem maiores vaidades.

19 DIMOULIS, Dimitri. **Positivismo jurídico**: teoria da validade e da interpretação do direito. 2. ed. Porto Alegre: Livraria do Advogado, 2018, p. 179.

20 STRECK, Lenio Luiz. **Verdade e consenso**. 3. ed. Rio de Janeiro: Lumen Juris, 2009, p. 6.

Argumentou que foi conferida aos juízes a "escolha" dos critérios a serem usados nos chamados casos complexos. Além disso, que uma teoria da interpretação, agasalhada pelo pós-positivismo, não prescindiria de valoração moral, o que estaria vedado pela separação entre direito e moral que "sustenta o positivismo".

Um trecho importante e deveras perigoso na construção argumentativa de Streck ocorre quando o autor justifica que o pós-positivismo "aceita que as fontes do direito não oferecem resposta a muitos problemas e que se necessita conhecimento para resolver estes casos". Se resume a explicar que tanto Dworkin quanto Soper são bons exemplos no esforço pela busca de instrumentos adequados para solucionar este tipo de problema.

Com a sua peculiar acidez, Streck ainda aponta que diante de todas as mudanças ocasionadas pelo novo paradigma neoconstitucionalista, no que se referem às alterações no plano da teoria das fontes, da norma e das condições para o entendimento do fenômeno no Estado democrático de direito, onde o direito e a jurisdição constitucional "assumem um papel que vai muito além dos 'planos' do positivismo jurídico e do modelo de direito com ele condizente". Em arremate, defendeu Streck[21] naquela ocasião:

> Portanto, pós-positivismo deve ser entendido com o sentido de superação e não (mera) continuidade ou complementariedade. Pós-positivismo será compreendido, neste contexto, no interior do paradigma do Estado Democrático de Direito instituído pelo neoconstitucionalismo compromissório e transformador social surgido no segundo pós-guerra, que é aquilo que vem sendo denominado de neoconstitucionalismo.

Ocorre que, em 2014, Streck[22] executa uma manobra radical no seu posicionamento sobre o tema. Ao "revolver o chão da tradição que se formou nos anos de Constituição democrática", o autor, já de início faz uma crítica ao segmento denominado de doutrina brasileira da efetividade. Esclarece que a expressão foi cunhado por Luís Roberto Barroso (até então correligionário teórico sobre o assunto). Para Streck, um dos maiores problemas dessa corrente de pensamento é a tentativa de classificação "abstrata" e "apriorística" das normas constitucionais.

---

21   STRECK, Lenio Luiz. Ibid.
22 STRECK, Lenio Luiz. **Jurisdição constitucional e decisão jurídica**. 4. ed. São Paulo: Editora Revista dos Tribunais, 2014, p. 276.

Seguindo com o seu (novo) raciocínio, Streck admite expressamente que mudou o seu posicionamento teórico. O autor esclarece que:

> Se, em um primeiro momento, apoiei a tese "neoconstitucionalista", em um segundo momento, ao constatar a sua inexorável filiação às posturas voluntaristas (em especial à jurisprudência da valoração), passei a colocá-la entre parênteses ou entre aspas, a partir da ressalva "entendido como o constitucionalismo compromissório do segundo pós-guerra" e "longe de ativismos e práticas discricionárias". Finalmente, a partir da 4.ª edição de *Verdade e consenso*, definitivamente abandonei a tese, passando a chamar o constitucionalismo pós-Segunda Guerra Mundial de **Constitucionalismo Contemporâneo** (com letras maiúsculas). [grifei]

Para ficar apenas no exemplo de Lenio Streck, percebe-se como o conceito do pós-positivismo apresenta muitas inconsistências. Mas, afinal, seria o constitucionalismo abusivo uma visão pós-positivista? Por ser uma proposta relativamente nova no mundo jurídico, no país poucos foram os que se dedicaram a dissertar sobre o assunto. Juliano Benvindo e Rafael Estorilio[23] são um dos exemplos nesse mister. Em artigo sobre como o Supremo Tribunal Federal pode atuar como agente do constitucionalismo abusivo, definiram o fenômeno como sendo "o uso de ferramentas e argumentos do constitucionalismo contra o próprio constitucionalismo". Consideraram, também, duas estratégias com as quais o STF pode atuar: a sincronicidade e o uso seletivo da subsunção.

Para os referidos autores[24], o STF emprega tais estratégias com a finalidade de ampliar o seu capital político e, consequentemente, fortalecer o seu poder de barganha política com os demais poderes. Concluem alertando da necessidade de uma reflexão crítica sobre os desenhos institucionais para conter tais práticas no Brasil.

De fato, a corte constitucional brasileira tem figurado no centro de debates importantes e, por vezes, até polêmicos. Isso ocorre, especialmente, quando o tribunal se propõe a atuar para além das

---

23 BENVINDO, Juliano Zaiden; ESTORILIO, Rafael. **O Supremo Tribunal Federal como agente do constitucionalismo abusivo.** Cadernos Adenauer (São Paulo), v. XVIII, 2017, p. 173.
24 BENVINDO, Juliano Zaiden; ESTORILIO, Rafael. Ibid.

competências estabelecidas na Constituição Federal de 1988. Um exemplo paradigmático é a criminalização da homofobia, em clara usurpação de competências do Poder Legislativo. Com efeito, a questão envolvendo a separação dos poderes tem assumido cada vez mais uma posição de destaque. Após a redemocratização, certamente o ano de 2020 é um dos em que mais flancos foram abertos entre os Poderes da República.

Avaliar o quão a visão pós-positivista do ministro Luís Roberto Barroso influenciou no reconhecimento do constitucionalismo abusivo no caso do Conanda não é tarefa fácil. Com este estudo inicial, representando um primeiro olhar sobre a questão, ao menos algumas considerações preliminares podem ser evidenciadas. Primeiro, é inegável que cada vez mais o pós-positivismo, quando defrontado com análises com preciso rigor técnico, tem apresentado suas fragilidades e contradições. Como consequência disso, alguns importantes doutrinadores, que antes compunham as fileiras desse movimento, invertem posições teóricas sobre o assunto. Como visto anteriormente, Streck representa um desses casos.

A abertura valorativa pretendida pelos pós-positivistas no Brasil representa um risco para a manutenção dos pilares do constitucionalismo. Sobre o fascínio principialista, Marcelo Neves[25] destaca que isto sugere a superioridade intrínseca dos princípios em relação às regras. Contudo, Neves faz uma ressalta importante. Esse tipo de comportamento, em especial pelos julgadores, pode implicar uma negação fundamental de um aspecto importante do sistema jurídico que possibilita o processamento de decisões "justas": a consistência.

Dimoulis[26] orienta que a abertura cognitiva do direito, bem como a flexibilização de sua metodologia tem como consequência a reintrodução do idealismo e da metafísica na teoria do direito. Se assim for, o próprio pós-positivismo representa uma espécie de manifestação do constitucionalismo abusivo. O autor[27] aponta, ainda, que o discurso crítico em relação ao positivismo jurídico pode

---

25 NEVES, Marcelo. **Entre hidra e hércules**. 3. ed. São Paulo: Editora WMF Martins Fontes, 2019, p. 191.
26 DIMOULIS, Dimitri. **Positivismo jurídico**: teoria da validade e da interpretação do direito. 2. ed. Porto Alegre: Livraria do Advogado, 2018, p. 185.
27 DIMOULIS, Dimitri. Ibid., p. 191.

ser entendida como um desejo manifesto de que o operador do direito se liberte dos vínculos impostos pelas normas vigentes. Com bem pontuaram Benvindo e Estorilio, seria o uso de argumentos e ferramentas no âmbito do constitucionalismo contra o próprio constitucionalismo. Esse campo de observação a cada dia se revela mais perigoso ante a escalada do ativismo judicial.

Não se pode olvidar, contudo, que o Supremo Tribunal Federal não está isento desse contexto. Quando a corte atua para além das suas competências constitucionais, interferindo em outros poderes, estaria, também, se utilizando do constitucionalismo contra o próprio constitucionalismo, corroendo o desenho institucional concebido e representando um tipo de constitucionalismo abusivo. No caso do Conanda, contudo, tem-se como conclusão provisória de que o ministro Luís Roberto Barroso decidiu acertadamente.

Como o caso não envolveu diretamente questão de conflito entre direitos fundamentais, mas tão somente uma interpretação de regras claras sobre o funcionamento e composição do Conanda, não foram observados maiores problemas no julgamento. Concluiu-se que a hipótese de que o constitucionalismo abusivo seria produto de um olhar pós-positivista não se revelou, no caso concreto. Todavia, uma nova perspectiva foi alcançada invertendo-se a lógica inicial proposta, qual seja a de que o pós-positivismo seria uma expressão do constitucionalismo abusivo, no tempo em que se utiliza de construções teóricas mal acabadas para justificar práticas inconsistentes juridicamente e, o que é pior, degradando o próprio constitucionalismo.

O estudo do entrelaçamento do pós-positivismo e do constitucionalismo abusivo é um campo que se revelou fértil para futuras pesquisas. Do mesmo modo, este estudo também teve por objetivo despertar o interesse de outros pesquisadores, com vistas a um frutífero debate de ideias nesta seara tão peculiar.

Referências bibliográficas

BENVINDO, Juliano Zaiden; ESTORILIO, Rafael. O Supremo Tribunal Federal como agente do constitucionalismo abusivo. **Cadernos Adenauer** (São Paulo), v. XVIII, 2017.

BRASIL. Conanda: o que é? Disponível em: <https://www.direitosdacrianca.gov.br/conanda>. Acesso em: 07 jun. 2020.

DIMOULIS, Dimitri. **Positivismo jurídico**: teoria da validade e da interpretação do direito. 2. ed. Porto Alegre: Livraria do Advogado, 2018.

HORBACH, Carlos Bastide. A nova roupa do direito constitucional: neo-constitucionalismo, pós-positivismo e outros modismos. 2007. Disponível em: <http://bdjur.tjdft.jus.br/xmlui/handle/tjdft/22562>. Acesso em: 29 jun. 2020.

LANDAU, David. Abusive Constitutionalism. University of California, Davis Law Review, v. 47, n. 189, 2013.

NEVES, Marcelo. **Entre Hidra e Hércules:** princípios e regras constitucionais como diferença paradoxal do sistema jurídico. 3. ed. São Paulo: Editora WMF Martins Fontes, 2019.

STF. Arguição de Descumprimento de Preceito Fundamental (ADPF 622). Disponível em: <http://portal.stf.jus.br/processos/detalhe.asp?incidente=5774611>. p. 10. Acesso em: 07 jun. 2020.

__________. Ações questionam decretos que alteraram composição de Conselhos Nacionais da Criança e do Meio Ambiente. Disponível em: <http://www.stf.jus.br/portal/cms/verNoticiaDetalhe.asp?idConteudo=423901>. Acesso em: 07 jun. 2020.

STRECK, Lenio Luiz. **Verdade e consenso:** constituição, hermenêutica e teorias discursivas. Da possibilidade à necessidade de respostas corretas em direito. 3. ed. Rio de Janeiro: Lumen Juris, 2009.

__________. **Jurisdição constitucional e decisão jurídica**. 4. ed. São Paulo: Editora Revista dos Tribunais, 2014.

Parte III

Direitos sociais como expressão de cidadania no Brasil a partir de Marcelo Neves

Cidadania e os rumos dos direitos sociais no Brasil a partir dos estudos de Marcelo Neves

MONIQUE XIMENES

Introdução

O Brasil recente tem vivenciado mudança paradigmática decorrente de várias alterações legislativas realizadas tanto no texto constitucional como infraconstitucional. Os direitos sociais relacionados ao trabalho e à previdência sofreram fortes mudanças, a educação pública e outros direitos assistenciais são afetados com as restrições orçamentárias geradas pela EC nº 95/2016.

Aqui analisaremos a situação atual da cidadania brasileira, especificamente procurando entender essas mudanças a partir dos estudos de Marcelo Neves. Portanto, a pesquisa é realizada através de revisão bibliográfica.

Sabendo que teoria e prática devem caminhar juntas, a perspectiva empírica desse jurista brasileiro é singular, posto que compreende que os problemas jurídicos só se tornam objeto de reflexão desde que, de fato, tenham efeitos sociais.

Para tanto, analisaremos brevemente a teoria dos sistemas de Luhmann, em decorrência de sua clara influência nas obras de Marcelo Neves. Em um segundo momento delimitaremos o conceito de cidadania e analisaremos a desconexão entre o sistema jurídico brasileiro e a realidade de grande parte da população, na medida que esta é composta, em larga medida, por subintegrados e, por outro lado, uma minoria de privilegiados compõe os superintegrados.

Por fim, discorreremos especificamente sobre as recentes mudanças legais e seus efeitos nos direitos da cidadania e no constitucionalismo brasileiro.

1 Notas sobre a teoria dos sistemas de Niklas Luhmann

A teoria dos sistemas idealizada por Niklas Luhmann é de fundamental importância para a inteira compreensão das obras de Marcelo Neves, tendo em vista que seus estudos, em grande medida, fundamentam-se na doutrina do sociólogo alemão[1]. Aqui teceremos algumas considerações sobre a teoria dos sistemas luhmanniana e, desde já, esclarecemos que tais explanações têm como intuito a melhor compreensão dos textos de Marcelo Neves e não tentar realizar estudo apurado da teoria dos sistemas.

Niklas Luhmann analisa em termos históricos três tipos de sociedades, com características fundantes diferentes: as arcaicas que se baseiam nos sistemas de parentesco; as civilizações pré-modernas em que ainda não há completa diferenciação funcional e prevalece o princípio hierárquico da organização; e as sociedades modernas, que são supercomplexas e funcionalmente diferenciadas[2].

Nas civilizações arcaicas, o direito era aplicado, em havendo desapontamento de expectativas, através da autodefesa da vítima ou do seu clã. Não havia diferenciação entre moral, direito, costumes e convencionalismo social. Pode-se dizer que havia confusão entre expectativas normativas e cognitivas.[3]

Nas sociedades pré-modernas, em que não havia diferenciação funcional, a moral e a religião ainda serviam de fundamento para as outras searas sociais, consequentemente embasavam as teorias sobre o Estado e o Direito. Não haver diferenciação funcional, em termos simples, significa basicamente que não tínhamos, nas sociedades pré-modernas, sistemas sociais autônomos e autorreferenciais. O sistema religioso, no qual derivava grande parte dos valores morais, era considerado hierarquicamente superior às demais áreas da sociedade e, portanto, servia para fundamentá-las. Na idade média, por exemplo, não encontramos elementos caracterizadores do Estado de Direito, por um lado, a limitação que afeta o soberano não é de natureza jurídica, mas sobretudo ético-religiosa (no caso do estamento eclesiástico) ou social (no caso do estamento

---

[1] É certo que Marcelo Neves também utiliza outros autores como fundamento da sua teoria, como é o caso de Habermas no livro *Entre Têmis e Leviatã: uma relação difícil*. Contudo, nenhum deles possui, em sua obra, o embasamento teórico-científico destinado a Luhmann. Portanto, necessária a análise, ainda que suscinta, da doutrina luhmanianna.

[2] NEVES, Marcelo. *Constituição e direito na modernidade periférica*: uma abordagem teórica e uma interpretação do caso brasileiro. Trad.: Antônio L. Costa. São Paulo: Martins Fontes, 2018, p. 27.

[3] NEVES, Marcelo. *Entre Têmis e Leviatã*: uma relação difícil: o Estado Democrático de Direito a partir e além de Luhmann e Habermas. 3. ed. São Paulo: Martins Fontes, 2016, p. 20-21.

nobiliárquico)[4].

Nas sociedades pré-modernas, a esfera jurídica compreendia o direito divino e natural como inseparáveis[5]. Nesse sentido, o rei, como representante do próprio Deus, não precisaria justificar os atos estatais perante os administrados[6], mas somente para a autoridade divina, em outros termos, como a doutrina da época justificava, o que está em jogo no cargo de dominador não é o prazer de dominar, mas a obediência em relação ao próprio Deus[7]. As normas e princípios abstratos eram considerados imutáveis, posto que o direito é concebido como verdadeiro[8].

No século XVIII surge a ideia do governo do povo e pelo povo, contudo, enquanto questões de diferenciação social ainda são tratadas no âmbito semântico da estratificação, da hierarquia social, da ordem estatal, o que faz inexistir conceito de Estado preciso. Somente a distinção entre Estado e sociedade é que se torna possível a mudança de paradigmas[9], é essa separação que passa a ser concebida como condição de constituição do homem (civilizado)[10].

Na sociedade moderna, por sua vez, existe dois conceitos chaves: complexidade e diferenciação funcional. Não existe mais um único centro de certeza[11] e numa sociedade complexa há a presença permanente de mais possibilidades (alternativas) do que as que são

---

[4] NOVAIS, Jorge R. *Contributo para uma teoria do Estado do Direito*: do Estado de Direito liberal ao Estado social e democrático de Direito. Coimbra: Almedina, 2006, p. 35.

[5] LUHMANN, Niklas. *Teoria dos sistemas na prática*: diferenciação funcional e modernidade, vol. II. Trad.: Érica G. de Castro e Patrícia S. Santos. Petrópolis, RJ: Vozes, 2019, p. 79.

[6] O que implica que não havia responsabilidade civil do Estado. Como bem apontou Novais (2006, p. 38-39) o Estado de Polícia configurava-se como Estado acima do direito, já que a doutrina do Fisco apresentava-se como artifício engenhoso de distinguir o Estado em duas personalidades jurídicas, uma delas, a de direito público, era irresponsável por seus atos perante os administrados.

[7] LUHMANN, op. cit., p. 84.

[8] NEVES, 2016, op. cit., p. 22.

[9] Ibid., p. 92.

[10] Ibid., p. 111.

[11] Como ocorria na sociedade pré-moderna, que o centro de certeza da religião influenciava os demais setores na vida social.

suscetíveis de ser realizadas[12]. Há pluralidade de sistemas sociais, sendo que cada um deles rege-se e molda-se por regras e valores próprios, não havendo hierarquia entre os sub-sistemas. Seria o Direito, portanto, um dentre os diversos subsistemas sociais. Porém, diferentemente das sociedades pré-modernas, nenhum dos sistemas funcionais hoje dominantes – nem a ciência, nem a economia, nem a religião, nem a política – pode reivindicar representar a unidade do mundo, ou mesmo apenas a unidade da sociedade na sociedade[13].

É nas civilizações modernas que ocorre a delimitação do direito invariável para de direito alterável, apesar de ainda não prevalecer a noção de direito inteira e constantemente alterável, que só vai surgir com a positivação do direito. E só quando o direito passa a ser regularmente posto e alterável por decisão é que se pode falar de positividade.[14]

Outro conceito central para a compreensão de Luhmann e representativo de mudança paradigmática para sua teoria dos sistemas[15], é o da autopoiese, termo inicialmente utilizado nas ciências biológicas por Maturana e Varela[16]. É com a autopoiese que os sistemas sociais passam a ser autorreferentes, ou seja, cada sistema social se justifica através dos seus próprios fundamentos, são operacionalmente fechados. Nas palavras do próprio Luhmann[17] os sistemas devem produzir e utilizar uma descrição deles próprios; eles devem ser capazes de servir-se, no interior do sistema, como orientação e como princípio para a produção de informações, [pelo menos] da diferença entre sistema e ambiente.

O direito, como os demais sistemas sociais autocria-se e autorreproduz-se com elementos por ele definidos. Em seguida se auto-observa e se autodescreve, segundo seus próprios códigos de

---

[12]NEVES, 2016, op. cit., p. 15.

[13] LUHMANN, op. cit., p. 112.

[14] NEVES, 2016, op. cit., p. 24

[15] Para uma visão mais completa das mudanças ocorridas no decorrer dos anos na Teoria dos Sistemas Sociais de Luhmann ver Mario G. Losano. *Sistema e estrutura no direito*: volume III: do século XX à pós-modernidade. Trad.: Carlo Alberto Dastoli. São Paulo: Martins Fontes, 2011.

[16] LOSANO, Mario G. *Sistema e estrutura no direito*: volume III: do século XX à pós-modernidade. Trad.: Carlo Alberto Dastoli. São Paulo: Martins Fontes, 2011, p. 407.

[17] LUHAMNN, 1990 apud, LOSANO, 2011, p. 386.

comunicação – lícito e ilícito[18].

Entretanto, a autopoiese dos sistemas luhmannianos não deve ser compreendida como isolamento, os sistemas são operacionalmente fechados, mas cognitivamente abertos[19], essa abertura se realiza tanto em relação ao ambiente, como no que tange à comunicação com os demais sistemas sociais, o que ocorre através dos acoplamentos estruturais. Em outras palavras, os diversos sistemas sociais existentes se comunicam entre si através dos chamados acoplamentos estruturais que permite o aprendizado com os demais sistemas, mas ao mesmo tempo garantem o fechamento operacional, pois funcionam como filtros, selecionando as influências que aceita e as que rejeita.

O direito, com subsistema social, é normativamente fechado e cognitivamente aberto. A positivação do direito só pode ocorrer nas sociedades modernas e nas suas condições supercomplexas e supercontingentes[20]. É a alterabilidade do direito positivo, válido por força de decisões, que reflete a abertura para o futuro da sociedade moderna. O ambiente, em processo de rápida transformação, compele o sistema jurídico a alterar-se constantemente mediante decisões[21]. Portanto, a passagem do direito natural, baseado em fundamentos religiosos/morais, para o direito positivo[22], mutável e que se comunica com o ambiente social, é significativa para o sistema jurídico e marco simbólico da transformação da sociedade pré-moderna em moderna.

A teoria do sistemas idealizada por Luhmann é, de fato, inovadora nos estudos do Direito, mas também excessivamente abstrata[23], tanto que, em algumas circunstâncias gera interpretações

---

[18] DIMOULIS, Dimitri. *Positivismo jurídico:* teoria da validade e da interpretação do direito. 2. ed. Porto Alegre: Livraria do Advogado, 2018, p. 90.

[19] NEVES, 2018, op. cit., p. 45.

[20] Ibid., p. 32.

[21] Ibid., p. 33.

[22] Neves (2018, p. 131) critica o modelo de Luhmann esclarecendo que o direito positivado não cumpre suas funções nos países periféricos, especificamente naqueles em que há nominalismo constitucional.

[23] Tal fato, faz com que seja objeto de críticas. Losano (2011, p. 416) considera que "A teoria de Luhmann deixa uma impressão de grande criatividade, frequentemente também de genialidade, mas não convence:

diferentes, o que se torna evidente quando das suas comparações com o positivista Kelsen. Para Dimoulis[24], apesar das consequências práticas entre os dois teóricos serem divergentes, Luhmann seria uma produtiva combinação de Kelsen e Hart, o conceito de fechamento operativo estaria próximo ao imperativo kelseniano da pureza no estudo do direito.

Já para Losano[25] a visão de Luhmann é a total antítese da de Kelsen, enquanto o primeiro se interessa apenas pelas relações do direito com o ambiente e não pelas partes que compõe o direito; Kelsen, ao contrário, se importaria apenas pelas relações entre as partes que compõe o direito, e não pelas relações entre o direito e o mundo circundante.

Cientes das diversas interpretações proporcionadas pela teoria dos sistemas, ela não deve ser totalmente descartada, mas analisada de forma criteriosa e em conexão com as realidades empíricas de cada ambiente social. Marcelo Neves[26] faz importante apontamento sobre os problemas teóricos e práticos gerados pela abordagem das diferentes sociedades existentes no mundo sem observar suas peculiaridades, com aplicação a diferentes realidades de único modelo de modernidade. Isso faz com que muitas vezes os países subdesenvolvidos importem planos de mudança social adotados na Europa Ocidental e nos Estados Unidos, mas que não se adequam a sua realidade.

Nesse sentido e, rejeitando análise unificadora, o jurista brasileiro esclarece que a questão do "desenvolvimento" *versus* "subdesenvolvimento" diz respeito, essencialmente, a duas dimensões sincrônicas da sociedade moderna (mundial), ou seja, há uma cisão da modernidade em centro e periferia[27]. Essa divisão da sociedade moderna inicia-se a partir de fatores econômicos, mas tem implicações para todos os sistemas funcionais e não acontece somente entre países desenvolvidos e subdesenvolvidos, mas reproduz-se entre os países periféricos, dentro deles e das nações

---

parece-me um genial arsenal de metáforas que explicam tudo sem dizer nada"

[24] DIMOULIS, op. cit., p. 92.

[25] LOSANO, op. cit., p. 425.

[26] NEVES, 2018, op. cit., p. 100.

[27] Ibid., p. 101.

centrais[28].

Destarte, o enquadramento entre centro e periferia varia de acordo com o objeto da pesquisa. No nosso caso, analisaremos a cidadania brasileira, como país nitidamente periférico dentro da sociedade mundial moderna, sem nos atermos às diferenças centro/periferia verificadas dentro do próprio Brasil.

Esses Estados periféricos estão inseridos na sociedade moderna porque vivenciam a complexidade e a contingência, características intrínsecas desse estágio histórico. Contudo, seus sistemas funcionais não atuam de forma autopoiética, seja porque os sistemas sociais cruzam-se sem se acoplarem e se sobrepõem uns aos outros, seja porque os sistemas regionais político-jurídico do centro interferem nos periféricos[29].

Além disso, por vezes, os sistemas sociais falham na função de seleção e redução da complexidade de seu ambiente, o que gera flexibilidade (relativamente) desorganizada, precariamente determinável e negativa contingência/abertura para o futuro; ou seja, com a falta de segurança[30]. Especificamente no sistema jurídico podemos dizer que ele não consegue realizar sua função primordial, qual seja, a generalização congruente de expectativas de comportamento[31].

Nesse contexto, o estudo da cidadania brasileira aqui proposto será realizado partindo da perspectiva proposta por Neves[32] de divisão da sociedade moderna em centro e periferia, bem como no significado da Constituição para a modernidade periférica, a ser realizado no item 3.

---

[28] Ibid., p. 102-103.

[29] Ibid., p. 106.

[30] Ibid., p. 107-108.

[31] Isso significa que a população, em geral, não tem segurança acerca da resposta que o Direito dará para solucionar seu imbróglio jurídico ou mesmo não confia na aplicação das normas jurídicas. Neves (2018, p. 111), explica com exemplos concretos: "[...] um subempregado que foi roubado não poderá estar seguro de que possa contar com um 'bom' (do ponto de vista jurídico ou constitucional) tratamento caso preste queixa na polícia, o vencedor das eleições não pode estar seguro de que assumirá o cargo (a ameaça de um golpe está sempre presente)."

[32] NEVES, 2018, op. cit., p. 124.

2 Cidadania brasileira: a subintegração das massas e a sobreintegração dos privilegiados

A cidadania, aqui entendida como pluralidade de direitos reciprocamente partilhados e exercitáveis contra o Estado, não se trata de conceito estático, mas está em permanente ampliação com a emergência de novos direitos[33]. Essa expansão conceitual ocorre porque os direitos humanos que a compõe são processos resultantes de dinâmicas e lutas históricas de resistências[34] e não privilégios concedidos pelo poder estatal.

Tendo em vista que os processos de lutas por direitos e cidadania ocorrem primeiramente em face do Estado e que esse detém todo poder repressor que lhe é inerente, a construção dos direitos inerentes à cidadania varia fortemente de acordo com a orientação política de cada Estado. No Estado liberal, no qual a ideologia se baseia em três separações – entre política e economia; entre Estado e moral; e entre Estado e sociedade civil[35] –, prevalece a concepção de direitos fundamentais relacionada às liberdades individuais e políticas.

Por sua vez, essa concepção de direitos humanos foi duramente criticada quando Marx[36] esclareceu que eles nada mais eram do que direitos do membro da sociedade burguesa, qual seja, do homem egoísta e separado da comunidade, onde a cidadania, enquanto comunidade política, seria apenas meio cujo fim é a vida da sociedade burguesa. Nesse sentido, os direitos de liberdade e propriedade não seriam suficientes, era necessário considerar a dignidade e o bem-estar de todos os membros da comunidade. Assim, foram plantadas as sementes dos chamados direitos sociais.

Tais direitos, que visam fundamentalmente a integração existencial dos indivíduos, são incorporados ao Estado social, na medida em que se verifica um projeto mais voltado à concretização da justiça social generalizada e também das condições de existência vital dos cidadãos, na prestação de bens, serviços e infra-estruturas

---

[33] NEVES, 2016, op. cit., p. 175.

[34] FLORES, Herrera J. *Teoria crítica dos direitos humanos*: os direitos humanos como produtos culturais. Rio de Janeiro: Lumen Juris, 2009, p. 169.

[35] NOVAIS, op. cit., p. 59.

[36] MARX, Karl. *Sobre a questão judaica*. Trad.: Nélio Schneider. São Paulo: Boitempo, 2010, p. 50-51.

materiais, sem os quais o exercício dos direitos fundamentais não passam mera possibilidade teórica[37].

É certo que Thomas H. Marshall se tornou clássico no estudo da cidadania. O sociólogo aponta que haveria verdadeiro divórcio entre os diversos direitos que compõem a cidadania: os direitos civis, os direitos políticos e os direitos sociais; sendo que cada bloco de direitos teve diferentes períodos de formação: século XVIII, XIX e XIX, respectivamente[38].

Neves[39], por sua vez, aponta cinco fases históricas da construção de direito de cidadania: a primeira seria a do "Estado burguês" do período absolutista, na qual não se poderia falar, a rigor, de cidadania; a segunda corresponde ao "Estado Burguês de Direito", na qual a cidadania surge como liberdades negativas; posteriormente com o Estado Democrático de Direito emergiu os direitos subjetivos públicos democráticos (como voto, liberdade de associações políticas e partidos); num quarto momento o Estado Democrático e Social de Direito, possibilitou a positivação dos direitos sociais, a intervenção compensatória na estrutura de classes e na economia, a política social do Estado e a regulamentação jurídica das relações familiares e educacionais; e por fim o último momento do processo de juridificação, que se deu através da instituição de direitos coletivos/difusos[40].

Nestes termos, consideramos que a fruição da cidadania de forma completa somente pode ocorrer, no Estado Democrático e Social de Direito, também denominado Estado de bem-estar

> [...] na medida em que a inclusão passa a ser entendida e praticada como programa político. Ao indivíduo é concedida não apenas a proteção jurídica [...]; sua condição social como um todo se torna um problema político, mas não sob um aspecto concreto qualquer, e sim especialmente no que tange ao acesso igualitário e justo às realizações e às oportunidades de cooperação dos sistemas

---

[37] NOVAIS, op. cit., p. 184-185.

[38] MARSHALL, T. H. *Cidadania, classe social e status*. Trad. Meton Porto Gadelha. Rio de Janeiro: Zahar, 1967, p. 66.

[39] NEVES, 2016, op. cit., p. 179-181.

[40] Metodologicamente é problemático o uso de classificações históricas como etapas isoladas ou uniformes em todo mundo. Mesmo estando cientes dessas críticas não iremos adentrar nesse debate por considerar que foge ao escopo do presente estudo.

funcionais. O Estado de bem-estar sustenta e promove, de acordo com suas intenções, a autorregulação da vida social, mas partindo do princípio de que esta não concede a todo indivíduo as melhores oportunidades possíveis de participação nas benesses da vida social, em vez disso exigindo, nesse ponto, medidas compensatórias[41].

Isso porque o princípio da igualdade, que é base da cidadania, deve incluir a neutralização de desigualdades fáticas na consideração jurídico-política de pessoas e grupos (do ponto de vista sistêmico), mas também é necessário que na esfera pública pluralista tenha se consolidado que as diferenças sejam recíproca e simetricamente respeitadas[42]. Nesses termos, em razão da existência de discriminação social negativa, implicando obstáculos concretos ao exercício de direitos, justifica-se a discriminação afirmativa em favor de determinados grupos e indivíduos[43], as ações afirmativas são, portanto, instrumento da concretização da cidadania.

Além dessas desigualdades fáticas, não podemos olvidar que dentro do próprio sistema jurídico há assimetrias das formas do direito. Isso ocorre quando uma delas apresenta-se demasiadamente forte em relação a outra e acaba conduzindo a mecanismos difusos de opressão ou negação da autonomia de formas de direito por outras[44].

Nesses termos, o contrato e a propriedade, que são acoplamentos estruturais entre o direito e a economia, são considerados formas de direito fortes e geralmente se sobrepõe a outras formas consideradas fracas, como o meio ambiente e a inclusão[45]. Assim, tanto na legiferação como na aplicação das normas é comum que as formas de direito fortes se imponham às fracas e os direitos fundamentais/direitos humanos, em regra, acabem perdendo espaço para direitos mais atrelados aos códigos poder/dinheiro[46].

---

[41] LUHMANN, op. cit., p. 153.

[42] NEVES, 2016, op. cit., p. 170.

[43] Ibid., p. 174.

[44] NEVES, Marcelo. *Transconstitucionalismo*. São Paulo: Martins Fontes, 2009, p. 280.

[45] Ibid., p. 284.

[46] Essas assimetrias das formas do direito acontecem tanto dentro dos Estados como em nível internacional. Nesse último caso é facilmente perceptível quando as formas jurídicas do poder político e da economia se impõe à dos direitos humanos, quando esses discursos são bloqueados pelos do mercado e do poder de modo regular e sistemático (NEVES, 2009,

Se compararmos os direitos sociais, como os trabalhistas e previdenciários, percebemos que, cada vez mais, eles perdem espaço em detrimento de direitos orientados pelo poder/dinheiro, como a liberdade econômica e contratual. São várias as barreiras à plena concretização da cidadania, seja de assimetrias internas ao sistema jurídico ou externas, como apontaremos mais adiante.

O Brasil é representativo dessa problemática, posto que, além das reformas trabalhistas e previdenciárias, que serão analisadas mais adiante, tivemos a promulgação da Lei nº 13.874/2019, denominada "Declaração de Direitos de Liberdade Econômica", numa clara demonstração de fortalecimento de direitos que já eram fortes e limitação de formas de direitos já fracas.

Além disso, Neves demonstra em diversos dos seus estudos, a situação, no mínimo, contraditória da cidadania brasileira, especialmente na seara dos direitos sociais. É certo que a Constituição Federal de 1988 trouxe diversos avanços se analisarmos em termos estritamente jurídicos, contudo, não é possível desconectá-la da realidade social da população brasileira, o caminho é justamente o inverso.

> Na perspectiva do direito, caso dominem mecanismos de desdiferenciação funcional das diversas esferas sociais e esteja presente a exclusão abrangente e primária no âmbito da reprodução da sociedade no respectivo território estatal, não é possível a imunização do sistema jurídico perante desigualdades juridicamente irrelevantes, a saber, não se afirma estruturalmente a força normativa do princípio constitucional da igualdade.[47]

Em termos da teoria sistêmica é preciso rememorar que a diferenciação funcional dos diversos sistemas funcionais presentes na modernidade ocorre através de vários sistemas autopoiéticos, o que não significa que são isolados dos demais ou do ambiente, já que são cognitivamente abertos. Nesses termos, os sistemas sociais "dialogam" através dos acoplamentos estruturais. Mas isso, não acontece em todos os Estados de forma igual, o que o jurista supramencionado explica são as consequências da desdiferenciação funcional e da exclusão social presente nas sociedades periféricas, como no caso do Brasil. É indispensável que o sistema jurídico consiga manter a sua autopoiese e, ao mesmo tempo, dialogar com

---

p. 285).
[47] NEVES, 2009, op. cit., p. 78.

o ambiente, a fim de viabilizar a abertura cognitiva.

Para Neves[48] se a diferença "inclusão/exclusão" afasta sistematicamente a validade do código jurídico "lícito/ilícito", o princípio da igualdade torna-se uma ilusão textual; nos países periféricos a plena realização do Estado do bem-estar social pressupõe transformação social radical[49], e essa, no Brasil, não chegou a se concretizar em sua totalidade.

Ou seja, quando o sistema jurídico é afetado por outros fatores, que não apenas o seu código jurídico, criamos dois problemas principais: a ineficácia das normas jurídicas, especialmente aquelas ligadas ao pleno exercício da cidadania e dos direitos fundamentais, e a divisão dos cidadãos em duas categorias, os subintegrados e os sobreintegrados, na medida em que cada grupo é integrado ao sistema jurídico de maneira diferente.

Os grupos marginalizados, compostos pelas camadas sociais subalternas e que compõe a maioria da população brasileira – os subintegrados -, foram integrados ao sistema jurídico na condição de devedores, réus etc., não como detentores de direitos, autores no processo etc.; embora eles sejam, de fato, dependentes do sistema, não têm acesso (no sentido positivo) a suas prestações[50].

A subintegração das massas é inseparável da sobreintegração dos grupos privilegiados, que usa o texto constitucional ao seu bel-prazer ou para atingir interesses específicos. A Constituição não consegue colocar limites significativos ao espaço de possiblidades políticas e econômicas de sua ação[51].

Para verificar um exemplo nítido dos subintegrados basta verificar qual o perfil das pessoas que estão presas no Brasil. Segundo dados do Ministério da Justiça e Segurança Pública[52] em 2017 as pessoas pretas e pardas totalizavam 63,6% da população carcerária

---

[48] Ibid., p. 78.

[49] NEVES, 2018, op. cit., p. 138.

[50] Ibid., p. 132-133.

[51] Ibid., p. 133.

[52] BRASIL. *Levantamento nacional de informações penitenciárias*, atualização junho de 2017. Org.: Marcos Vinicius Moura. Brasília: Ministério da Justiça e Segurança Pública, Departamento Penitenciário Nacional, 2019, Disponível em: <http://depen.gov.br/DEPEN/depen/sisdepen/infopen/relatorios-sinteticos/infopen-jun-2017-rev-1207201907 21.pdf>. Acesso em: 28/01/2020, p. 31.

nacional, contra 35,4% de brancos; 51,3% possuem o Ensino Fundamental Incompleto e 13,1% com Ensino Fundamental Completo[53], ou seja, mais da metade do total de presos possui baixa escolaridade[54].

Tais números revelam que o grupo de subintegrados brasileiros tem, em sua maioria, raça preta/parda e baixo nível de escolaridade, muito provavelmente também seria composto por integrantes das classes sociais mais baixas. Ademais, é fácil perceber que esse grupo de subintegrados foi excluído do direito social de educação, mas por outro lado essas pessoas foram perfeitamente incluídas, pelo sistema jurídico brasileiro, na qualidade de réus, condenados e presos em regime fechado.

Outro ponto emblemático é que, enquanto os anos de 2018/2019 foram de acalourados debates jurídicos, inclusive no STF, acerca da possibilidade ou não de prisão após condenação em segunda instância, sabemos que 50,03% da população carcerária é composta de presos provisórios[55]. O que também corrobora com o exposto acima, afinal, o sistema jurídico como um todo se debruçava sobre importante dilema na interpretação do texto constitucional, mas a decisão da Corte Suprema beneficiaria a todos ou apenas pequena parcela de superintegrados que estão presos?

3 As mudanças nos direitos sociais brasileiros: do nominalismo à degradação constitucional

A cidadania brasileira, especialmente quando analisamos os direitos sociais, apresenta-se como caminho de avanços e retrocessos. É certo que durante os governos de Lula e Dilma, houve a implantação de alguns programas sociais – como o "Bolsa família", "Fome Zero", "Minha casa, minha vida"–; a ampliação de direitos trabalhistas com a equiparação das empregadas domésticas aos demais trabalhadores proporcionada pela Emenda Constitucional nº 72/2018; e a expansão da educação superior, técnica e tecnológica, visualizada a partir da construção de mais de 500 novas unidades

---

[53] Ibid., p. 34.

[54] Infelizmente a pesquisa não analisou foi feita também utilizando o recorte de classe social.

[55] BRASIL, 2017, op. cit., p. 18.

referentes ao plano de expansão da educação profissional[56].

Recentemente observa-se a diminuição da oferta dos programas sociais[57] e alterações legislativas que afetam diretamente grande parte da população brasileira. São exemplos: a Emenda Constitucional nº 95/2016, que restringe os gastos públicos pelo prazo de 20 anos e que afeta diretamente os direitos sociais, tendo em vista que muitos deles, como saúde e educação, dependem de contraprestação positiva do poder público; a Lei nº 13.467/2017, também conhecida como reforma trabalhista, que altera a Consolidação das Leis Trabalhistas; a Emenda Constitucional nº 103/2019, que alterou o texto magno para modificar os direitos previdenciários, tornando mais rígidas as regras para concessão de aposentadorias e outros benefícios; e a Medida Provisória nº 905/2019, que com o suposto objetivo de aumentar a contratação de jovens, na verdade representa uma série de restrições aos direitos trabalhistas[58].

Nestes termos, é preciso compreender o processo histórico constitucional brasileiro, considerar os problemas vivenciados pelo Direito na modernidade periférica, e propor algumas explicações na análise dos recentes rumos dos direitos sociais no Brasil. Aqui, a partir dos estudos de Marcelo Neves, apontamos três das hipóteses possíveis: numa sociedade periférica como no nosso país o sistema

---

[56] BRASIL. *Expansão da Rede Federal.* Ministério da Educação. Portal da Rede Federal de Educação Profissional, Científica e Tecnológica. Publicado em: 02/03/2016. Atualizado em: 21/09/2018. Disponível em: < http://redefederal.mec.gov.br/expansao-da-rede-federal>. Acesso em: 05/02/2020.

[57] É certo que nem sempre o governo elimina as políticas públicas. Muitas vezes, utilizam-se de modelos mais sutis de contenção de direitos sociais, caracterizados especificamente pelo enrijecimento dos critérios ou pela omissão/silêncio estatal, representados por filas de espera nos setores responsáveis pela concessão de benefícios previdenciários e assistenciais. Observem as notícias: <https://brasil.elpais.com/brasil/2020-01-28/em-meio-a-crise-no-inss-governo-bolsonaro-anuncia-demissao-de-presidente-do-orgao.html>; <https://brasil.elpais.com/brasil/2020-01-31/governo-bolsonaro-nao-explica-tamanho-real-da-fila-do-bolsa-familia.html> e <https://noticias.uol.com.br/cotidiano/ultimas-noticias/2020/02/15/ bolsona- familia-governo-reingressos.htm>.

[58] Além dessas outras alterações legislativas também estão previstas para futuro próximo, como é o caso das reformas administrativa e tributária e do "Plano Mais Brasil" composto por várias Propostas de Emendas Constitucionais (nº 186/2019, 187/2019 e 188/2019).

jurídico vivencia verdadeira alopoiese,[59] não conseguindo ser forte o suficiente para barrar as interferências do sistema econômico, que no mundo capitalista tende a se sobrepor aos demais; a segunda aponta que as recentes modificações legais são consequências da reação dos sobreintegrados/elite brasileira às mudanças sociais realizadas anteriormente; e por fim, o histórico constitucional do país demonstra que infelizmente não conseguimos chegar ao modelo de constituição normativa, passando, mais recentemente, por retrocessos e desconexão, ainda maior, do texto constitucional com a sociedade brasileira. São esses os pontos que passamos a analisar a partir de agora.

As recentes alterações promovidas na legislação brasileira demonstram forte influência de setores econômicos a fim de gerar a redução dos custos com pessoas, a diminuição dos valores repassados ao Estado e o aumento dos lucros. Cada vez mais percebe-se que, no Brasil e no mundo, a economia exerce crescente influência sobre os demais sistemas sociais, com exigências de adequações para proporcionar o crescimento econômico sem necessariamente proporcionar o direito ao desenvolvimento da sociedade como um todo. Especificamente no caso brasileiro o sistema jurídico tem sofrido diversas alterações legais em benefício do sistema econômico e com restrição direta aos direitos sociais das pessoas.

Luhmann[60] esclarece que, se é questionável interpretar a afinidade que o sistema jurídico tem com relação a determinadas orientações do sistema econômico imediatamente significando uma teoria de classes da sociedade, não se pode esquecer o domínio do direito tem clara afinidade com as abstrações que foram alcançadas, no sistema econômico, com a orientação pelo código de comunicação do dinheiro. Assim, o código lícito/ilícito passa a receber interferências do código dinheiro. Segundo a teoria luhmanianna, em havendo a diferenciação funcional típica da sociedade moderna, há relação simétrica entre esses sistemas, no sentido de inexistir hierarquia entre eles. E em decorrência da

---

[59] Neves (2018, p. 114) explica que segundo Luhmann a alopoiese seria o oposto da autopoise, ou seja, quando há assimetria dos sistemas sociais com consequente hierarquia operativa entre os elementos sistêmicos ou a submissão de um sistema a outro.

[60] Op. cit., p. 144.

autopoiese de cada um deles os acoplamentos estruturais deveriam permitir influências recíprocas entre os sub-sistemas, viabilizando a abertura cognitiva, mas também servindo de barreira, a fim de garantir o fechamento operacional.

No caso do Direito, a Constituição atua como acoplamento estrutural com o sistema político e configura-se como um vínculo intersistêmico horizontal, típico do Estado de Direito. Ela impede que critérios externos de natureza valorativa, moral e política tenham validade imediata no sistema jurídico, o que resulta na delimitação das fronteiras do próprio sistema jurídico[61].

Entretanto, o que se verifica no Brasil, típica sociedade periférica, é que o modelo sistêmico-teórico não funciona tal como previsto originalmente por Luhmann. Há forte interferência do sistema político no jurídico, através de verdadeira corrupção sistêmica, o que provoca alopoiese do sistema jurídico. Tanto no Brasil, como em outras sociedades periféricas[62], como África, Ásia e América Latina, o que se verifica é a fragilidade da política e do direito em face dos mecanismos predadores da economia e de outras formas de particularismos, o que torna ilusória a crença no primado da diferenciação funcional[63].

Fica evidente que a teoria sistêmica necessita de certos pressupostos para ser aplicada. Tais constatações fazem com que concluamos que ela não serve para aplicação imediata nas sociedades periféricas. Quando muito a análise dos países subdesenvolvidos é viável se forem realizadas adaptações imprescindíveis à realidade local.

O próprio Luhmann[64] reconhece que

> [...] alcançadas certas situações-limite, "o direito atua orientado em si mesmo apenas de maneira ocasional e desconexa, sendo, na realidade, vivenciado como mero instrumento de poder"; acentua, então, que "em caso extremo, não se pode mais falar de fechamento operativo". Em outro momento, reconhece, sem restrições, em relação ao meu argumento da "constitucionalização simbólica como alopoiese do sistema jurídico", que, entre outros fatores, formas de

---

[61] NEVES, 2016, op. cit., p. 98-99.

[62] Ressaltamos que Marcelo Neves (2018, P. 391) reconhece que a diferença entre sociedades centrais e periféricas se aplainou pela tendência à periferização dos centros e por força das mudanças sociais em alguns países periféricos.

[63] NEVES, 2018, op. cit., p. 391.

[64] LUHMANN, 1997, apud, NEVES, 2018, p. 396.

relações econômicas que ultrapassam fronteiras "podem impedir também a autonomia autopoiética dos sistemas funcionais – de maneira particularmente típica, do sistema jurídico".

Diante de tudo que foi apresentado consideramos que o sistema jurídico brasileiro, realmente, não pode ser caracterizado como autopoiético, na medida que a Constituição não consegue limitar as interferências do sistema político e do seu código de poder.

Aqui vamos além, considerando a desdiferenciação funcional, entendemos que o sistema econômico também interfere exacerbadamente no Direito. No Brasil recente, o que se verifica é a manipulação do sistema político pela economia[65], por sua vez, a política exerce sua interferência no sistema jurídico. Em última análise são os interesses do sistema econômico que se sobrepõe a esses dois outros sub-sistemas. Destarte, o Direito tem se adequado aos interesses meramente econômicos/político com prevalência dos códigos dinheiro/poder sobre o lícito/ilícito, em detrimento dos direitos de cidadania, especialmente os ditos sociais. Mas para compreender como chegamos nessa situação é importante analisar, ainda que brevemente, o histórico das constituições brasileiras.

Em geral os estudos da teoria constitucional analisam o desenvolvimento do Estado de Direito a partir da perspectiva europeia e estadunidense, com a análise do *Rechtsstaat* alemão, do *État Constitutionnel* francês e do *rule of law* inglês e americano[66]. Entretanto, nos países periféricos o processo histórico constitucional ocorreu de maneira diferente, ou porque o modelo foi copiado dos países centrais, sem as devidas condições para sua realização (nominalismo constitucional), ou porque regimes autoritários levaram ao instrumentalismo constitucional[67].

---

[65] Especificamente os interesses do empresariado e do grupo de sobreintegrados/elite brasileira.

[66] Para estudos nessa perspectiva ver: COSTA, Pietro; ZOLO, Danilo (org.). *O Estado de Direito:* história, teoria, crítica. Trad.: Carlo A. Dastoli. São Paulo: Martins Fontes, 2006. NOVAIS, Jorge R. *Contributo para uma teoria do Estado do Direito*: do Estado de Direito liberal ao Estado social e democrático de Direito. Coimbra: Almedina, 2006. SANTORO, Emílio. *Estado de Direito e Interpretação*: por uma concepção jusrealista e antiformalista do Estado de Direito. Trad.: Maria C. J. Buonfiglio, Giuseppe Tosi. Porto Alegre: Livraria do Advogado, 2005.

[67] NEVES, 2018, op. cit., p. 126.

Marcelo Neves[68] propõe a reinterpretação da classificação constitucional proposta por Karl Loewenstein e subdivide as Constituições em: normativas, nominalistas e instrumentalistas.

Nas Constituições normativas haveria certa concordância entre a realidade e o processo de poder, na linguagem da teoria dos sistemas diz-se que elas atuam de forma efetiva como subsistema interno e diferenciado no sistema jurídico, já socialmente diferenciado[69], esses modelos ocorreriam primordialmente nos países ditos centrais ou desenvolvidos.

As Constituições nominalistas caracterizam-se, ao contrário, por uma discrepância entre a realidade social e a norma constitucional; o texto da Constituição não serve à mudança social, ao contrário, há fortes indicadores que os detentores do poder e os grupos privilegiados não têm real interesse numa mudança social[70], o que faz com que a Carta Magna cumpra função simbólica[71] ou função álibi[72]. Nos termos da teoria sistêmica, esse tipo de constituição fracassa na função especificamente jurídica de generalização congruente das expectativas normativas de comportamento, há verdadeiro constitucionalismo aparente[73].

Já as Constituições instrumentalistas ocorrem quando os detentores do poder usam o texto constitucional como meios para a imposição de dominação, em verdadeira instrumentalização do sistema jurídico pela política[74]. Esse modelo é adotado em regimes autoritários ou totalitários.

No caso do Brasil, linhas gerais, podemos dizer que houve verdadeira alternância entre modelos nominalistas e instrumentalistas, em decorrência da alternância de regimes

---

[68] Ibid., p. 87.

[69] Ibid., p. 89

[70] Ibid., p. 92.

[71] Segundo Neves (2018, p. 85) na função simbólica da Constituição "o problema ideológico consiste no fato de que se transmite um modelo cuja realização só seria possível sob condições sociais totalmente diversas".

[72] Na legislação-álibi "falta ao texto constitucional a sua aparente função jurídico-normativa; a linguagem constitucional serve, no plano pragmático, ao desencargo 'legitimador' do sistema político perante a realidade que se desdobra no sentido contrário." (NEVES, 2018, p. 84)

[73] Ibid., p. 148.

[74] Ibid., p. 93-94.

autoritários e de democracia aparente[75]. Contudo, é preciso estarmos atentos para o fato de que esse é um modelo metodológico de classificação e, portanto, simplista. É certo que não existem constituições puramente nominalistas e exclusivamente instrumentalistas, mas diferentes graus de normatividade, nominalismo e instrumentalismo constitucionais em contextos sociais específicos[76].

A Constituição de 1988 representa novo nominalismo constitucional em decorrência da falta de acoplamentos suficientemente complexos entre o sistema jurídico/constitucional e o ambiente, ou seja, não existe real conexão entre o texto da Carta Magna e a sociedade brasileira, a concretização constitucional necessitaria de mudanças sociais profundas que nunca chegaram a ser completadas. Quando da elaboração do texto constitucional de 1988

> [...] a realização do delineado Estado democrático de bem-estar social foi adiada para um futuro indeterminado e distante. Não se trata, porém, de um jogo de soma zero: por um lado, o uso simbólico-ideológico do documento constitucional é calculado pelos detentores de poder; por outro, as "forças" "reformistas" e também as "revolucionárias" contam com a possibilidade de combater criticamente a realidade constitucional com base no texto constitucional.[77]

Desde a promulgação da atual Constituição brasileira já se passaram mais de 30 anos. Contudo, o máximo que podemos dizer é que nessas três décadas tivemos períodos de certo aproximação com o normativismo constitucional, mas com a recente mudança de orientação política houve verdadeira guinada do modelo de Estado de bem-estar social para o de Estado liberal, tendo como ruptura paradigmática o *impeachment* da presidente Dilma Rousseff em 2016.

No período de 2003-2016 os governos brasileiros estavam mais próximos do modelo de bem-estar social, o que se mostra evidente através de vários programas sociais de redução das desigualdades. A ONU reconheceu que o aumento da renda familiar, associado a políticas sociais, educacionais e de saúde bem coordenadas foram fatores importantes para redução da pobreza e da desigualdade entre

---

[75] Ibid., p. 155.

[76] Ibid., p. 161.

[77] Ibid., p. 205.

2002 a 2014. Também aponta o programa Fome Zero como responsável pela transformação da segurança alimentar e nutricional da população brasileira[78][79].

No âmbito da educação, além da expansão do ensino superior, técnico e tecnológico, destacamos a Lei nº 12.711/2012, que fixou política de cotas para ingresso nas universidades federais e nas instituições federais de ensino técnico de nível médio, na busca da concretização do princípio constitucional da igualdade e na democratização da educação pública de ensino superior. Também no que concerne à política de cotas a Lei nº 12.990/2014 estabeleceu a reserva de 20% de vagas aos negros nos concursos públicos da administração pública federal[80].

Contudo, essas e outras políticas de redução de desigualdades sociais não foram bem aceitas pela totalidade da população brasileira. As elites do país, que historicamente nunca tiveram que ceder os privilégios que possuem, se sentiram incomodadas com a concessão de direitos à camada da população que sempre esteve à margem do sistema jurídico. Desse modo, as reformas sociais no interior da "ordem constitucional" são caracterizadas como subversivas, na medida em que se coloquem na pauta a abolição de privilégios ou a introdução de medidas compensadoras em favor das camadas

---

[78] FAO, IFAD, UNICEF, WFP and WHO. *The state of food security and nutrition in the world:* safeguarding against economic slowdowns and downturns. Rome, FAO, 2019. Disponível em: <http://www.fao.org/3/ca5162en/ca5162en.pdf>. Acesso em: 07/02/2020, p. 95.

[79] Trecho integral do estudo da FAO/ONU: "The increase in household income combined with strong and coordinated social, education, health policies as well as policies favourable to the productive sectors have been key for poverty and inequality reduction during 2002–2014. Nearly two-thirds of the annual poverty reduction rate in the country could be explained by the effects of median-income growth, especially up until 2008.4 The effect of coordinated policies was also important, especially when the growth effect diminished. Among these policies, Fome Zero represented a key initiative of the new Brazilian Government in 2003. It transformed food security and nutrition into a crucial issue in the social and economic policy strategy, and also mainstreamed hunger eradication into the political agenda."

[80] Que fique claro que não estamos aqui afirmando que as políticas de inclusão social foram suficientes para eliminar as desigualdades do Brasil e firmar um modelo de Constituição normativa. Infelizmente elas não foram suficientes em quantidade nem tampouco em tempo para sedimentar uma estrutural social de inclusão (NEVES, 2018, p. 403).

subalternas[81].

A quebra de paradigmas e o desmonte das instituições de Estado social[82] tendem a transformar o constitucionalismo simbólico em verdadeira degradação da Constituição[83]. Isso porque não se trata de "mero" nominalismo constitucional, mas de verdadeira eliminação de direitos sociais importantes contidos no texto magno. O poder político, alinhado aos interesses da elite brasileira, tem promovido diversas alterações constitucionais e ainda existem outras Propostas de Emenda Constitucional ainda com aprovações pendentes. Isso tudo gera a diminuição direitos sociais conquistados arduamente, bem como objetivando inviabilizar futuras retomadas ou ampliações dos direitos sociais.

Essa degradação constitucional associa-se com a tendência de as Constituições simbólicas serem mantidas apenas na medida em que favoreçam os sobreincluídos em detrimento dos subincluídos. Isso porque o padrão dominante no Brasil é o da ilegalidade, que serve antes aos privilegiados que aos subalternos[84]

Depois de todo esse quadro assombroso do sistema jurídico e político brasileiro resta a refletir sobre as consequências ao futuro do país e do caminho que será trilhado pela cidadania daqui para frente. Há esperanças de caminharmos para um sistema jurídico autopoiético que de fato consiga impedir, através da filtragem exercida pelos acoplamentos estruturais, que os interesses próprios dos sistemas políticos e econômicos não interfiram diretamente na concretização constitucional? Podemos esperar que a médio prazo educação, saúde e previdência de qualidades e empregos dignos sejam refletidos para a maior parte dos cidadãos brasileiros?

Como bem acentuou Flores[85] o direito não é unicamente reflexo das relações sociais e culturais dominantes, mas pode ser usado, e assim foi historicamente, tanto por tendências conservadoras como revolucionárias, para transformar tradições, costumes e inércias axiológicas. Portanto, se há esperanças, que possamos imaginar que as consequências nefastas a serem suportadas, especialmente pelas classes subalternas, tenham caráter pedagógico, que instiguem lutas

---

[81] NEVES, 2018, op. cit., p. 134.
[82] Ver alterações normativas apontadas no início desse tópico.
[83] NEVES, 2018, op. cit., p. 414.
[84] Ibid., p. 416.
[85] FLORES, 2009, op. cit., 162.

da sociedade e, consigam ter efeito transformador tanto do sistema jurídico como do ambiente social.

Considerações Finais

Atualmente, cada vez mais, fica evidente a interferência que o sistema econômico tem sobre os demais sistemas sociais. Tanto no âmbito dos Estados modernos como no âmbito internacional resta claro que muitas normas e decisões jurídicas são influenciadas por fatores políticos e econômicos, o que leva, em determinadas circunstâncias, à impossibilidade de considerar a autopoiese do Direito.

Especificamente no caso brasileiro vários fatores tornam a situação ainda mais complexa. Seja pela alopoiese do sistema jurídico ou pela situação de profundas desigualdades sociais ainda existentes, o que verificamos é a dificuldade de concretização da cidadania para a grande parcela de subintegrados, especialmente no que concerne aos direitos que eles mais necessitam – os sociais -, posto que demandam atuação direta do poder estatal e utilização de recursos públicos para promover os direitos de cidadania.

Infelizmente, o histórico do constitucionalismo brasileiro foi de oscilação entre constituições nominalistas e instrumentalistas, em decorrência da ausência de políticas públicas efetivas e duradouras que transformassem a enorme desigualdade social existente. Hoje, a situação parece pior. Em razão das várias mudanças já realizadas no texto magno e de tantas outras PEC's em tramitação no Congresso Nacional, que visam reduzir os direitos sociais e diminuir ao máximo os gastos estatais, o que restará do texto constitucional?

Se antes a crítica era de que tínhamos uma Constituição de qualidade, mas que não gerava reflexos na realidade social da maioria da população brasileira – elemento típico do nominalismo constitucional – provavelmente, em breve teremos uma colcha de retalhos, sem uniformidade, com normas contraditórias e que dificilmente promoverão as mudanças sociais tão necessárias.

Do nominalismo entramos em verdadeira degradação constitucional. Sem um texto constitucional de qualidade pelo qual a sociedade possa lutar por leis que concretizem os direitos fundamentais. A norma magna em desconexão cada vez maior com a realidade do país dificultará, ainda mais, a efetivação dos direitos de cidadania e da igualdade.

Não podemos dizer que se trata de um período de instabilidade do constitucionalismo brasileiro. Como analisado aqui, no Brasil não houve, de fato, longo transcurso de tempo de estabilidade. Se nossa história constitucional foi uma cópia mal feita de modelos estrangeiros e de constante instabilidade, está mais do que na hora de conter os retrocessos e pensarmos em um modelo constitucional estável, que se conectem com o ambiente local e que, de fato, reflita em desenvolvimento e mudança socioeconômica na sociedade brasileira. Para tanto é necessário o fortalecimento das instituições democráticas e a promoção da autopoiese dos sistemas político e jurídico de forma que seus acoplamentos estruturais consigam conter as interferências demasiadas do sistema econômico.

Referências Bibliográficas

BRASIL. *Expansão da Rede Federal.* Ministério da Educação. Portal da Rede Federal de Educação Profissional, Científica e Tecnológica. Publicado em: 02/03/2016. Atualizado em: 21/09/2018. Disponível em: < http://redefederal.mec.gov.br/expansao-da-rede-federal>. Acesso em: 05/02/2020.

______. *Levantamento nacional de informações penitenciárias,* atualização junho de 2017. Org.: Marcos Vinicíus Moura. Brasília: Ministério da Justiça e Segurança Pública, Departamento Penitenciário Nacional, 2019, Disponível em: <http://depen.gov.br/DEPEN/depen/sisdepen/infopen/relatorios-sinteticos/infope n-jun-2017-rev-1207201907 21.pdf>. Acesso em: 28/01/2020.

COSTA, Pietro; ZOLO, Danilo (org.). *O Estado de Direito:* história, teoria, crítica. Trad.: Carlo A. Dastoli. São Paulo: Martins Fontes, 2006.

DIMOULIS, Dimitri. *Positivismo jurídico*: teoria da validade e da interpretação do direito. 2. ed. Porto Alegre: Livraria do Advogado, 2018.

FLORES, Herrera J. *Teoria crítica dos direitos humanos:* os direitos humanos como produtos culturais. Rio de Janeiro: Lumen Juris, 2009.

FAO, IFAD, UNICEF, WFP and WHO. *The state of food security and nutrition in the world*: safeguarding against economic slowdowns and downturns. Rome, FAO, 2019. Disponível em: <http://www.fao.org/3/ca5162en/ca5162en.pdf>. Acesso em: 07/02/2020.

LOSANO, Mario G. *Sistema e estrutura no direito*: volume III: do século XX à pós-modernidade. Trad.: Carlo Alberto Dastoli. São Paulo: Martins Fontes, 2011.

LUHMANN, Niklas. *Teoria dos sistemas na prática*: diferenciação funcional e modernidade, vol. II. Trad.: Érica G. de Castro e Patrícia S. Santos. Petrópolis, RJ: Vozes, 2019.

MADEIRO, Carlos. Governo Bolsonaro fecha porta e reduz em 75% reingressos ao Bolsa Família. *UOL*, Maceió, 15 fev 2020. Disponível em: <https://noticias.uol.com.br/cotidiano/ ultimas - noticias/2020/02/15/bolsona-familia-governo-reingressos.htm >. Acesso em: 20/02/2020.

MARSHALL, T. H. *Cidadania, classe social e status*. Trad. Meton Porto Gadelha. Rio de Janeiro: Zahar, 1967.

MARX, Karl. *Sobre a questão judaica*. Trad.: Nélio Schneider. São Paulo: Boitempo, 2010.

MENDONÇA, Heloísa. Em meio à crise no INSS, Governo Bolsonaro anuncia demissão de presidente do órgão. *El país Brasil*, São Paulo, 28 jan. 2020. Disponível em: <https://brasil.elpais.com/brasil/2020-01-28/em-meio-a-crise-no-inss-governo-bolsonaro-anuncia-demissao-de-presidente-do-orgao.html>. Acesso em: 13/02/2020

NEVES, Marcelo. *Constituição e direito na modernidade periférica*: uma abordagem teórica e uma interpretação do caso brasileiro. Trad.: Antônio L. Costa. São Paulo: Martins Fontes, 2018.

______. *Entre Têmis e Leviatã*: uma relação difícil: o Estado Democrático de Direito a partir e além de Luhmann e Habermas. 3. ed. São Paulo: Martins Fontes, 2016.

______. *Transconstitucionalismo*. São Paulo: Martins Fontes, 2009.

NOVAIS, Jorge R. *Contributo para uma teoria do Estado do Direito*: Coimbra: Almedina, 2006.

ROSSI, Marina. Governo Bolsonaro não explica tamanho real da fila do Bolsa Família. El país Brasil, São Paulo, 31 jan. 2020. Disponível em: <https://brasil.elpais.com/brasil/2020-01-31/governo-bolsonaro-nao-explica-tamanho-real-da-fila-do-bolsa-familia.html>. Acesso em: 13/02/2020.

SANTORO, Emílio. *Estado de Direito e Interpretação*: por uma concepção jusrealista e antiformalista do Estado de Direito. Trad.: Maria C. J. Buonfiglio, Giuseppe Tosi. Porto Alegre: Livraria do Advogado, 2005.

A validade do direito de proteção ao trabalhador em face da automação: uma análise transdisciplinar para teoria luhmanniana dos sistemas a partir de Marcelo Neves

CAROLINE HELENA LIMEIRA PIMENTEL PERRUSI
JAILTON MACENA DE ARAÚJO

1 Introdução

O processo de automação, como consequência do desenvolvimento tecnológico, produz efeitos prejudiciais ao trabalhador, que acaba por demandar proteção, em razão da sua condição de hipossuficiente, em face da relação laboral.

A automação, como fenômeno social e tecnológico acaba por apresentar novas situações e incertezas, especialmente no ambiente produtivo. Desta maneira, a precarização do trabalho e alto índice de desemprego no Brasil são, reconhecidamente, fatos influenciados pelo progresso da tecnologia e da globalização, o que determina a necessidade de repensar o que as relações de trabalho necessitam, precipuamente quando o direito de proteção do trabalhador em face da automação permanece ainda como uma norma de eficácia limitada (expressa no art. 7º, XXVII), ou seja, sem a edição de lei infraconstitucional complementar.

Assim, pretende-se analisar a validade do princípio constitucional da proteção em face da automação. Pretende-se ainda verificar os efeitos que as inovações tecnológicas provocam nas relações de trabalho, dentre as quais se destaca a flexibilização das normas laborais e a criação de novas formas de trabalho e geração de renda, ao passo em que pretende esclarecer como a Quarta Revolução Industrial, também conhecida pelos termos "Revolução Tecnológica" e "Indústria 4.0", transformou o processo de produção a partir do uso das TICs (Tecnologias de Informação e Comunicação) no processo de automação desde o início do século XXI. Ainda, objetiva demonstrar a imprescindibilidade de um Direito do Trabalho Contemporâneo a partir da necessidade de integração equilibrada das ciências com base na teoria luhmanniana dos sistemas, o que corrobora a sua transdisciplinaridade, como meio de alcançar uma efetiva proteção ao trabalhador hipossuficiente.

O trabalho tem como marco normativo o ordenamento jurídico brasileiro, de modo a verificar se a norma constitucional que estabelece a proteção aos trabalhadores em face da automação é válida e, em que medida, há efetiva promoção do princípio da proteção no sentido de amenizar os efeitos das desigualdades socioeconômicas decorrentes das inovações tecnológicas.

Ao caracterizar esta pesquisa, tem-se que se classifica como teórica pois se direciona a compreender alguns fatos sociais a partir de teorias pré-formuladas, especialmente, da abordagem da teoria dos sistemas de Luhmann, feita por Marcelo Neves. Trata-se de uma pesquisa explicativa a partir de um processo de construção bibliográfico, por meio de uma abordagem qualitativa, cujo conteúdo foi provocado quando do curso pela autora da disciplina denominada de "Teoria dos Direitos Humanos" no Programa de Pós-Graduação em Ciências Jurídicas da Universidade Federal da Paraíba (UFPB).

O trabalho está dividido em três partes: a primeira demonstra a relação direta do desenvolvimento tecnológico e o trabalho; a segunda interpreta o ordenamento jurídico brasileiro com base na Teoria Sistêmica de Luhmann, resumida singelamente; e a terceira, foca no princípio constitucional trabalhista da proteção com ênfase na automação, nos termos a seguir delineados.

2 Os efeitos do desenvolvimento tecnológico nas relações de trabalho

A existência humana permanece em constante metamorfose e, por causa disso, o homem necessita frequentemente evoluir para sobreviver à contemporaneidade. Com sua técnica apurada, os seres humanos aprimoram a arte de transformar a natureza e tornam imprescindível a necessidade de interação das linguagens e instrumentos no meio ambiente.

Acerca do tema, a ciência da História remonta a grandes revoluções, dentre as quais destaca-se a Revolução Industrial, a qual pode ser dividida em fases diante das inovações que apresenta ao longo de sua duração. A Primeira Revolução Industrial, que teve início no século XVIII com o surgimento das máquinas a vapor na Inglaterra, assinala o período de transição do processo manufaturado para a maquinofatura com uso do ferro e carvão, e, consequentemente, a perda do controle do processo produtivo pelo próprio trabalhador, a partir daí, denominado de assalariado.

Já no final do século XIX, cresceu o uso do petróleo e do aço, surgiu o telefone, alteraram-se as linhas de montagem da produção nos Estados Unidos da América com Taylor, bem como, se expandiu na Segunda Guerra Mundial (2ªGM), o debate sobre armas químicas, o que caracteriza a Segunda Revolução.

A partir da segunda metade do século XX, a Terceira Revolução é externada pela integralização da tecnologia e ciência ao processo produtivo, com o crescimento das técnicas de processamento de dados, surgimento dos robôs e automação[1]. Enfim, hodiernamente, vive-se o período da Quarta Revolução Industrial a qual exibe um avanço tecnológico com o uso das TICs (Tecnologias de Informação e Comunicação) no processo de automação e promove o emprego da inteligência artificial, época conhecida como Indústria 4.0[2].

A industrialização modificou a realidade fabril e a indústria 4.0, conectada às máquinas, permite que todo (ou quase todo) o processo produtivo seja autônomo, com mais segurança para o consumidor.

---

[1] Aqui, a palavra "automação" se diferencia de "automatização". Esta utiliza um trabalho mecânico, mas que exige a intervenção humana para atingir a sua funcionalidade enquanto que naquela a produção ocorre de forma autônoma, auto-regulada. Uma leitura interessante sobre a interferência do operador no processo produtivo é um artigo escrito por Anders Adlemo em decorrência de estudos de um grupo de pesquisa transdisciplinar (composto por indivíduos do Departamento de Engenharia da Computação, Departamento de Ciência da Computação, Departamento de Engenharia de Produção e Laboratório de Engenharia de Controle) da Universidade de Tecnologia de Chalmers, Suécia. In: ADLEMO, Anders. *Balanced automatization levels in manufacturing systems.* Springer Science Business Media, 1995. Disponível em: <https://link.springer.com/content/pdf /10.1007%2F978-0-387-34910-7_37.pdf> . Acesso em: 21 fev 2020.

[2] O termo "Indústria 4.0" tem origem em um projeto de estratégias do governo alemão que visava desenvolver tecnologias industriais a partir de um modelo de produção "inteligente" e capaz de movimentar as finanças com muita potência. In: AMORIM, Jorge Eduardo Braz de. *A "indústria 4.0" e a sustentabilidade do modelo de financiamento do Regime Geral da Segurança Social.* Cadernos de Dereito Actual Nº 5 (2017), pp.243-25. Disponível em: <http://www.cadernosdedereitoactual.es/ojs/index.php/cadernos/article/view/132/93>. Acesso em: 16 jan 2020.

Assim, os sistemas fabris são cada vez mais hábeis e oferecem o seu serviço de forma mais rápida através das popularmente denominadas "máquinas inteligentes". Estas ficaram conhecidas haja vista sua autossuficiência (obviamente após a devida programação pelo ser humano) e capacidade de retroalimentação, pois, algumas são capazes de tomar decisões sem intervenção humana direta em decorrência dos dados armazenados e a comunicação imediata entre as máquinas e internet. Desta maneira, pode-se afirmar que a automação é capaz de acelerar processos, o que se maximizou através da utilização de sistemas de informação.

Diante dessas mudanças, desde a segunda metade do século XX e a partir do início da reestruturação produtiva através do enxugamento dos trabalhadores no processo de produção (fordismo/taylorismo), as formas de trabalho também vem se modificando e estas transformações são intensificadas com a globalização que difunde os novos métodos e técnicas por várias nações e até fez nascer a mundialização do capital. Além disso, passou-se a adotar não apenas novos padrões tecnológicos e de gestão, mas também houve inovação nas formas de organização social do trabalho, ou seja, a automação provocou a substituição do trabalho humano pelo das máquinas em alguns setores e a intensificação das atividades laborais aos que permanecem em seus postos.

Nestes casos, a interação entre o homem e as máquinas é capaz de provocar a alienação do trabalhador e a sua consequente coisificação, que, segundo Ricardo Antunes[3], fundamentado em Marx, se trata de um processo através do qual o trabalhador se torna semelhante às máquinas em virtude da valorização das coisas em contrapartida ao mundo dos homens, de forma que o vínculo social entre as pessoas se torna uma relação entre coisas.

Nesta discussão se sobressaem os conceitos marxianos de "trabalho vivo", que pode ser entendido como a participação ativa de operários no processo de produção, e "trabalho morto", aquele "[...] corporificado no maquinário tecnocientífico, aumentando desse modo a produtividade do trabalho de modo a intensificar as formas de extração do sobretrabalho em tempo cada vez mais

---

[3] ANTUNES, Ricardo. O privilégio da servidão: o novo proletariado de serviços na era digital. São Paulo: Boitempo, 2018, p.95-97.

reduzido[...]"[4], tendo em vista o fato de que houve uma heterogeneização das formas de trabalho, isto é, algumas modalidades do trabalho foram recriadas como efeito dos investimentos tecnológicos.

Surgem então novas formas de inserção no mercado de trabalho como possibilidade de geração de renda, a exemplo do teletrabalho/*home office*, trabalho "uberizado", ao passo em que outras tarefas/funções tornam-se desnecessárias – como é o caso de funcionários-caixa em supermercados substituídos por máquinas leitoras dos códigos de barras dos produtos ou em outros ramos com a utilização de um cartão de controle de compras que permitem que o próprio consumidor finalize sua compra a partir do pagamento eletrônico, isto é, um autoatendimento informatizado.

Ocorre que a modernização, trazida com a indústria 4.0, intensificou o investimento na eficiência produtiva de forma a impulsionar um aumento da produção em massa concomitante a diminuição do preço dos produtos ofertados, ainda que reduzindo a qualidade destes (crescimento quantitativo), para que as empresas se sobressaiam nas vendas e, consequentemente, na concorrência interna e internacional. Trata-se de um reflexo econômico da globalização dos mercados já que cada um possui características específicas[5].

Enquanto alguns empreendimentos visam apenas a sobrevivência, outros seguem em busca da alta produtividade com um baixo custo para que os grandes responsáveis pela iniciativa privada obtenham seus altos índices de lucro, de forma que continuam a utilizar-se da mais-valia e a explorar a mão-de-obra mas agora com a assistência do aparato tecnológico empregado nas atividades produtivas. Isso significa que estas tecnologias se tornaram indispensáveis aos capitalistas, sendo consideradas investimentos prioritários, pois favorecem a automação, a qual permite o crescimento da produção mediante a diminuição dos

---

4 Idem, *O caracol e sua concha:* ensaios sobre a nova morfologia do trabalho. São Paulo: Boitempo, 2005, p. 14.

5 Por exemplo, algumas empresas se destacam no mercado nacional por conseguirem ofertar seus produtos por um preço mais baixo que outros em decorrência de benefícios tributários; ou, empresas que tem um custo de produção menor por pagar salários inferiores (comparação com as concorrentes) aos seus trabalhadores por seu ordenamento jurídico ser flexível ou de proteção social ínfima.

gastos com mão-de-obra, haja vista a sua capacidade de reduzir e, por vezes, extinguir, postos de trabalho. Segundo Sérgio Lessa e Ivo Tonet[6],

> [...] quando a economia se expande, o burguês emprega tecnologias mais avançadas e produz mais com menor número de trabalhadores. Desse modo, o desemprego é, muitas vezes, acompanhado não de crise econômica, mas de expansão da produção. Por outro lado, com o aumento do desemprego, os salários, muitas vezes, caem muito e o trabalhador tem que se submeter a condições tão duras de produção que se ele se torna mais produtivo e, ainda assim, recebe um salário menor."

Neste contexto, é importante frisar que o avanço econômico validado pelo desenvolvimento tecnológico também pode ensejar prejuízos sociais, tais como a exploração ainda maior dos trabalhadores que aceitam vender sua força de trabalho em circunstâncias indignas e mediante pagamento reduzido sob o risco do desemprego ou mesmo a própria redução dos postos de trabalho apesar do crescimento da produção.

Este último aspecto é bastante perceptível na realidade brasileira. Segundo o Instituto Brasileiro de Geografia e Estatística (IBGE), por sua Pesquisa Nacional por Amostra de Domicílios (PNAD) Contínua, a qual acompanha as flutuações trimestrais e a evolução da força de trabalho no Brasil, de dezembro de 2019 a fevereiro de 2020, a taxa de desocupação atingiu 11,6% o que demonstra a necessidade de progressão dos níveis das atividades no intuito de melhorar a conjuntura socioeconômica brasileira. Ao analisar a citada pesquisa divulgada em Março de 2020, o indicador de participação na força de trabalho apresenta 106.052 (cento e seis mil e cinquenta e duas) pessoas, somando as ocupadas e desocupadas[7],

---

[6] LESSA, Sérgio; TONET, Ivo. *Introdução à filosofia de Marx*. 2a edição. São Paulo: Editora Expressão Popular, 2011. p. 97.

[7] Como regra geral, " são classificadas como ocupadas na semana de referência as pessoas que, nesse período, trabalharam pelo menos uma hora completa em trabalho remunerado em dinheiro, produtos, mercadorias ou benefícios (moradia, alimentação, roupas, treinamento etc.), ou em trabalho sem remuneração direta em ajuda à atividade econômica de membro do domicílio ou parente que reside em outro domicílio, ou, ainda, as que tinham trabalho remunerado do qual estavam temporariamente afastadas nessa semana." e " [...] como desocupadas na semana de referência as pessoas sem trabalho em ocupação nessa semana que tomaram alguma providência efetiva para

das quais 65.937 (sessenta e cinco mil e novecentos e trinta e sete) pessoas estão fora da força de trabalho.[8]

Porém, alguns setores apresentam, de forma individualizada, aumento em seus números, como é o caso dos empregos na indústria da transformação e nos serviços que crescem bastante e, não coincidentemente, são muito beneficiados pelo desenvolvimento tecnológico. O Cadastro Geral de Empregados e Desempregados (CAGED) controlado pelo atual Ministério da Economia, através da sua Secretaria do Trabalho, o qual registra permanentemente as admissões e dispensas de empregados regidos pela Consolidação das Leis do Trabalho (CLT), apresenta dados de que 38.970.054 (trinta e oito milhões e novecentos e setenta mil e cinquenta e quatro) pessoas integram o saldo de empregados formais, dentre os quais mais de 17,5 milhões encontram-se no setor de prestação de serviços e mais de sete milhões na Indústria da Transformação[9][10].

Neste contexto, convém salientar que a automação é capaz de colaborar para a transformação do mercado de trabalho

---

consegui-lo no período de referência de 30 dias, e que estavam disponíveis para assumi-lo na semana de referência. Consideram-se, também, como desocupadas as pessoas sem trabalho em ocupação na semana de referência que não tomaram providência efetiva para consegui-lo no período de referência de 30 dias porque já o haviam conseguido e iriam começá-lo em menos de quatro meses após o último dia da semana de referência." In: INSTITUTO BRASILEIRO DE GEOGRAFIA E ESTATÍSTICA (IBGE). *Glossário.* Disponível em: <https://www.ibge.gov.br/estatisticas/sociais/trabalho/9173-pesquisa-nacional-por-amostra-de-domicilios-continua-trimestral.html=&t=downloads>. Acesso em: 08 abr 2020.

[8] **Idem,** *Pesquisa Nacional por Amostra de Domicílios Contínua.* **Disponível em: <https://www.ibge.gov.br/estatisticas/sociais/trabalho/9171-pesquisa-nacional-por-amostra-de-domicilios-continua-mensal.html?=&t= resultados >. Acesso em: 08 abr 2020.**

[9] Os demais, pouco mais de um terço, encontram-se divididos na extração de minérios, construção civil, comércio, indústria da transformação, serviços industriais de utilidade pública, agropecuária e administração pública.

[10] Estes dados (saldo de emprego celetista) foram publicados pelo PDET – Programa de Disseminação das Estatísticas do Trabalho do Ministério da Economia, especificamente na tabela 9.1. In: MINISTÉRIO DA ECONOMIA. *Programa de Disseminação de Estatísticas do Trabalho*: CAGED - Dez 2019. Disponível em: <http://pdet.mte.gov.br/caged?view=default>. Acesso em: 08 abr 2020.

concomitantemente à ineficiência do direito ao trabalho. Este pode ser entendido como um direito básico ou uma oportunidade social no sentido de ter acesso ao trabalho, ou seja, é um direito natural e pré-existente ao próprio Estado. Araújo[11] define que

> O direito ao trabalho é compreendido como o direito do cidadão ter acesso a uma atividade que lhe garanta o sustento e que lhe permita as condições mínimas de proteção e acesso à cidadania através da oportunidade de ocupar um posto de trabalho (não necessariamente de emprego), de modo a possibilitar a dignidade consentânea a sua realização pessoal. O direito ao trabalho é o oposto ao desemprego ou a desocupação.

Trabalhar é inerente à vida do ser humano desde os primórdios da sua existência histórica e, assim, garante que a pessoa esteja inserida na sociedade em que vive, o que torna o ser humano um sujeito social. E, pelo trabalho vendido devem ser resguardados direitos equivalentes a natureza e forma da atividade realizada, os quais correspondem às normas de proteção laboral que são reveladas pelo Direito do Trabalho.

Convém esclarecer, então, que o Direito do Trabalho é um ramo do Direito que estuda as relações de trabalho dentro de um ordenamento jurídico e, portanto, observa as normas e pessoas a serem protegidas, sejam físicas ou organizações (estas em sua estrutura ou atividade, analisadas individual ou coletivamente). Mas não foi sempre assim, tendo em vista que os direitos trabalhistas foram criados no decorrer das lutas históricas, pelas condições de trabalho e sociais, a exemplo das Revoluções Industriais mencionadas. Atualmente, o ramo laboral – como porção importante das ciências jurídicas – pode ser conceituado como um conjunto sistemático de regras e princípios criados pelo Estado em busca da paz coletiva nas relações laborais, tendo, portanto, o trabalhador como sujeito de direitos previamente estabelecidos.

No mais, enquanto direito posto, o direito laboral discorre sobre as atividades de trabalho de um modo geral, ou seja, o emprego ou quaisquer outros vínculos informais, eventuais e, mais recentemente, os intermitentes. Trata-se da regulamentação do trabalho como uma

---

[11] ARAÚJO, J. M. *Função emancipadora das políticas sociais do Estado brasileiro*: conformação das ações assistenciais do Bolsa Família ao valor social do trabalho. 400f. Tese (Doutorado em Ciências Jurídicas), Universidade Federal da Paraíba, Centro de Ciências Jurídicas, João Pessoa, 2016, p.152.

garantia de dignidade da pessoa humana ao trabalhador, o qual está sujeito a uma relação desequilibrada econômica e socialmente, motivo pelo qual o trabalhador demanda a proteção estatal, no sentido limitar a atuação dos proprietários dos meios de produção, como melhor se apresenta no último tópico.

Ocorre que em várias partes do mundo, e no Brasil, o processo de flexibilização dos direitos sociais ganhou destaque, o qual pode ser entendido como uma adaptação da legislação trabalhista às novas exigências econômicas, seja na interpretação das normas pelos tribunais ou mesmo na maleabilidade já inserida nos textos normativos, com brechas para muitas excepcionalidades, no que se refere aos direitos dos trabalhadores. Para tal adequação, também se tem promovido a desregulamentação dos processos de trabalho, isto é, a retirada das normas do ordenamento jurídico para diminuir a sua rigidez e, consequentemente, ampliar a autonomia das partes da relação de trabalho nas negociações coletivas e/ou individuais, ainda que a isonomia insista em permanecer no campo da abstração.

Estas orientações que são apresentadas à população como benefícios em prol da competitividade dos mercados em âmbito nacional e global, favorecem apenas os empregadores, sejam pessoas físicas ou jurídicas, pois ajudam na redução ou isenção de alguns encargos[12] considerados por estes como desnecessários e, consequentemente, diminuem seus custos.

Por conseguinte, inegável a tendência neoliberal de flexibilizar as normas trabalhistas para promover um crescimento econômico em detrimento da vida do trabalhador e, por esta razão, como diariamente o homem aumenta a sua capacidade de transformação do meio ambiente e de interação, o desafio do Direito do Trabalho é garantir que o trabalhador não seja vítima da tecnologia utilizada em favor de vantagens meramente econômicas. Portanto, compete à ciência jurídica, através do direito do trabalho, junto com outras ciências, tais como economia, política, administração, acompanharem o desenvolvimento tecnológico a partir de um processo de transdisciplinaridade cujo raciocínio converge com a Teoria dos Sistemas de Luhmann[13].

---

[12] Aqui não se refere aos efeitos tributários da relação de trabalho mas se restringe aos direitos trabalhistas e previdenciários.

[13] Este tema não é objeto do presente estudo. Para melhor aprofundamento, ver: FORNASIER, Mateus. *Transdisciplinaridade e teoria dos sistemas autopoiéticos*: convergências interessantes para a observação jurídica da complexidade.

3 Uma análise transdisciplinar do estado democrático de direito no Brasil a partir da teoria luhmanniana dos sistemas

O Brasil, instituído como um Estado Democrático de Direito, tem limitações para efetivar a justiça tendo em vista se tratar de uma sociedade pluralista, consoante dispõe o seu preâmbulo constitucional, na qual é evidente a diversidade de valores e interesses e, em razão disso, possui condições complexas tais como conflitos de convivência, antagonismos regionais que refletem em uma discórdia relativa aos programas políticos e dissenso político-ideológico que interferem nos procedimentos jurídico-estruturais.

Sabe-se que é da natureza do Estado Democrático de Direito a ausência de unidade mas se faz necessário que o direito de todos seja resguardado de maneira universal, mesmo diante das diferenças e divergências. Marcelo Neves[14] esclarece que para que isso exista, ou seja, para que o Estado Democrático de Direito como um elemento da modernidade reduza as suas complexidades, é necessário "intermediar consenso procedimental e dissenso conteudístico" e, portanto, fazer uma leitura do mundo à luz dos ensinamentos de Luhmann.

Luhmann criou a teoria dos Sistemas Sociais pela qual a moral desaparece e surgem sistemas operacionais autopoiéticos, também conhecidos como subsistemas, os quais interagem entre si, ou seja, não estão isolados e as ações de um podem gerar efeitos nos outros, cada qual com suas expectativas, valores e interesses. Segundo Luhmann[15], o termo "autopoiese" advém dos estudos dos **biólogos** e filósofos chilenos Francisco Varela e Humberto Maturana que afirmaram que os seres vivos são sistemas que produzem a si próprios e, utilizando-se dessa teoria como método de estudo dos

---

Cadernos de Pesquisa Interdisciplinar em Ciências Humanas. Vol. 16 N. 109, jul./dez. 2015. Disponível em:
<https://www.researchgate.net/publication/329113509_Transdisciplinaridade_e_teoria_dos_sistemas_autopoieticos_convergencias_interessantes_para_a_observacao_juridica_da_complexidade>. Acesso em 27 fev 2020.

[14] NEVES, Marcelo. *Entre Têmis e Leviatã: uma relação difícil.* O Estado Democrático de Direito a partir e além de Luhmann e Habermas. 3ª ed. São Paulo: Editora WMF Martins Fontes, 2012, p. 156.

[15] LUHMANN, Niklas. *Introdução à Teoria dos Sistemas.* Tradução de Ana Cristina Arantes Nasser. 2 ed. Petrópolis: Vozes, 2010. p.119-130.

sistemas sociais, aduz que há uma inter-relação entre o sistema e o seu meio de forma que eles são autônomos e dependentes, simultaneamente.

E é neste contexto que surge outro termo de mesma origem teórica, qual seja o "acoplamento estrutural", pelo qual se entende que o meio poderá, causalmente, ensejar efeitos no âmbito interno do sistema mas não o determina, mantendo sua autonomia. Ele expõe que

> As causalidades que podem ser observadas na relação entre sistema e meio situam-se exclusivamente no plano dos acoplamentos estruturais – o que significa dizer que estes devem ser compatíveis com a autonomia do sistema.[...] O conceito de acoplamento, assim como o de forma, mostra dois lados: a)o acoplamento não está ajustado à totalidade do meio, mas somente a uma parte escolhida de maneira altamente seletiva; consequentemente, b) apenas um recorte efetuado no meio está acoplado estruturalmente ao sistema, e muito fica de fora[...]. [16]

Assim, tem-se que esses acoplamentos estruturais não determinam os sistemas mas repercutem neles, de maneira a socializar sem perder a individualidade/autonomia, isto é, estes reflexos são recebidos pelo sistema que não altera sua estrutura. O meio e o sistema são muito diferentes e possuem suas estruturas pré-estabelecidas que devem ser integradas de maneira equilibrada para evitar conflitos, o que torna a Teoria Luhmanniana conhecida pelo discurso de uma integração equilibrada dos subsistemas.

Esta teoria revela que as funções estatais (diferenciadas em forma de subsistemas), como por exemplo, economia, religião, política, educação, direito, administração, são como partes do poder público que nem sempre convergem, e, desse modo, compete ao Estado, a partir do dissenso estrutural pré-existente, tentar atingir o consenso, isto é, racionalizar, o que apenas ocorre eventualmente. [17]

---

[16] Ibidem, p. 130-131.

[17] O autor, ao tratar da difícil relação "entre Têmis e Leviatã" apresenta a necessidade de racionalização sistêmica e acoplamento estrutural e afirma que "[...] a esfera pública pode ser compreendida, no sentido estrito, como campo de tensão entre mundo da vida, de um lado, e sistema político e jurídico, de outro, ou mais precisamente: *como campo de tensão entre mundo da vida* e Constituição enquanto acoplamento estrutural desses dois *sistemas*. À medida que se constroem procedimentos constitucionais para viabilização, intermediação e absorção do dissenso, a esfera pública pluralista emerge do

Para atingir tal objetivo com um mínimo de segurança jurídica, mister haver um núcleo normativo que imponha limitações expressas. No Brasil, este controle legal é realizado, precipuamente, através da Constituição Federal, a qual estabelece as normas fundamentais que organizam e regem o funcionamento de todo o Estado, além das leis ordinárias. Mas, o seu processo legislativo permite que as normas sofram influências de outras ciências que coexistem e se autoreproduzem na sociedade contemporânea.

Calixto Salomão[18] expõe esta necessária integração entre os sistemas como um processo de conhecimento através do qual se deve promover também a democracia econômica e, portanto, cabe ao Direito o papel de melhorar as instituições por meio da regulação. Desta maneira, o papel normativo fundamental da regulação estatal é estabelecer as prioridades conforme a necessidade coletiva para que se possa solucionar um possível conflito entre subsistemas. Cumpre ressaltar que a apresentação destas soluções deve visar o equilíbrio entre estes e, portanto, não podem atender a grupos dominantes (de interesses econômicos de público conhecimento), sob o risco de haver a sobreposição de um subsistema sobre outro.

Logo, a função primordial do subsistema do Direito deve ser a de impor a ordem, estabelecendo normas de condutas e possíveis sanções, dentro dos parâmetros da sua integração com os demais subsistemas. Assim, tem-se o Direito como um subsistema dinâmico já que o surgimento de uma norma jurídica decorre da construção, pelo Poder Legislativo Brasileiro, de ideias que tem origem em muitas variáveis oriundas de outros subsistemas, interligando-os para que os problemas daquela determinada comunidade sejam eliminados ou, pelo menos, reduzidos. Desta feita, pode-se afirmar que as normas jurídicas derivam (ou pelo menos deveriam) de uma análise social sistêmica para legitimar um Estado Democrático de Direito, que tem como desafio estruturar a esfera pública através da

---

mundo da vida em forma de interesses, valores e discursos que pretendem, através desses procedimentos, generalizar-se politicamente, isto é, como decisão coletivamente vinculante, e/ou juridicamente, a saber, como norma jurídica vigente." In: NEVES, Marcelo. *Entre Têmis e Leviatã:* uma relação difícil. O Estado Democrático de Direito a partir e além de Luhmann e Habermas. 3ª ed. São Paulo: Editora WMF Martins Fontes, 2012, p. 132.

[18] SALOMÃO FILHO, Calixto. Regulação e desenvolvimento. In: *Regulação e Desenvolvimento*. Coordenação por Calixto Salomão Filho. São Paulo: Malheiros, 2002.

canalização e intermediação dos conflitos, ou seja, trata-se de participação política na vontade do Estado.

No sentido da tese de Luhmann, os códigos de poder e economia não devem possuir preferência ao do Direito, ou a qualquer outro, mas, por exemplo, no Brasil, mesmo se tratando de um Estado Democrático de Direito, as desigualdades sociais e econômicas beneficiam interesses particulares de grupos sociais e, consequentemente, o dissenso, o que tem tornado utópica a ideia de justiça, como afirmado acima. Todavia, se para que sejam produzidas normas jurídicas, são consideradas variáveis políticas, sociais e econômicas, não há desvinculação dos interesses concretos e particulares mesmo nos procedimentos democráticos. Sob esta ótica, Marcelo Neves[19] esclarece que:

> Os procedimentos do Estado de Direito não servem [...] à construção do consenso jurídico-político em torno de valores e interesses. O consenso em relação aos procedimentos possibilita a convivência com o dissenso político e jurídico sobre os valores e interesses no Estado Democrático de Direito, tornando-a suportável na sociedade complexa de hoje. Isso porque é no âmbito deste que se pode construir e desenvolver uma esfera pública pluralista constitucionalmente estruturada, cujos procedimentos estão abertos aos mais diferentes modos de agir e vivenciar políticos, admitindo inclusive os argumentos e as opiniões minoritárias como probabilidades de transformação futura dos conteúdos da ordem jurídico-política, desde que respeitadas e mantidas as regras procedimentais.

Neste contexto, pode-se concluir que, no Brasil, a Teoria Luhmanniana da integração equilibrada dos subsistemas é necessária, porém ausente. A tentativa de realizar o acoplamento estrutural origina uma pluralidade de interpretações jurídicas, inclusive, controvertidas que serão válidas diante da obediência às regras procedimentais, que é o que garante a segurança jurídica.

Por esse ângulo, pode-se afirmar que se o procedimento legislativo e a repartição orgânica de competências, através da divisão dos Poderes, forem cumpridos, o Estado Democrático de Direito possuidor de divergentes valores e interesses aceita que a escolha de benefícios para um determinado subsistema, ainda que em

---

[19] NEVES, Marcelo. *Entre Têmis e Leviatã: uma relação difícil.* O Estado Democrático de Direito a partir e além de Luhmann e Habermas. 3ª ed. São Paulo: Editora WMF Martins Fontes, 2012, p. 144.

detrimento de outro, sirva de fundamento legal para uma decisão política ou processo de criação de norma jurídica que ampare (princípio da legalidade) as condutas e decisões judiciais. Assim, o Estado Democrático de Direito no Brasil é um princípio estruturante[20] mas que não cumpre seu objetivo de construir uma sociedade justa.

Um nítido desequilíbrio na integração entre sistemas que vem ocorrendo no país é o caso da flexibilização das normas trabalhistas que demonstra a sobreposição do subsistema econômico sobre o humano. O grande exemplo é a Reforma Trabalhista brasileira de 2017[21] que foi submetida à análise do Congresso Nacional sob justificativas de combate à informalidade da mão-de-obra e o amadurecimento das relações entre capital e trabalho (dentre outras), com fins de alcançar uma falsa autonomia do trabalhador através de pactos laborais, mesmo reconhecendo a assimetria de poder entre as partes que compõem as relações de trabalho.

Na prática, houve uma modelação legislativa aos interesses da classe empresarial, pois a real intenção foi ampliar a liberdade na contratação, com a redução de direitos concedidos aos trabalhadores e, consequentemente, gerar maiores benefícios aos empregadores, os já "hipersuficientes" na relação laboral. Enfatiza-se ainda que, como muitos direitos não estavam expressos em textos de lei, os quais

---

[20] Jorge Reis Novais afirma que o Estado Democrático de Direito (que por sua natureza é um Estado Social mas seria redundante denominar de Social e Democrático), é capaz de,"[...] enquanto conceito que exprime a limitação e vinculação jurídica do Estado com vista à garantia dos direitos fundamentais do homem e à promoção das condições do livre e autónomo desenvolvimento da personalidade individual - acolher e integrar juridicamente as transformações económicas e sociais democraticamente decididas e, com tal alcance, constituir-se em princípio estruturante da ordem constitucional das sociedades democráticas contemporâneas." In: NOVAIS, Jorge Reis. *Contributo para uma teoria de Estado de Direito*: do Estado de Direito liberal ao Estado social e democrático de Direito. Coimbra: Almedina, 2006, p. 218.

[21] Esta reforma está expressa na Lei n°13.467/2017, que alterou a CLT em diversos artigos. Disponível em: <http://www.planalto.gov.br/ccivil_03/_ato2015-2018/2017/lei/l13467.htm>. Acesso em: 17 abr 2020. Apesar de esta norma ser a expressão mais direta de redução de direitos sociais, a flexibilização ocorre desde o momento da interpretação das normas pelos aplicadores do Direito até a adoção de Medidas Provisórias que vigoram com força de lei por períodos curtos e geram instabilidade normativa e insegurança jurídica.

eram muitas vezes conquistados mediante intermediação dos sindicatos, as forças políticas dessas entidades foram retiradas e se promoveu a desregulamentação já que, fundamentados em razões econômicas, o Brasil altera não apenas a forma de interpretar as leis, mas o seu próprio texto legal.

Indiscutível que as normas jurídicas não podem ser engessadas haja vista a constante mudança em que se encontram as sociedades, principalmente com o desenvolvimento tecnológico que vem transformando o processo e formas do trabalho (nos termos acima descritos). Porém estas modificações não podem servir como justificativa de um crescimento econômico em detrimento de danos sociais pois aceitar este prejuízo demonstra uma total contradição para um país que objetiva garantir o desenvolvimento nacional.

Os efeitos do desenvolvimento decorrem de mudanças de ordem quantitativa, ao que se limita o crescimento econômico, concomitantemente às alterações qualitativas.[22] Por esta razão que o Programa das Nações Unidas para o Desenvolvimento (PNUD) criou o **Índice de Desenvolvimento Humano** (IDH), que se tornou referência em todo o mundo como medida comparativa entre os países no sentido de desviar o foco do crescimento econômico para políticas públicas que priorizem as pessoas, ou seja, visa a conscientização de que as ciências econômicas e as ciências humanas, subsistemas da teoria de Luhmann, devem interagir e, assim, proporcionar um efetivo desenvolvimento humano.[23]

Nos últimos vinte anos a Organização Internacional do Trabalho (OIT) tem defendido a ideia de trabalho decente como centro de suas estratégias na luta pela ampliação da proteção social com respeito aos direitos do trabalho concomitante à promoção de empregos produtivos e de qualidade, encontrando-se este como um

---

[22] Carla Abrantkoski Rister muito bem ensina as diferenciações entre crescimento, desenvolvimento e subsedenvolvimento. In: RISTER, Carla Abrantkoski. *Direito ao Desenvolvimento*: antecedentes, significados e consequências. Rio de Janeiro: Renovar, 2007.

[23] Celso Furtado, muito antes da criação do IDH e suas frequentes atualizações, provocava seus leitores acerca de concretização das ideias de desenvolvimento haja vista a imprescindibilidade de convergência entre a evolução da produção (através da tecnologia e seus efeitos na acumulação de riquezas) e a satisfação das necessidades humanas. IN: FURTADO, Celso. *O Mito do desenvolvimento econômico*. Rio de Janeiro: Paz Terra, 1974.

dos objetivos do desenvolvimento sustentável pois é uma condição para que haja superação da pobreza e a redução das desigualdades sociais. Neste contexto, é importante que a proteção do trabalho tenha destaque especial pois o trabalhador é quem sustenta o sistema de produção capitalista, mas estes ainda mantêm a qualidade de hipossuficientes em suas relações diárias.

Diante do exposto, para evitar a sobreposição entre os sistemas e alcançar o desenvolvimento, imperiosa a existência do Direito posto que serve como limitador de comportamentos e garantidor de direitos, seja através de regras ou princípios, dentre os quais se destaca o princípio da proteção, diretriz específica para o Direito do Trabalho desde a sua criação, o qual será melhor detalhado a seguir.

4 A validade do princípio da proteção ao trabalhador diante da automação

O princípio da proteção no Direito do Trabalho é o pilar que dá sentido ao surgimento desta subárea do Direito diante da história de exploração e hipossuficiência do trabalhador em detrimento dos empregadores. Sua ideia principal é conceder garantias à parte mais fraca da relação de trabalho em virtude de seus poderes políticos, sociais e econômicos não serem equiparados e, assim, evitar atitudes abusivas. Desta feita, deriva do princípio da dignidade da pessoa humana, que se encontra no primeiro artigo da Constituição Federal de 1988, como fundamento basilar para o Estado Democrático de Direito brasileiro.

A dignidade da pessoa humana, reforce-se, é inerente a todas as pessoas, antes mesmo de serem trabalhadores; é em decorrência do princípio da dignidade humana, que deve ser assegurado, ao ser humano, uma vida digna, ou seja, garante-se a valorização do ser humano a partir da concessão de um mínimo de direitos os quais devem ser respeitados pelo Estado e pela sociedade.

Especificamente na seara laboral, associa-se o princípio da dignidade humana à defesa do valor social do trabalho, por meio do qual se resguarda a integridade do trabalhador, a quem devem ser garantidas condições saudáveis e dignas no trabalho, de forma a proteger a sua vida em face dos acidentes e das atividades insalubres e perigosas. A este respeito, Ruprecht[24] explica:

> [...] o trabalhador depende do empregador, não em tudo que diz respeito à tarefa que executa, mas também economicamente; portanto, é justo, para evitar que se torne totalmente submisso, protege-lo contra os possíveis excessos ou desvios de seu empregador. Já passou o tempo em que o trabalho era uma mercadoria e o trabalhador uma ferramenta a mais. Sua dignidade como ser humano lhe deve ser amplamente reconhecida e uma das formas efetivas de o fazer é criando desigualdades em seu favor, para compensar as que influem contra ele, quer dizer, protegendo-o contra o possível abuso patronal.

Assim, o princípio da proteção é o reconhecimento da desigualdade entre as partes de uma relação laboral e tem por função abrandar este desequilíbrio em prol da dignidade dos trabalhadores, naturalmente mais vulneráveis e que compõem a categoria situada na base da pirâmide social do mundo do trabalho. Ele deve servir de base teórica desde a luta pela regulamentação dos direitos em prol dos trabalhadores, até a aplicação e interpretação dessas normas: em caso de dúvidas, devem ser interpretadas as normas de maneira mais benéfica ao trabalhador; quando da existência de mais de uma norma sobre a mesma matéria, deve-se aplicar a mais favorável; no mesmo sentido, a elaboração de leis e normas coletivas, devem observar a condição mais benéfica para o trabalhador.

A esta evidência, convém esclarecer que a Constituição Federal de 1988[25], em seu artigo 7º, XXVII, dispõe que a citada proteção deve ser mantida inclusive diante da automação e este direito se enquadra dentre os fundamentais com expressa menção no dispositivo constitucional acerca da finalidade de promover a melhoria da condição social do trabalhador.

A contemporaneidade exige a adaptação das atividades laborais ao uso dos sistemas computadorizados e independentes e tal fato produziu uma melhoria na qualidade de vida de algumas pessoas (quem tem acesso às novas tecnologias), mas causou prejuízos a alguns trabalhadores, contudo, não se pode responsabilizar o

---

[24] Apud GÊNOVA, Leonardo de. *O princípio da proteção no século XXI*: os novos desafios do trabalhador brasileiro. São Paulo: LTr, 2009, p. 30.

[25] BRASIL. Constituição da República Federativa do Brasil. *Diário Oficial [da] República Federativa do Brasil*, Brasília, DF, 5 out 1988. Disponível em: <http://www.planalto.gov.br/ccivil_03/constituicao/constituicao.htm>. Acesso em: 20 abr 2020.

progresso tecnológico por todos os males sociais existentes.

O progresso tecnológico, por si só, não é nocivo a população em sua totalidade, haja vista o fato de promover crescimento econômico e o aumento nos padrões de vida da população que acessa seus produtos (inclusive, para esta parcela das pessoas, pode ser capaz de melhorar a qualidade de suas vidas). Desta feita, apesar de também trazer consigo efeitos colaterais prejudiciais a vida em coletividade, como é o caso da flexibilização normativa e, com ela, a precarização do trabalho (tanto para "trabalhadores à moda antiga" quanto os que integram nova morfologia do trabalho, os quais são também vítimas da Revolução Digital[26]) o progresso tecnológico é um avanço positivo, mas apropriado pelo neoliberalismo econômico acaba por agudizar e ampliar as formas de exploração.

Como já afirmado, a superexploração do trabalho, em decorrência do progresso da tecnologia, surge em virtude do fato de que o seu uso não é encarado em face da proteção social que deve ocorrer diante das inovações. Na realidade, os direitos sociais são considerados (des)interesses econômicos pois julgados como custos dispensáveis pela classe patronal, a qual possui maior poder também político e, como tal, é capaz de interferir nas negociações a seu favor.

Portanto, sustenta-se a ideia que a flexibilização, seja pela desregulamentação ou não do mercado de trabalho, exigida por este no intuito de tornar o Estado menor (Estado mínimo), promove ainda mais a liberdade na contratação e ofende o princípio fundamental da proteção a partir da redução ou mesmo supressão de direitos e garantias sociais. Destarte, resta nítida a exploração do trabalhador que, mesmo qualificado e polivalente, se torna vulnerável, uma vez que o Estado não garante a sua segurança social, especialmente, quando flexibiliza os direitos, impossibilitando uma reestruturação econômica com a promoção de desenvolvimento humano.

As normas protecionistas ao trabalhador são resultado de muitas

---

[26] Um exemplo é o caso da "uberização", forma de trabalho a partir da qual "Não há local de trabalho definido, não há vínculos, não há dedicação requerida, não há seleção, contrato ou demissão (ainda que[...] a concorrência opera permanentemente, de forma difusa e ilocalizável). Digamos que, na contemporaneidade, todo trabalhador é um potencial trabalhador amador. In: ABILIO, Ludmila Costhek. *Uberização do trabalho*: subsunção real da viração. Passa Palavra, 12 fev. 2017. Disponível em: <http://passapalavra.info/2017/02/110685>. Acesso em: 20 fev 2020, p. 14).

lutas sociais e este norte não pode ser descartado pelo Poder Público, até porque encontra-se expresso no ordenamento jurídico brasileiro, sob pena de promover crescimento econômico às custas de um retrocesso social. Este preceito deve ser observado no decorrer do processo legislativo e em sua aplicação, encontrando na interpretação do direito um dos seus maiores obstáculos em virtude da falta de objetividade das normas, ou seja, estas nem sempre possuem critérios objetivos para a sua aplicação. Portanto, cabe ao legislador, ao elaborar as normas, se ater ao objeto da necessidade social e preparar um texto claro e prático a fim de alcançar a sua validade.

Dimoulis[27] afirma que a validade de uma norma depende de um mínimo de eficácia social, principalmente as que se encontram no maior grau de hierarquia, de forma que a validade pode ser entendida como "[...] qualidade de um conjunto de normas que objetivam regulamentar a conduta humana, produzem efeitos sociais em determinados espaço e tempo e se impõem como vinculantes mediante um ato do poder prevalescente na prática social[...]". Este autor defende sua corrente de pensamento [Positivismo Jurídico *stricto sensu*] ao afirmar que "[...] é impossível haver um direito válido sem referência a fatos sociais relacionados com a sua eficácia social, isto é, sem que o direito seja, *grosso modo*, respeitado pelos seus destinatários."[28]

Se os sujeitos passivos das normas as aceitam, estas poderão ser compulsórias. Porém é importante frisar que a norma deve ser criada a partir da neutralidade do legislador para que enseje o mínimo de interpretações[29] divergentes possível, o que lhe garantirá uma maior

---

[27] DIMOULIS, Dimitri. *Positivismo jurídico*: teoria da validade e da interpretação do direito. 2. ed. rev. e atual. Porto Alegre: Livraria do Advogado, 2018, p. 61-63.

[28] Cumpre salientar que a teoria autopoiética de Luhmann, a qual afirma que o direito se autocria e reproduz de forma a determinar seus próprios conteúdos, insere-se como uma exceção já que não aceita elementos de outros sistemas (do meio), a exemplo da moral e política.

[29] Segundo Dimoulis, "a interpretação jurídica na visão do pragmatismo jurídico-político pode ser definida como atribuição de sentido a uma disposição jurídica, mediante a formulação de propostas que correspondem ao sentido desta disposição. [...] A nossa definição só pode ser aceita se for também admitido que as fontes do direito possuem capacidade de determinar a aplicação. [...] Teremos objetividade se a solução dada a um conflito jurídico por vários julgadores seja a mesma, independentemente de opiniões pessoais e

densidade normativa (em termos matemáticos, são grandezas inversamente proporcionais). Esta é medida pela relação entre teoria (norma) e prática (caso concreto analisado com base na teoria) de maneira que a "densidade normativa absoluta" ocorreria quando da existência de uma única e indubitável interpretação do texto normativo.

Ocorre que alcançar esta "densidade normativa absoluta" é impossível haja vista o direito ser uma ciência social e, como tal, estar em constante mutação e conter muitas variáveis, e estas impedem que uma única norma seja a solução para todos os litígios, de forma que se abre o caminho à citada discricionariedade do aplicador. Isso não significa que o legislador não deva tentar se aproximar desta qualidade de absoluto mas que muitos textos normativos possuem baixa densidade[30] bem como outros apenas inexistem, mesmo quando o ordenamento jurídico pré-estabelece a sua necessidade, como é o caso das normas constitucionais de eficácia limitada que apenas tem aplicabilidade mediante regulamentação posterior.

Na discussão acerca da automação, convém esclarecer que a Constituição Federal de 1988 externa a proteção em face desta como um direito do trabalhador "na forma da lei" e no capítulo constitucional que versa sobre ciência, tecnologia e inovação (artigos 218 e 219) não trata da automação como consequência do desenvolvimento tecnológico, o que demonstra ser uma norma de eficácia limitada pois esta norma ulterior regulamentadora ainda não existe e, como tal, aos doutrinadores e, principalmente ao julgador, cabe escolher entre as hipóteses interpretativas que a sua discricionariedade lhe permite.

No caso em questão, não se pode comprovar que a inexistência de norma infraconstitucional complementar, até os dias atuais, foi tolhida por vontade política, mas sua ausência não pode continuar a prejudicar os fins sociais defendidos e externados nos princípios fundamentais inseridos no texto constitucional. Desta forma, as relações sociais que interagem com os sistemas político e econômico muitas vezes encontram limites no próprio Direito (ou na ausência

---

interesses. [...] a objetividade não exclui o poder discricionário. Sendo afirmada a existência desse poder, a discrepância entre decisões deve-se à discricionariedade, e não ao subjetivismo na interpretação." (DIMOULIS, Dimitri. *Positivismo jurídico*: teoria da validade e da interpretação do direito. 2. ed. rev. e atual. Porto Alegre: Livraria do Advogado, 2018, p. 142.)

[30] Ibidem, p. 157-161.

deste, como no presente caso) o qual deve servir, justamente, para evitar opiniões pessoais dos seus aplicadores

Se o Direito é destinado a toda a sociedade (patrões e empregados) e seus preceitos não estão sendo respeitados, deixa de ter eficácia social e, nos termos das lições de Kelsen, se ausente esta condição, as normas perdem a sua validade. Logo, convém defender a aplicabilidade prática do princípio ora discutido sob risco de este ser caracterizado como apenas (e mais) uma regra de dever ser pois a própria legislação não pode descuidar dos interesses dos menos favorecidos, principalmente quando se trata dos responsáveis de fato pelo processo produtivo, mesmo que o resultado do seu esforço não seja seu.

Assim, para que o princípio da proteção em face da automação tenha eficácia social, imperiosa a participação ativa do Poder Público para promover meios de manter os trabalhadores ativos e protegidos diante do declínio nos níveis e qualidade de emprego concomitantemente ao processo de desenvolvimento tecnológico. Portanto, é essencial a existência de uma regulamentação protetiva específica para que seja válida aos trabalhadores da contemporaneidade, no sentido de incentivar uma combinação adequada de operadores e máquinas e assim, efetivamente, proteger o trabalhador em face da automação.

5 Considerações finais

Ao discutir acerca da validade do direito de proteção em face da automação estabelecido no texto constitucional, refletiu-se sobre a automação como consequência do desenvolvimento tecnológico e os seus efeitos sobre as relações de trabalho, dentre os quais se destacam a precarização/subemprego e desemprego, o que faz nascer novas formas de trabalho como alternativas para a sobrevivência.

Este estudo se restringiu ao Brasil, enquanto Estado Democrático de Direito que não alcança seus objetivos na íntegra em virtude da sobreposição de um subsistema sobre outro, em desacordo ao ideal da Teoria dos Sistemas de Luhmann, o qual estabelece que deve haver um equilíbrio entre estes, o que não ocorre no Brasil onde o ordenamento jurídico permite a preterição de alguns direitos em razão de interesses particulares de outros desde que, em tese, o procedimento legislativo e a repartição orgânica de competências, através da divisão dos Poderes, sejam obedecidos. Para tanto, compete ao Direito cumprir sua função social de reger as relações jurídicas através da isonomia, precipuamente nos vínculos laborais, motivo pelo qual surgiu o princípio da proteção.

Destacou-se que o princípio da proteção advém do princípio da dignidade da pessoa humana, e, diante da ausência desta garantia a todos os trabalhadores, seja pelas condições de trabalho a que são submetidos, o subemprego, ou mesmo pelo desemprego, os quais impedem a concretização do direito ao trabalho, e em outros casos, de um trabalho digno, convém esclarecer que o princípio constitucional em estudo não tem eficácia social em sua integralidade e, portanto, não dispõe de validade.

As relações de trabalho são cotidianamente repensadas e as novas formas de gestão e intenso ritmo de trabalho oriundos do progresso tecnológico exprimem a necessidade de atualização constante das regras de conduta, o que é um truísmo. O fato é que a ciência jurídica deve ser dinâmica e acompanhar as mudanças sociais e o ordenamento estatal precisa de suas regras normatizadas para tentar reduzir as complexidades da sociedade contemporânea, dentre as quais se destaca a flexibilização das normas como alternativa de adaptação da realidade social em virtude da integração desequilibrada entre os subsistemas, tendo este estudo o foco na economia e direito.

Enfatiza-se que a ideia não é provocar um retrocesso pois o Brasil em desenvolvimento precisa de avanços tecnológicos mas se deve avançar com um processo de automação que seja limitado a valorização do ser humano. Assim, como compete ao legislador político, enquanto autoridade social, criar as normas jurídicas as quais são mutáveis conforme as necessidades da sociedade de sua época, este trabalho propõe a elaboração de um projeto de lei complementar, geral e abstrata, com a devida exposição de motivos, que regulamente a garantia de proteção ao trabalhador em face da automação e, desse modo, imunize a política em relação aos particularismos ainda presentes no ordenamento jurídico brasileiro acerca do tema.

Referências

ABILIO, Ludmila Costhek. *Uberização do trabalho*: subsunção real da viração. Passa Palavra, 12 fev. 2017. Disponível em: <http://passapalavra.info/2017/02/110685>. Acesso em: 20

fev 2020.

ADLEMO, Anders. *Balanced automatization levels in manufacturing systems.* Springer Science Business Media, 1995. Disponível em: <https://link.springer.com/content/pdf/10.1007%2F978-0-387-34910-7_37.pdf> . Acesso em: 21 fev 2020.

AMORIM, Jorge Eduardo Braz de. A "indústria 4.0" e a sustentabilidade do modelo de financiamento do Regime Geral da Segurança Social. *Cadernos de Dereito Actual,* n. 5, pp.243-25, 2017.

ANTUNES, Ricardo. *O privilégio da servidão*: o novo proletariado de serviços na era digital. São Paulo: Boitempo, 2018.

ANTUNES, Ricardo. *O caracol e sua concha*: ensaios sobre a nova morfologia do trabalho. São Paulo: Boitempo, 2005.

ARAÚJO, J. M. *Função emancipadora das políticas sociais do Estado brasileiro:* conformação das ações assistenciais do Bolsa Família ao valor social do trabalho. 400f. Tese (Doutorado em Ciências Jurídicas), Universidade Federal da Paraíba, Centro de Ciências Jurídicas, João Pessoa, 2016.

BRASIL. Lei 13.467, de 13 de Julho de 2017. Altera a Consolidação das Leis do Trabalho (CLT), aprovada pelo Decreto-Lei nº 5.452, de 1º de maio de 1943, e as Leis nºs 6.019, de 3 de janeiro de 1974, 8.036, de 11 de maio de 1990, e 8.212, de 24 de julho de 1991, a fim de adequar a legislação às novas relações de trabalho. *Diário Oficial República Federativa do Brasil,* Brasília, DF, 14 jul 2017. Disponível em: <http://www.planalto.gov.br/ccivil_03/_ato2015-2018/2017/lei/l13467.htm>. Acesso em: 17 abr 2020.

BRASIL. Constituição da República Federativa do Brasil. *Diário Oficial [da] República Federativa do Brasil,* Brasília, DF, 5 out 1988. Disponível em: <http://www.planalto.gov.br/ccivil_03/constituicao/constituicao.htm>. Acesso em: 20 abr 2020.

DIMOULIS, Dimitri. *Positivismo jurídico*: teoria da validade e da interpretação do direito. 2. ed. rev. e atual. Porto Alegre: Livraria do Advogado, 2018.

FORNASIER, Mateus. Transdisciplinaridade e teoria dos sistemas autopoiéticos: convergências interessantes para a observação jurídica da complexidade. *Cadernos de Pesquisa Interdisciplinar em Ciências Humanas,* v. 16, n. 109, jul./dez, 2015.

FURTADO, Celso. *O Mito do desenvolvimento econômico.* Rio de Janeiro:

Paz Terra, 1974.

GÊNOVA, Leonardo de. *O princípio da proteção no século XXI:* os novos desafios do trabalhador brasileiro. São Paulo: LTr, 2009.

INSTITUTO BRASILEIRO DE GEOGRAFIA E ESTATÍSTICA (IBGE). *Glossário.* Disponível em: <https://www.ibge.gov.br /estatisticas/sociais/trabalho/9173-pesquisa-nacional-por-mostra-de-domicilios-continua-trimestral.html?=&t= downloads >. Acesso em: 08 abr 2020.

______. *Pesquisa Nacional por Amostra de Domicílios Contínua.* Disponível em: <https://www.ibge.gov.br/estatisticas/sociais/trabalho/9171-pesquisa-nacional-por-amostra-de-domicilios-continua-mensal.html?=&t=resultados>. Acesso em: 08 abr 2020.

LESSA, Sérgio; TONET, Ivo. *Introdução à filosofia de Marx.* 2a edição. São Paulo: Editora Expressão Popular, 2011.

LUHMANN, Niklas. *Introdução à Teoria dos Sistemas.* Tradução de Ana Cristina Arantes Nasser.2 ed. Petrópolis: Vozes, 2010.

MINISTÉRIO DA ECONOMIA. *Programa de Disseminação de Estatísticas do Trabalho: CAGED* - Dez 2019. Disponível em: <http://pdet.mte.gov.br/caged?view=default>. Acesso em: 08 abr 2020.

NEVES, Marcelo. *Entre Têmis e Leviatã:* uma relação difícil. O Estado Democrático de Direito a partir e além de Luhmann e Habermas. 3ª ed. São Paulo: Editora WMF Martins Fontes, 2012.

NOVAIS, Jorge Reis. *Contributo para uma teoria de Estado de Direito*: do Estado de Direito liberal ao Estado social e democrático de Direito. Coimbra: Almedina, 2006.

RISTER, Carla Abrantkoski. *Direito ao Desenvolvimento*: antecedentes, significados e consequências. Rio de Janeiro: Renovar, 2007.